中国传统政治文化书系

主　编　齐　涛

副主编　蒋海升　谢　天

中国传统选任文化

赵光怀　刘硕伟　著

泰山出版社·济南·

图书在版编目（CIP）数据

中国传统选任文化 / 赵光怀，刘硕伟著；齐涛主编；蒋海升，谢天副主编. -- 济南：泰山出版社，2023.1

ISBN 978-7-5519-0690-6

Ⅰ. ①中… Ⅱ. ①赵… ②刘… ③齐… ④蒋… ⑤谢… Ⅲ. ①官制－文化研究－中国－古代 Ⅳ. ①D691.42

中国版本图书馆CIP数据核字（2021）第242668号

ZHONGGUO CHUANTONG XUANREN WENHUA

中国传统选任文化

策　　划　胡　威
主　　编　齐　涛
副 主 编　蒋海升　谢　天
著　　者　赵光怀　刘硕伟
责任编辑　王艳艳　任春玉
装帧设计　路渊源

出版发行　泰山出版社
社　　址　济南市泺源大街2号　邮编　250014
电　　话　综 合 部（0531）82023579　82022566
出版业务部（0531）82025510　82020455
网　　址　www.tscbs.com
电子信箱　tscbs@sohu.com
印　　刷　山东华立印务有限公司
成品尺寸　165 mm × 240 mm　16开
印　　张　19.5
字　　数　280千字
版　　次　2023年1月第1版
印　　次　2023年1月第1次印刷
标准书号　ISBN 978-7-5519-0690-6
定　　价　69.00元

总序

政治文化是基于政治制度和政治行为而形成的政治思想、政治观念与价值取向。它既是对政治制度和政治行为的抽象，又是社会文化中的客观实在，对政治制度与政治行为产生着重要影响。中国传统政治文化则是对中国传统政治制度和政治行为的抽象，具有丰富而深刻的内涵，影响着中国传统政治的构建，也影响着近代以来中国政治道路的选择。

相当长的一个时期以来，我们对传统政治文化没有给予应有的关注，更没有给予客观的评价。多数情况下，我们将其视为封建专制主义的糟粕，将其贴上落后、保守甚至反动的标签，其中一个重要原因是受西方学术范畴与话语体系的影响。

早在启蒙运动时代，一些著名的欧洲启蒙思想家便借中国古代政治之例抨击欧洲封建专制主义。孟德斯鸠在《论法的精神》中认为，历史上存在过三种政体，即共和政体、君主政体与专制政体：共和政体是全体人民或仅仅一部分人民握有最高权力的政体；君主政体由单独一个人执政，不过遵照已确立且被固定了的法律执政；专制政体既无法律又无规章，由单独一个人按照一己的意志与反复无常的性情领导一切。他认为，中国古代就是专制政体，在这种政体下，人的命运和牲畜一样，就是本能服从与接受惩罚，即使西方的暴君统治也强过东方的专制统治。

冷战时期，有的学者基于强烈的意识形态偏见，不遗余力地揭示东方专制主义的“罪恶”，其中最具代表性的就是美国历史学家魏特夫的《东方专制主义：对于极权力量的比较研究》一书。该书认为：东方国家的治水导致了专制政体与东方专制主义，“由此产生的权力是一种极权力量。在这样的治水社会中，政治上是君主暴政，经济上消灭土地私有制，文化上是奴性状态。生活在这种治水社会中的民众必然屈从于中央集权，处在全面恐怖之中，最终陷入全面的孤独”[①]。当然，也有许多严肃的西方学者从不同角度探讨和研究中国传统政治文化，但往往不得要领，比如，近代政治学的代表性学者马克斯·韦伯曾着力于中国古代政治研究，并认定中国古代政治体制是家产官僚制。所谓家产官僚制，就是以家产制国家为基础，家产制与官僚制相结合的政治体制。马克斯·韦伯认为：“当君侯以一种人身的强制，而非领主式的支配，扩展其政治权力于其家产制之外的地域与人民，然而其权力的行使仍依循家权力的行使方式时，我们即称之为家产制国家。”[②]当家产制国家继续扩大时，必然要借助于官僚制度，国家愈大，对官僚制度的依存就愈是绝对。马克斯·韦伯在《儒教与道教》一书中提到，自秦王朝开始，各王朝都是“家产官僚制”，在这一体制下，君主将国家政权作为私人权力与私人家产，置于其官僚制行政的管理之下。这一体制下的官僚不同于近代官僚，他们更像是君主的家臣与“包税人”，他们必须与君主建立人身依附关系，获准在其任职范围内充分的收益权，他们可以将其行政内所得的收入作为俸禄，事实上与

① 金寿福：《东方专制主义理论是冷战产物》，《历史评论》2020年第2期。

② 马克斯·韦伯：《韦伯作品集Ⅲ：支配社会学》，康乐、简惠美译，广西师范大学出版社，2004，第103页。

其私人收入并无区别。

对于孟德斯鸠出于工具目的对东方专制主义的批判可以另当别论，但其影响力不容忽视；对于魏特夫等人的观点，学界虽进行了较为充分的讨论，但并非从根本上解决了相关理论问题；对于为数颇多的严肃学者所进行的相关研究，国内学术界也进行了积极的回应与讨论，但对中国传统政治文化研究长期未见全面深入的突破，并未构建起完整的、客观的研究体系。究其原因，在于分析工具的选择。西方学者所使用的学术范畴与话语体系，都是在对西方文明的发展研究基础上形成的，他们往往以之为标准来评判中国传统政治文化。马克斯·韦伯这位严肃的学者，尽管注意到了中国传统社会种种内在逻辑与独特存在，但仍不愿放弃其既有的范畴，而是以家产制与官僚制这两个既有范畴打造出“家产官僚制”之履，削足适履，将中国传统政治塞入其中。国内学术界与西方学术界关于中国传统政治文化的对话、对中国传统政治文化的研究，也多是借用舶来的西方政治学的理论与范畴，难免力不从心，甚至还可能带来更严重的后果。中国台湾学者林端在21世纪初不无忧虑地认为，马克斯·韦伯对中国传统政治与法律存在诸多误解，“如果这些误解不断存续下去，甚至中国人的世界也越来越接受这种误解的说法，会是很可怕的事情，到最后中国人自己不了解中国文化的特征，却顺着西方人的眼睛来看自己的中国，看自己的文化”[①]。在以往的学术讨论中，我们总是说西方人戴着有色眼镜看中国问题，实际上，最大的问题在于我们自己也戴着西式有色眼镜看自己的问题。所以，我们的当务之急是摘下这副眼镜。

摘下西式有色眼镜，我们会蓦然发现，在人类政治文明进程

① 尤陈俊：《中国传统法律文化的重新解读与韦伯旧论的颠覆——〈韦伯论中国传统法律：韦伯比较社会学的批判〉评介》，《法制与社会发展》2006年第2期。

中，并不存在唯一正确的普世的政治思想、政治观念与价值取向。习近平总书记在2021年世界经济论坛“达沃斯议程”对话会上的特别致辞中指出：“世界上没有两片完全相同的树叶，也没有完全相同的历史文化和社会制度。各国历史文化和社会制度各有千秋，没有高低优劣之分，关键在于是否符合本国国情，能否获得人民拥护和支持，能否带来政治稳定、社会进步、民生改善，能否为人类进步事业作出贡献。各国历史文化和社会制度差异自古就存在，是人类文明的内在属性。没有多样性，就没有人类文明。多样性是客观现实，将长期存在。”[①]习近平总书记在中共十九届四中全会第二次全体会议的讲话中还指出：“一个国家选择什么样的国家制度和国家治理体系，是由这个国家的历史文化、社会性质、经济发展水平决定的。”[②]

西方近代政治文明就不是资本主义时代的专利，而是在欧洲独有的历史文化基础上产生的，如美国学者拉塞尔·柯克所说：“（美国）秩序的根基可蜿蜒曲折地追溯到希伯来人对上帝之下的有目的的道德生活的认知。它们涵括了古希腊人在哲学和政治上的自我意识；罗马人的法治与社会组织经验涵育了这些根基；它们与基督教对人之责任、希望和救赎的理解盘根错节地交织在一起；它们从中世纪的习俗、学问和英勇精神中吸取生命的养料；它们紧紧地抓住16世纪酝酿的宗教情绪；它们源自英格兰千辛万苦争来的法律之下的自由；殖民时期美国一百五十年的共同体经验强化了这些根基；它们得益于18世纪的辩论；它们借着《独立宣言》和美国宪法崭露峥嵘；它们经过美国内战的严酷考验后又全面恢复生机。”[③]

---

① 习近平：《让多边主义的火炬照亮人类前行之路——在世界经济论坛“达沃斯议程”对话会上的特别致辞》，《人民日报》2021年1月26日第2版。

② 习近平：《习近平谈治国理政》（第三卷），外文出版社，2020，第119页。

③ 拉塞尔·柯克：《美国秩序的根基》，张大军译，江苏凤凰文艺出版社，2018，第474页。

同样，中国现代政治文明也是在中国独有的社会土壤中生长起来的，其中，传统政治文化是十分重要的组成部分，如习近平总书记所指出的："像这样的思想和理念，不论过去还是现在，都有其鲜明的民族特色，都有其永不褪色的时代价值。这些思想和理念，既随着时间推移和时代变迁而不断与时俱进，又有其自身的连续性和稳定性。"①

因而，对中国传统政治文化的发掘与构建不仅可以让我们认识过去的中国，更可以助益于当代中国政治文明的发展，助益于中国特色社会主义制度和国家治理体系的进程。我们必须摘下西式有色眼镜去看中国自己独特的政治制度与政治行为，去把握与构建中国人自己的传统政治文化。

摘下西式有色眼镜，我们可以发现，在五千年中华文明发展进程中，我们创造了独具风格的传统国体，"天下"与"社稷"是基本的国家范畴。

中国早期政治家们坚定地认为，"天下"是他们政治作为的地理空间，也是国家政权覆盖的地理范围。从西周王朝的"普天之下，莫非王土；率土之滨，莫非王臣"，到孔子所秉持的"修身齐家治国平天下"，陈述的是同一政治表达。在这一政治框架中，"国"只是政权存在，无论是万国时代，还是西周各诸侯国都是如此。天子是天下的最高统治者，是各国的宗主，具有至高无上的地位。对于远近不同、关系不同的各国政权，均认定为同一天下，分为五服，设定不同的责任与义务，以德怀远、万国来朝是最为理想的天下治理状态。在秦汉统一王朝时代，虽然诸侯之国消失，但天下观并未改变，历代王朝仍认定自身为天下宗主，以天下为己任。

在这一政治框架中，正统与正朔成为非常重要的政治符号，统

① 习近平：《习近平谈治国理政》（第一卷），外文出版社，2014，第171页。

治者都认定自己是天下正统所在，而正统的标志就是奉其正朔。正朔是历法，使用其颁行的历法，就是奉其正朔，认可其正统地位。因而，对于天下各政权，历代王朝或有征讨，但并无掠夺，只要称臣纳贡，奉其正朔，便可换来封名，获得应有的保护。

在这一政治框架下，统一的王朝是历史发展的基本形态，每一个分裂时代都是被动的，分裂时代的任何一个王朝无不以正统自居，都想让其他王朝奉其正朔，都不肯偏安一方。海内为一的大一统是每个王朝共同的追求。

中国早期政治家们还敏锐地将天下细分为社稷、民、君三个组成部分。在《孟子·尽心下》中，孟子旗帜鲜明地认为："民为贵，社稷次之，君为轻。"这一论述的意义不仅仅是认识到了民众在社会历史中的地位，更是将社稷与君分离开来，以君主为代表的统治者只是社稷的管理者，并非社稷本身，这成为中国古代最为重要的政治传统。齐宣王曾问孟子，商汤推翻夏桀、周文王讨伐商纣王，是否真有此事？孟子说有。齐宣王又问，臣弑其君可否？孟子回答是，凡背弃仁义、残害百姓者，就是独夫民贼，人人可诛之。可以说，"民惟邦本"的政治理念在中国古代深入人心。唐太宗曾把君主与百姓的关系比之为舟与水的关系，说"水可载舟，亦可覆舟"，这也是认可君权并非神圣不可转移。因而，当统治者不足以维持其统治时，总是被农民起义拉下马来，实现改朝换代。

必须指出的是，在一次又一次的历史更替中，天下未变，文化人伦未变，天下之民及其共同的精神追求与心理取向未变，社稷也未变。所谓王朝的周期更替只是政权变动，而非国家变动。五千年的中华文明从未中断，赓续至今。

摘下西式有色眼镜，我们还会发现中国传统政体的明显特性，可以看到中国古代政治文明之路是一条不同于西方社会的文明之路，它有着集权一统的行政体制、充分发育的政府职能和平等开放的社会结构。

就传统行政体制而言，韩非为秦始皇设计了“事在四方，要在中央。圣人执要，四方来效”[①]的行政体制总则。这里所说的“圣人”就是君主。中央对于地方，“如身之使臂，臂之使指，莫不制从”[②]，指挥自如；君主对于全国，则是“天下之事无大小皆决于上”[③]。此总则通行于整个中国古代社会，各王朝自上而下设置层层相属的地方行政机构，又设置了分工明确、职责清晰的职能部门，确保各地权力集于中央王朝，中央王朝权力集于君主。

在这样一种体制下，基本不存在独立的政治实体。古代中国没有西方中世纪相对独立的自治城市，王朝的体系一直延伸到城市里坊；也没有西方中世纪自行其是的封建领主和自治村庄，王朝的体系也囊括了所有村落；更没有西方中世纪宗教的威权，各种宗教都在王朝行政体系的管理之中。还必须说明的是，中国古代各王朝均非所谓“家产制”国家，皇室财产与王朝财产始终有清晰的界限，君主私人财务与社会公共财政也并未合一。

就传统政府职能而言，“父母官”可以说是对传统政府职能的最好概括，王朝政府几乎是唯一的主体。中国古代各级政府是实施社会管理的全能的一元化政府，从中央到地方，有着构造齐全、涵盖几乎所有事务的机构与管理者。无论是国计民生，还是司法、治安、民政以及宗教、教化等，都在各级政府的一元化管理体系之中。如经济事务的管理，从农业到工商业，无一遗漏。中央王朝既有大农令、大农丞、劝农使，又有均输官、平准官，还有工部、户部、少府等。县一级则有工曹、户曹、市曹等，连县城中的市场也有市令与均平令进行市场秩序与物价管理。社会精神文化生活也是在一元化的管理下，倡导什么礼俗，尊崇什么宗教，甚至于表彰

① 高华平、王齐洲、张三夕译注：《韩非子》，中华书局，2010，第59页。
② 班固：《汉书》，中华书局，1962，第2237页。
③ 司马迁：《史记》，中华书局，1959，第258页。

孝子烈妇、调和邻里之争，都在政府的统辖之下，可以说是事无巨细，无所不包。尤其是基层地方政府，几乎就是一地之大家长。

在这样一种体制下，没有行政权力之外的权力存在，没有类似西方中世纪的各种社会中间组织分割其事权，也没有西方中世纪那样的各式法庭分割其司法裁判权，更没有西方中世纪的议会分割其税收或其他社会权力。中国古代社会存在着宗族与其他各色民间组织，但都不具有较为完整的权力，只是在行政权力的认可或赋予下，拥有一定的社会权力，是行政权力的补充或延伸。

就传统社会结构而言，中国古代社会的最大特点就是“编户齐民”制度，其实质是相对平等、开放的社会角色体系。中国古代社会存在着明显的角色差异、社会地位差异，但没有严格的社会鸿沟，不同角色的人们拥有一个共同的身份，即编户齐民，所有人户都在政府的编制管理之中，都可能实现社会角色的转换。

在这样一种体制下，中国古代的农民有可能转而为官或是经商，“朝为布衣，暮为卿相”并非个例；而西方却是严格的身份世袭制，中世纪的农民没有此通道。中国古代的“士”是文化的掌握者与传承者，也是社会流动的中转站；西方中世纪的文化都垄断在教会之手，直接制约了社会的活性。中国古代社会实行家产继承的诸子均分制，每一个子嗣都可以均等地继承家业，保障了社会结构的稳定；西方中世纪则是长子继承制，大量余子与骑士的沉淀成为其社会结构的一个顽疾。

摘下西式有色眼镜，我们又会发现，中国传统治理体系也独具风格，难以用现有政治范畴进行诠释，无论是中国传统政治治理体系、经济治理体系，还是文化治理体系，都是如此。

就中国传统政治治理体系而言，现有的民主、法治、专制等范畴都难以表达中国传统政治治理体系的本来。如，中国古代政治是民主政治吗？当然不是。是专制政治吗？也不全是。中国古代有君主专制，但君主的权力往往受到制约，实际是有限君权，最为典型的是唐朝的三省六部制，从诏令的起草、复核到执行，都有庞大的官僚部门负责，彼此制约。而且，还有较为完整的朝堂议事制度、监察制度、谏议制度，朝堂之上，并非君主一言九鼎。另外，中国古代王朝均有十分完整庞大的法律规定，从民事、刑事到社会事务、行政运转都有详尽规定，依法行政的色彩十分明显，但又难以认定这就是法治社会，因为从君主到各级地方官员，他们在各种事务中的自由裁量权还是比较突出的。这就是中国传统政治治理体系的实际：既非民主，又非专制；既非法治，又非人治。

就中国传统经济治理体系而言，现有的国有化、私有化等范畴，也都难以准确表达传统经济治理体系。以土地制度为例，在中国古代相当一个时期，土地一直没有明确的国有或私有的属性，虽然自秦王朝统一后，宣布“令黔首自实田”，似乎认可了农民的土地所有权，农民可以转让与买卖土地，但此后，各王朝仍不断进行土地的重新调整与分配：从西汉的授田制、王莽的王田制，到西晋的占田制、北朝与隋唐的均田制，王朝政权总在不断地否定私有，保障农民的土地占有；直到明清时期，农民仍不具备西方私有权属意义上的完整的土地私有权。以工商政策为例，中国早期国家形成于三次社会大分工完成之前，使工商业在出现之初就打上了明显的国家印记。春秋战国以来，虽然允许私营工商业发展，但“工商食官”制度并未终结，官营工商业一直未退出历史舞台，而且还处在不断发展中，从而出现了官营工商业和私营工商业并存，官营工商业一直处于垄断与主导地位的格局，这一格局贯穿中国古代社会两千年。

就中国传统文化治理体系而言，现有的文化专制、思想自由等范畴同样无法诠释中国传统的文化治理体系。以思想自由定性中国传统文化治理显然荒谬，但是，以文化专制指认中国传统文化治理同样不妥。中国历代王朝都重视文教，推广教化，中国古典文化的繁荣世所公认。更为重要的是，中国古代社会没有出现西方中世纪宗教力量钳制思想的现象，人们拥有较为宽松的信仰选择，除了以祭天为核心的垄断性信仰外，并无多少禁区。

中国传统政治的上述特性，当然是在中国长期稳定的农耕文明土壤中形成的，其中最根本的一点就是中国古代政治文明独特的发生与发展道路。中华文明有着独特的发生途径与成长历程，传统中的胎记遗存清晰可辨。一万多年前相当长的一个时期，由于受大理冰期的影响，全球性气温下降，冰川扩张，海平面大幅度降低，渤海、黄海、东海成为新的大陆，朝鲜半岛、日本列岛以及台澎诸岛都与东亚大陆连为一体。在这方新的土地上，我们的先民们拥有了更为广阔的生存空间，自北向南，依次活动着渔猎采集群落、初始农耕群落、高级采集狩猎群落。我们上古传说中的尧、舜、禹、共工、三苗、蚩尤等，都生存于其中。而当时的旧大陆，尤其是北部大陆，由于严寒与干旱，冻土带南移，人口较为稀少。一万年前左右，随着大理冰期的结束，全球性气温转暖，冰川融化，暴雨成灾，海水上涨，接踵而至的洪水淹没了新大陆，也湮没了新大陆上的所有文明。人们的生存空间大大缩小，幸存的群落与群落间发生了旷日持久的冲突，尧、舜、禹与共工、三苗的战争都在此列。[①]

在中华文明的发生史上，存在着一个一直没能解决的问题，那就是早期文明的源头究竟在何处？现在看来，答案应当有了，即这一时期的洪水与战争是中国早期文明的源头。在治洪、御洪的过程中，尧舜禹集团内部开始萌生社会分工、公共权力以及刑罚，尧舜禹的禅代、鲧的放逐以及四岳的存在，都为我们透露出了这样的信息。更为重要的是，洪水进逼所引起的大规模的群体战争同样在促成权力与统治的萌生。《吕氏春秋·荡兵》曾言：“人曰‘蚩尤作兵’，蚩尤非作兵也，利其械矣。未有蚩尤之时，民固剥林木以战矣，胜者为长。长则犹不足治之，故立君。君又不足以治之，

① 齐涛主编：《世界史纲·绪论》，泰山出版社，2012，第1~7页。

故立天子。天子之立也出于君，君之立也出于长，长之立也出于争。”“立长”“立君”“立天子”，实际上是国家形成三阶段的写照。尧、舜、禹与共工、三苗的战争，标志着“立长”阶段的开始，也意味着中国早期文明的滥觞。

中国早期文明萌生后所面临的主要压力仍是群体间的冲突与对抗。随着生产的进步、人口的膨胀，这种对抗愈演愈烈。群体内部的组织体系也开始完备。这种组织体系的完备首先是在聚落中实现的，尔后又逐渐延伸，进而形成了早期方国，其时间大约在五六千年前，这也就是古史上所谓的“万邦时代”。随着方国间对抗与联系的逐步加强，方国共同体开始出现，夏王朝的建立标志着更大范围方国共同体的出现，也标志着大一统王朝的萌生。此时的方国共同体并非方国联盟，而是诸方国对方国共同体的主导者的服从与认可；而作为方国共同体主导者的夏，对其他方国也并非征服与掠夺，而是视为同类，致力于人文教化的一统。商之代夏、周之代商，只是一个主导者对另一个主导者的取代，人文教化一统的方国共同体并未改变。在此基础上建立的国家政权已带有浓重的统一国家色彩。经过春秋战国的历史整合，至秦王朝建立，大一统的中央集权王朝已经形成，西方近代意义上的国家已经出现在两千多年前的中国，大一统传统由来已久，根深蒂固。

由于中华文明的萌生缘于冰后期群体间的对抗，其萌生之时，私有财产和贫富分化尚未出现，私有制与阶级也未产生，三次社会大分工更没有展开，氏族血缘组织还未被地缘组织所取代，因此这些历史任务都是由先行出现的国家机器渐次完成的。这一过程，必然要打上国家的烙印。国家政权对社会的控制与管理是全方位的，国家政权之外的其他力量难以生成。

与文明发生的途径相联系，国家产生之时，没有明显的阶级对立和阶级差别，没有内部奴隶，各成员之间的差别更多的是社会分工与角色的不同，社会成员都有一定的参政、议政权利。直到西周春秋时代，实行的仍是国人内部民主制，遇有重大事务，国君往往要与国人相商，甚至与之盟誓。国人废黜国君，另立新君之事也曾发生。战国以来，君权强化，君主专制体制不断发展，但民主制的基因并未中断，社会成员的平等性在一定程度上得以延续。

与文明发生的途径相联系，中国早期社会组织不是以地缘关系代替血缘组织，而是对血缘组织的确认与强化。家庭与家族是基本的社会组织，无论是群落，还是方国、方国联盟以及后代的夏、商、周，其组织结构基础都是家族。在此基础上，国家作为宗法血缘关系下的父家长制大家庭放大后的产物，必然会带来内部的集权化倾向，带来全能的政府职能；群体内部的纽带是血缘关系，又为父家长式的专制奠定了基础。

与文明发生的途径相联系，中国古代的三次社会大分工一直没有完整实现。西周及其以前的时代，土地为宗族所有，实行的是以家族为单位的大田集体劳动，家畜饲养与农业生产是在同一个劳动单位内完成的，纺织和陶器制作等手工业生产也是如此。家族之间和全社会所需的手工业商业活动则由王朝政府承担，此即商周王朝的工商食官制度。在此基础上，形成了独特的土地制度与官营工商制度。

与文明发生的途径相联系，中国早期政治是人文政治，而不是神祇政治，祭祀僧侣集团在中国政治上一直没有取得过主导地位。在文明的萌生中，中国也与西方世界一样，有祭祀与专职的祭祀人员，有通天人之际的“若木”与神山。从红山文化的祭坛到三星堆的神杖，从种种的民间神祇传说到遍布南北的新石器时代的岩画，我们都能感受到神仙世界对世俗世界的影响。但在中国社会，神职人员一直没有成为独立的政治集团，神职首领往往是世俗首领兼而领之，这种情况下的祭祀集团只能是政治的附庸。与之相对应，在中国传统政治生活中，一方面是世俗首领垄断了天人之际的通道，“天之子”“予一人”以至后世的封禅大典，充分体现了这种垄断；另一方面，人文与人伦成为基本的价值取向，从周公旦的“敬天保民”，到孔夫子的人文教化，反映的都是这一精神。因而，中国古代社会未曾出现欧洲中世纪宗教的桎梏与束缚，而是成就了中国古代社会的人文繁盛与相对宽松的信仰世界。

从上述内容我们可以清楚看到，中华文明的发生与西方迥异。西方文明的发生，走的是一条符合传统理论的基本道路，即在原始社会的后期，随着生产的进步，有了剩余产品与剩余劳动，又有了私有财产与私有观念，在此基础上，形成了贫富分化与阶级对立，国家机器在阶级对立的基础上应运而生，代表统治阶级的利益，实行阶级统治与阶级压迫。与之同时，原始的氏族血缘关系被打破，以地缘关系编制、管理其国民成为国家形成的重要标志。自国家出现到希腊罗马时代，欧洲社会完成了其政治基础的奠基与政治制度的完善，基于个人权利至上的公民权与财产私有权成为其社会的两大基点，城邦民主政治与自由文化精神构成了欧洲政治文明的基本框架。此后，虽然经历了中世纪的黑暗，但这一基础并未被完全摧毁，在许多方面仍以种种不同的方式在继承与发展，尤其在城乡二元结构下，城市文明崛起，为欧洲社会提供了另一个版本的治理体系。至文艺复兴，则在新的历史时期实现了对希腊罗马文化的续写与迸发。随着资本主义运动的进展，近代国家、近代法律、近代思想文化以及近代国际秩序逐步形成，从而完成了欧洲文明的构建。

中华文明的发生与欧洲社会已大不同，发生之后，中华文明仍旧沿着自己的基点行进。近百年来，不断有学者将中国的历史进程与欧洲的历史进程相比附，得出了种种结论。就历史的客观性而言，两者虽不乏相似之处，但仍是不同道路上的行进者。如中国春秋战国时期的变革与希腊、罗马的变革实际是同工异曲，中国的秦汉帝国与罗马帝国的强盛也并非一事，中国的封建社会也不能等同于欧洲的中世纪社会等。特别是春秋战国这一特定历史变革时期所造就的中华文明的框架，更是上承远古以来中华文明的发生，下启两千年中华文明的发展，有着独特的内涵与意义。

中国传统政治的特性已述于上，如何总结、提炼由中国传统政治制度与治理体系所凝聚的思想与文化，是这套书系的任务所在，如习近平总书记所指出的：

> 在几千年的历史演进中，中华民族创造了灿烂的古代文明，形成了关于国家制度和国家治理的丰富思想，包括大道之行、天下为公的大同理想，六合同风、四海一家的大一统传统，德主刑辅、以德化人的德治主张，民贵君轻、政在养民的民本思想，等贵贱均贫富、损有余补不足的平等观念，法不阿贵、绳不挠曲的正义追求，孝悌忠信、礼义廉耻的道德操守，任人唯贤、选贤与能的用人标准，周虽旧邦、其命维新的改革精神，亲仁善邻、协和万邦的外交之道，以和为贵、好战必亡的和平理念，等等。这些思想中的精华是中华优秀传统文化的重要组成部分，也是中华民族精神的重要内容。马克思主义传入中国后，科学社会主义的主张受到中国人民热烈欢迎，并最终扎根中国大地、开花结果，决不是偶然的，而是同我国传承了几千年的优秀历史文化和广大人民日用而不觉的价值观念融通的。[①]

这套“中国传统政治文化书系”就是以习近平总书记所指出的中华民族在几千年历史演进中所形成的关于国家制度和国家治理的丰富思想为纲，从不同方面对习近平总书记所提炼的中国传统政治文化进行阐释。我们要表达的不是政治史，也不是制度史，而是政治史与制度史中所蕴含的文化精神。这种精神通过政治事件、政治制度和政治人物来体现。也可以认为这是一个另类的政治史，是围绕问题说话的

① 习近平：《习近平谈治国理政》（第三卷），外文出版社，2020，第119～120页。

政治史。

为便于更多读者阅读，我们未把这套书系打造成深涩难懂的理论著作；为保障其科学性与可靠性，也不想把它制作成迎合市场的通俗演义。而是采用“非史”“非论”的叙述手法，既不是历史的，也不是理论的；既不是通俗的，也不是高大上的。力求以一种独特的模式，让人们从政治历史中感知传统政治文化精神之所在。在叙述中力避夸夸其谈，从概念到概念，力避事无巨细，面面俱到，而是画出三分，留白七分。用完整的叙事、画龙点睛的提炼，把传统政治文化的基点与内核告诉读者，读者自然可以领会其中的政治精神，构建自己心中的中国传统政治文化。

目录

绪论

官吏是行政管理的主体，也是行政组织和社会治理体系的枢纽。官吏选任制度是国家政治制度的有机组成部分。官吏选任本身就是一个复杂的系统，主要包括选举和任用两个方面。在中国古代政治演进的历史进程中，官吏选任制度及选任文化与封建国家政治思想、政治体制、行政管理、行政运作和社会治理等领域密切相关，是认识和了解中国古代官僚制度乃至全部政治制度的基础，也是理解中国传统政治文化的一扇窗口。

官僚制度是从以血缘为核心的政治体制向以地缘为核心的政治体制转变的产物。春秋以前实行分封制度，周天子名义上是天下共主，但各级封君不仅将封地视为自己的私产，还拥有封域内的治理权，成为地方社会的实际治理者。分封制度下的土地、人口等基本资源都按照血缘、身份等级进行分配，分封形成的贵族等级秩序与国家政治组织架构、社会治理体系是高度合一的，形成“家国同构”的社会结构。在分封制度下，职事官的选拔任用及发挥的作用局限于极为有限的范围之内，而且被贵族阶层所垄断，亦未能摆脱分封制度的精神及原则。

中国古代官僚体制的建立始于春秋战国时期，奠定了中国两千余年的政治制度基础。春秋时期，周天子开始逐步失去对诸侯国的控制，分封制度逐步瓦解。在各诸侯国内部，土地贵族占有制被以自由农民为主体的土地私有制代替，以家庭为基本生产单位的自耕农经济成为社会基本经济形态。与此同时，各诸侯国的政治权力及组织结构亦发生根本性转型，通过变法改革，战国时期各诸侯国先后建立了中央集权的君主专制政治体制。

君主专制、中央集权和官僚制度是三位一体的。国君为了有效治理国家，不得不任用大批职业官僚管理国家，处理行政事务。战国七雄普遍建立了中央集权政治制度，地方治理以郡县制取代分封制，行政权力集中到中央政府。在官僚体制下，血缘宗法不再是政治权力分配和官员任命的主要依据，君主按照品德、才能、功劳等标准，按照一定程序面向社会选拔人才、任用官吏。与西周时期的世官制度不同，官僚体制下官吏的职位与爵位分离，官吏不再拥有封地，而成为一种享有衣食俸禄的职业。没有君主许可，官员不得擅自转让、继承职位和权力。

官僚体制下，官吏职位由君主授予，官吏设置与政治组织相匹配，形成完善的组织架构与官僚队伍体系，最终构建起“海内为郡县，法令由一统”的君主专制中央集权体制。官吏权力来自君主赋予，是君主权力的派生物；官吏的职责主要是完成君主规定的任务，执行君主命令。为保障官僚制度有效运行，封建国家建立了涵盖考选、铨叙、薪俸、考绩、监察、迁转、致士等各环节、各层面的官吏选任及管理制度，形成了完整的官僚制度。

西周时期的世官制度瓦解后，中国古代选官制度大抵经历了察举制、九品中正制和科举制三个主要阶段。中国古代官吏选任制度具有连续性的特征，每个阶段都是对前一阶段的继承和发展。一方面，官吏选任由血缘向地缘转变，规范化、制度化程度不断提高，彻底否定并在实践中摒弃了血缘关系，最终形成程序严密、面向社会、公平公正的科举制度，而且延续千年之久。另一方面，尽管官吏选拔制度不同，甚至形式上完全相悖，但中国官吏选任的文化传统始终没有中断，官吏选任中的合理性因素和优秀文化传统得以传承。从察举制度到科举制度，都传承了尚贤精神和尊重知识、尊重人才的文化传统，在官吏选任标准上，都强调德才兼备、以德为先的原则。

中国传统官吏选任的文化传统和制度设计既是理性精神的体现，也是历史实践的结果，是中国传统文化的重要组成部分，适应了封建王朝政治统治和社会治理需要，同时对中国传统文化品格形塑也产生了重要影响。由于社会结构、政治结构及文化传统不同，古代欧洲各国的政治体制与中国古代官僚制度存在巨大差异，在官吏选任制度及选任文化方面，呈现出各自不同的特点。

从历史发展阶段及时间维度看，与同时期中国官吏选任制度相比，欧洲社会落后得多，远不如中国古代官吏选任制度完备。在“轴心时代”，以雅典、斯巴达和罗马共和国为代表的欧洲地区的政治发展模式与中国截然不同。除短暂的僭主政治时期，雅典在绝大多数时间内实行典型的奴隶主直接民主制；斯巴达实行的是贵族共和制；罗马共和国的政体较为复杂，贵族政体、王政政体和民主政体都曾出现过。欧洲社会始终没有建立官僚体制，更没有建立系统稳定的官吏选任制度。雅典、斯巴达和罗马共和国的政治制度，是原始民主色彩浓厚的奴隶主贵族民主制。这种制度不是建立在理性基础上的，缺乏连续性和稳定性，同时具有民主与集体专制的双重性质。

中国中央集权政治制度与君主专制很早就已产生，二者从产生之日起就是孪生的。相比而言，欧洲君主专制体制及官僚政治制度的建立要晚很多。欧洲中世纪长期处于政教合一的状态，僧侣和世俗贵族共同进行统治，形成由教皇、君主、主教、僧院长、子爵、男爵、小领主和骑士构成的等级式社会结构。在中世纪很长时期内，欧洲各国实行封建领主制度，领主在领地内有独立的统治权。在教权、王权、贵族领主权之间的权力角逐中，世俗官吏多以君主封赐、恩赐、委任等方法任用，具有很大的偶然性和专断性。官吏选任凭借君主个人喜好和个人意志，具有很大随意性，缺乏标准化、制度化的机制，也没有形成自下而上、择优选拔选任的原则。

欧洲各国官僚体制的建立过程与中国古代亦有很大不同，中国的中央集权和君主专制一开始就是行政、立法、司法高度一体化的，欧洲各国官僚体系的建立首先是从司法领域开始的，然后逐渐拓展到立法和行政领域。欧洲君主专制制度建立以前，各级封建领主是社会治理的主体与核心，君主的公权力与封建领主的私权力之间是平行关系。君主通过建立巡回法庭的形式处理地方上各种诉讼事务，从而实施对地方事务的干预和管理。以法国为例，直到14世纪前后，国王才被成功地塑造为王国内有至高司法权的“大法官”；直到16世纪，以封建领主制为主体的社会结构被打破，才最终完成了君主治理体系集司法权、立法权和行政权为一体的全面转型，中央集权的政治体制才最终建立。

在君主专制之下，欧洲各国官僚体制下的官吏选任制度也与中国传统社会有很大不同。战国以后，在绝大部分历史时期，中国官僚阶层发展的整体趋势是去贵族化的，尤其是科举制度的创立，从根本上否定了血缘、身份在官吏选任中的作用，这与现代文官制度已经很接近了，在形式上几乎完全符合马克斯·韦伯对现代官僚制度的定义。欧洲官僚体制的贵族化特征仍旧十分突出，到中世纪晚期，仍保留了贵族政治特征，官吏主要从贵族中选拔。19世纪前期，英国政府中的高级职务都是由贵族担任的。法国官吏贵族化情况比英国更甚，长期掌握地方政府权力的都督基本被贵族家族把持，这种局面直到路易十四亲政以后才得以扭转。不仅上层官僚如此，法国基层社会的治理权力也控制在乡村贵族手中。

中世纪欧洲国家都没有建立完备的官吏选任制度。中世纪晚期，建立中央集权君主专制体制是欧洲各国的普遍诉求。16世纪的马基雅维利所作的《君主论》在批判宗教权力的基础上，认为建立君主专制制度和建立强有力的中央集权政治体制是意大利实现国家统一的必要条件，而且为了实现这一体制，君主甚至可以不择手段。17世纪，托马斯·霍布斯主张英国需要建立君主专制的政治体制，在其《利维坦》一书中，他将君主专制的国家比喻为威力无比的巨兽。欧洲国家在现代文官制度建设过程中，学习和借鉴了中国科举制度，吸收平等竞争、公开选拔、择优录用的官吏选任程序及原则，从而建立起文官考试制度。

中世纪晚期，中国科举制度对欧洲政治制度的发展产生了重要影响，为审视中国古代官吏选任文化提供了新的参照系和视角。在近代资本主义世界体系形成以前的上古、中古时期，尽管世界各文明体之间存在不同程度、不同形式的文明交往现象，但其广度和深度受自然地理因素制约明显，许多文明体之间的发展仍是相对独立的。近代以前，中国与欧洲经济、文化交流的历史源远流长，但相互之间影响的深度与广度有限。中华文明发展演进的动力主要来自文明体内部，在政治制度与政治文化领域表现得尤为明显。中国古代的官吏选任制度与中世纪欧洲各国的官吏选任制度各有自身演进的内在逻辑，呈现出不同的发展特征。尽管如此，我们仍需将中国传统选任文化同时放置于世界文明发展演进的空间坐标和中国传统社会演进的时间坐标两个向度中考察。与欧洲文明相比，中国传统选任文化不仅具有连续性等外在特征，更重要的是，它是中国传统社会系统的有机组成部分，是中华文明发展史中的重要逻辑链条和发展脉络。中国古代官吏选任制度建立在小农经济之上，与传统社会结构深度吻合，与文化传统高度融合，适应了封建大一统国家治理的需要。

第一章 春秋战国选任制度

我国是世界上人才选拔文化历史最悠久的国家之一，早在原始部落时期，就留下了很多推选人才、选拔人才的传说。商以前的情况，史料难以详考。西周时期，宗法结构与政治结构合一，分封和官吏选任都是建立在血缘基础之上的。

在分封制下，政治权力被贵族垄断，官吏实行世袭制，即所谓世卿世禄制度及世官制度。在实施世官制度的同时，西周还建立了选贤贡士制度，通过乡举里选的形式从地方选拔人才担任政府各级官吏。这些选举出来的人才主要限于低级官吏。西周时期的文化秩序与政治结构是彼此适应的，文化教育权力被贵族阶层垄断，政府建立了以学在官府为基本特征的教育和文化传承体系，各级学校同时也是官吏培养场所。

春秋战国是中国社会大动荡、大变革的转型时期，各诸侯国都不同程度地改革官吏选任制度，世官制度受到巨大冲击，血缘不再是政治权力分配的主要原则，官吏选任向以选贤与能为原则的荐举和考选制度过渡。此外，为适应政治军事现实需要，客卿制度和军功制度在各诸侯国官吏选任制度中占据重要地位。作为政治制度改革的重要内容，官吏选任制度反过来推进了官僚政治制度的建立，各国先后完成了以君主专制为基本政治体制、以官僚制度为基本形态的政治制度转型。

一、世卿世禄与乡兴贤能

西周的选官制度，一方面适应了贵族政治与等级社会结构的需要，实行了世卿世禄制度；另一方面，西周也承袭了原始民主选举制度的传统，保留并发展了以乡兴贤能为主要特征的官吏选举制度。

1. 分封制下的世官制度

在人类社会发展的早期阶段，血缘是社会群体建构及社会形态形塑过程中最重要的因素，血统既是社会群体管理的基本依据，也是政治权力分配的基础。中国很早就出现了族长世官制度，族长世官制度是以分封制度为基础的行政组织方式及选任原则。夏朝是否实行了分封制度，缺乏可靠史料记载。商朝后期已经出现了很多封国的记载，有的学者认为最迟至商朝已经建立了分封制度，有的学者认为商朝的分封只是从氏族制度向分封制度的过渡。商朝选官制度以血缘为基础，各级官员主要从本族内部产生并世代由其兄弟或子孙继承。

西周以来的政治体系建立在分封制的基础上。西周政权稳定后，大行分封制，以血缘宗法为基础，封建大批同姓子弟，历史上有“周公立国七十一、姬姓五十三”的说法。其实西周封国的数量远非这些，有记载显示西周封国有一千八百之多。通过分封，周天子把统治的触角伸向四面八方，建立起统治秩序的主体架构。西周时期，“乡”“遂”“里”等地域组织已然出现，但它们给社会带来的影响依然有限，最重要、最基本的经济、政治实体仍是家族或宗族。西周贵族内部实行严格的宗法等级制度，周天子为全天下的大宗，分封王族成员为诸侯国的国君。这些诸侯国国君相对于周天子而言为小宗，而在其诸侯国国内又是大宗，这样依次类推，形成“价人维藩，大师维垣，大邦维屏，大宗维翰。怀德维宁，宗子维城”[①]的宗法架构与政治模式。对贵族阶层而言，宗族是最重要的组织形式和权力分配依据；对平民而言，家族和家庭是生产生活的基本单元。《左传·桓公二年》对这种社会结构进行了高度概括：“故天子建国，诸侯立家，卿置侧室，大夫有贰宗，士有隶子弟，庶人、工、商，各有分亲，皆有等衰。”统治集团的核心成员主要由各级宗族长构成，各宗族世代占据大大小小的官位，政治权力的分配与宗法制是合一的。

在分封制度下，西周政权与族权浑然一体，形成家国同构的社会机制。国家就是一个扩大了的宗族，周天子既是国家的代表，也是全天下的大宗；诸侯在其国内对卿大夫亦是这种大宗与小宗的关系，小宗要拱卫大宗，诸侯要拱卫周天子。在宗法制度之下，国家统治体系与姬姓宗族的支脉体系大体一致，尊祖敬宗是宗法观念，同时也是国家观念。姬姓宗族之外，周王室又通过婚姻手段与一些异姓诸侯结成所谓的甥舅关系，直接或间接地把部分异姓诸侯吸纳进以姬姓为主体的统治体系中来，于是除蛮夷戎狄外，天下要么是周天子的宗亲，要么是姬姓族人的姻亲，形成姬姓“宗盟”。周天子在分封诸侯的同时，在天子直接控制的区域内，也竞相分封子弟以夹辅公室，设官置吏以治理国家。这样，通过分封制把宗族关系法制化，使宗族关系与君臣关系叠加在一起，王权与族权有机结合起来，“尊尊”的政治原则与“亲亲”的宗法原则合二为一，最终形成政治组织体系与宗法体系相统一的政治与社会结构。

在西周分封制度下，国家政权组织是多级君长制的权力层层分割结构，既不存在大一统的国家，也不存在集权的中央政府。在周天子直接控制的王畿区域内，中央政府与地方行政组织官员都以血缘宗法为基本依据从贵族中选任，贵族世代垄断政治权力，因此这种选官制度又称世官制度。在王畿区域外的分封地区，诸侯国

---

① 刘毓庆、李蹊译注：《诗经》，中华书局，2011，第737页。

内部也按照同样的原则再分封，诸侯把封国内的土地分封给自己的儿子、卿大夫，卿大夫作为小宗从国君处获得土地并传承下去。这样，诸侯和卿大夫也都有自己直接统治或控制的区域。

世官制、宗法制和分封制有不可分割的关系。与世官制相辅相成的是爵禄制，西周的官员选任是与爵禄制结合在一起的，周天子给同姓子孙及姻亲、功臣等贵族授予公、侯、伯、子、男五等爵位。封在王畿区域外的为诸侯，“授民授疆土”，实行世袭制；封在王畿区域内的为公卿、大夫，有作为俸禄的采邑，世袭为官。与政治机构、社会结构相适应，西周建立了一套完备的文化体系，即礼乐制度。春秋以前，周王室凭借强大的军事实力，以完备的礼乐制度为文化基础，以严密的宗法制度为政治基础，周天子长期保持着天下共主的威势，维系着“礼乐征伐自天子出”的政治秩序与社会等级结构。在国家行政组织架构上，形成“天子—诸侯—卿大夫—士”自上而下的金字塔形等级结构。

世官制概念有广义与狭义之分，广义的世官制指被贵族阶层世代垄断的职官选任制度。各级贵族虽然在不同时间内官位不固定，但只有世族贵族才有资格担任官职。世官制保证了宗族长按照其在宗法组织中的位置获取政治权益。狭义的世官制指某一贵族在特定官位上世代继承这一官职。不同职官掌管着各自领域的事务，掌握了专门技艺和专业能力，且父子相教、子孙相袭，甚至形成以官职命名姓氏的做法，许多以官职命名的姓氏直到今天仍在沿用。狭义世官制主要表现为世职和世业两种方式。所谓世职，就是世代担任同一职务，如父亲为司寇，父亲死后儿子继续担任司寇。现实中这种情况是较少的，最常见的方式是世业制，即世代都在同一领域担任职务。世职和世业主要限于那些需要较高水平专门知识或专业技能的职位，如巫祝、史官等。这方面的事例很多，如晋国的籍氏世代掌管典籍，齐国太史伯兄弟四人皆为史官等。春秋时期，诸侯国内部出现了一批累世显赫的大族，世代垄断政府的高级职位，晋国有“六卿”，鲁国有“三桓”，卫国有孙氏、宁氏，齐国有国氏、高氏、陈氏、鲍氏等。这些大姓或为贵族后裔，或以军功起家，在“国”中累世担任要职。世官家族政治权力与家族势力彼此支援，相互为用，世官家族通过担任官职获取政治权力和经济利益，进而维护宗族势力。国君为了稳固政权，也需要大族的支持，选任官员时会优先从这些大族中挑选，孟子所谓的“为政不难，不得罪于巨室”就是针对这种情况而言的。

分封制下的卿大夫兼有贵族和官员的双重身份，他们没有固定俸禄，以周天子分封的土地作为俸禄。《礼记·礼运》记载：“故天子有田以处其子孙，诸侯有国以处其子孙，大夫有采以处其子孙。是谓制度。”诸侯的统治区域称“国”，政权称“公室”；卿大夫的统治区域称“采”或“采邑”，政权称“家”。采邑与后世职田不同，职田只是俸禄的替代形式，官员仅享有租税之利而无土地所有权，土地随官员职位变化而转迁。采邑客观上具有职田的功能，但赐田依据主要是卿大夫的贵族身份而非职务，一旦赐予，政府一般不再回收。此外，卿大夫拥有采邑内的统治权。在各自管辖区域范围内，天子、诸侯和卿大夫的统治权力是独立的，他们分别是王室、公室和家的实际治理者。因此，世卿世禄制度下的诸侯、卿大夫并不全是在周天子直接管理之下的官吏，而是拥有相当独立性和自主权的统治者。他们拥有封域之内的治民权，都跟天子一样名正言顺地称君主，诸侯与周天子的君臣关系主要是名义上的，关系的维系主要靠宗法和“礼”来实现。诸侯有向周天子献纳贡赋、受职、述职和从征等义务，但他们在自己的封地内几乎是完全自主的，不受周天子控制。柳宗元在其名篇《封建论》中所说的“侯伯不得变其政，天子不得变其君”，描述的就是各级封君的权力。诸侯国内部，卿大夫之于诸侯大抵如诸侯之于周天子，但卿大夫与周天子之间没有直接的关系，对周天子而言，他们的身份是“陪臣”。

世官制是西周宗法制与分封制双重作用的结果，宗法制是政治组织体系建立的原则和基础，分封制是政权的组织方式，世官制则是政权组织的具体操作规程，三者相辅相成，构建起一套完整的政治权力体系，形成一种稳定的社会结构。世官制的缺陷也很明显：一方面，造成了政出多门、政出私门等政治弊病；另一方面，“血而优则仕”“生而贵则仕”的官吏选任原则阻塞了人才选拔的途径。人的血缘出身与德行之间不是必然因果关系，世官制从根本上违背了选贤与能的基本用人原则和政治传统，荀子在《荀子·君子》中对世官制度的抨击切中其要害：“先祖当贤，后子孙必显，行虽如桀、纣，列从必尊，此以世举贤也。以族论罪，以世举贤，虽欲无乱，得乎哉？”

2. 夏商周的贡士制度

将本群体中的优秀人才选拔出来管理公共事务，这是人类社会组织发展到一定阶段的必然结果，选贤与能的思想和原则早在原始部落时期就已经存在了。原始社会后期，推选氏族首领的前提条件就是贤与能。贤指品德优良，能指才能出众。原始社会的这种人才选拔办法带有浓厚的原始民主色彩，但选贤与能的选任原则进入阶级社会后仍然适用，只不过其人才选拔的形式不再是自下而上的荐举，而是自上而下的选举。

夏商周施行的贡士制度本质上是一种人才与官吏选拔制度，是选贤与能原则的具体体现方式。西周时期，这一制度发展得更加成熟。天子为了维护自己的统治，在建立世官制度的同时，也采取一定措施从社会下层选拔贤能人才为己所用，至迟到西周时期已形成一种相对固定的制度，即所谓贡士制度。西周建立贡士制度既是对夏代以来政治传统的承袭，也是形势使然。周原本为西部边陲小邦，以武力方式打败了商纣王，使周人认识到人的巨大力量。周公总结了殷商灭亡的历史教训，将“敬天保民”作为自己的治国思想。周公经常教导周成王要修身以待士，并告诫周成王“官人之法”的重要性。所谓“官人之法”，就是选贤与能的人才政策和官吏选任制度。

西周以贡士制度为基础，以乡举里选为手段，以学校教育为补充，建立了层层优选的自下而上荐举人才与自上而下选拔人才相互衔接的人才荐举与培养体系。西周的贡士具体包括两种方式：一种方式是诸侯贡士。各诸侯方国有向周天子贡士的义务，诸侯每三年至少向周天子贡士一次，周天子亲自考核，称“大射”。所贡之士考核合格，诸侯可获得周天子的奖励；所贡之士不合格，诸侯要受到惩罚，轻者受天子责让，重者被削地。诸侯方国贡士主要是为了体现诸侯对天子承担的义务，数量有限，仪式意义大于选拔人才本身，因此对人才选拔整体影响不大。另一种方式是王畿区域内的地方向中央政府贡士。中央政府对地方所贡之士进行考核，合格者或进入官学学习，或直接被授予官职。

《礼记·王制》记载了西周时期贡士制度的基本程序：

> 命乡论秀士，升之司徒，曰“选士”。司徒论选士之秀者而升之学，曰“俊士”。升于司徒者不征于乡，升于学者不征于司徒，曰“造士”。乐正崇四术，立四教，顺先王《诗》、《书》、《礼》、《乐》以造士：春、秋教以《礼》、《乐》，冬、夏教以《诗》、《书》。……大乐正论造士之秀者以告于王，而升诸司马，曰“进士”。

关于选士与学校教育之间的关系，何休的《春秋公羊经传解诂·宣公十五年》有更详细的记述：“其有秀者，移于乡学；乡学之秀者，移于庠；庠之秀者，移于国学，学于小学。诸侯岁贡小学之秀者于天子，学于大学。其有秀者，命曰进士。”[①]这里所说的“大学”指西周官学教育体系中的大学，是周天子专为高级贵族设立的教育机构，也是西周培养高级人才的最高学府。大学的入学条

① 阮元校刻：《十三经注疏》，中华书局，1980，第2287页。

件十分苛刻，据《礼记·王制》记载，只有“王大子、王子、群后之大子、卿大夫元士之嫡子，国之俊、选”才有到大学接受教育的资格。在贡士制度之下，只有少数俊士和选士得以进入大学学习，获得成为“进士”的机会。

除通过学校教育选士、育士，西周还建立了通过选举、推荐等途径选拔人才的制度。在周天子和诸侯控制的辖区内，基层行政官吏主要通过乡举里选产生。周天子每年都要通过司徒向乡吏颁布荐举人才的命令，族师、党正、州长、乡大夫等各级官员都有荐举人才的责任。荐举的标准分为“德行”和“道艺”两项，其中“道艺”就是才能。每三年举行一次大规模考试，由乡老及乡大夫、群吏等把考核优异者的姓名上报周天子。乡举里选是一种具有原始民主性质的选举制度，后来演变为察举制度。

对于通过各种途径选拔出来的人才，司马负责论定他们的优劣长短，并根据需要委任相应官职，少量杰出人才可获得爵位、分封采邑。在西周分封制度之下，在人才选拔和官员任用方面，世官制度是官员选任制度的主体，乡举里选与贡士制度仅仅是世官制度的一种补充，对政治制度的影响极为有限——通过乡举里选与贡士制度选拔出来的人才数量有限，而且所授予的官职也主要限于中低级官吏。虽然乡举里选和贡士制度都与世官制度存在本质性差别，但都是基于地缘的人才选拔制度，其中蕴含的以道德品行和知识水平为选拔标准、以公开荐举为选拔机制的人才选拔方式本身具有内在合理性，为后来官僚体制建立后的官吏选任积淀了文化传统，提供了制度合法性依据。

3. 学在官府的人才培养机制

夏商周时期已经建立了官学体系，夏商时期缺乏信史记载，西周时期官学教育体系已有明确的历史记载。西周时期，天子是天下“共主”，天子之下以血缘宗法为基础建立了严密的等级分封制度，形成天子、诸侯、公卿、大夫、士的等级权力分配与社会等级结构。在这种组织管理体系下，行政管理所需的文化知识与行政技术亦被各级贵族垄断。同时，为了确保权力在各级贵族内部之间世代传递，政府建立了“学在官府”的文化教育制度，直接控制学校兴办和文化教育行为，只有贵族阶层的子弟才有到各级学校中学习知识和技能的权利。

周代的学校不是单纯的教育机构，也承担着一定的行政职能。大学就是高级贵族士人的集会地，也是周天子推行礼乐教化、与诸侯聚会等组织活动的重要场所。同理，地方各级学校亦有相应的行政职能。官府办学实行“以吏为师”的制度，政府中的各级官员同时也是官学中的教师；此外还有一批掌握专门知识和专业技能的知识分子，经官府任命担任官学中的教师，主要有师氏和保氏二官。官学教育的目标是培养统治人才，教师来自官府，教授的是被政府控制及贵族垄断的文化知识，因此官学又被称为“王官之学”。清人章学诚在《文史通义》中对夏商周时期的官学教育进行过总结：“三代盛时，天下之学，无不以吏为师。《周官》三百六十，天人之学备矣。”

官学教育坚持德育、智育并重原则，教育内容主要为贵族和士人生活中必需的品德、知识和技能，具体包括德行、技能、礼仪三个方面。德行教育内容主要是以礼乐文明为核心的伦理道德和意识形态方面的知识，《周礼·地官·司徒》记载，师氏的职责是负责“三德三行”教育。“三德”指至德、敏德和孝德，分别有不同评判标准，至德“以为道本”，敏德“以为行本”，孝德“以知逆恶”；“三行”包括孝行、友行和顺行。通过“三德三行”教育，贵族子弟熟悉君臣、父子、夫妇、长幼之礼。智育教育内容除书写、律算等行政管理必备的一般文化知识外，还包含了军事知识和军事技术。《周礼·地官·司徒》记载，智育和技能教育为“保氏”之职，教授的具体科目包括“六艺”和“六仪”。“六艺”指六种知识技能，包括礼、乐、射、御、书、数；“六仪”指六种礼仪规范，包括祭祀之容、宾客之容、朝廷之容、丧纪之容、军旅之容和车马之容。

《孟子·滕文公上》记载，三代皆设立学校，“夏曰校，殷曰序，周曰庠”。西周时期建立了从中央到地方的官学体系，国中之学有小学和大学之分，小学设在宫城左侧，大学设在王城郊区。天子所设之学与诸侯国所设之学称谓不同，分别称辟雍和泮宫。西周高度重视国学教育，周天子甚至亲自为国学的人才培养质量把关。《礼记·王制》记载，小胥、大胥和小乐正具体负责监督教育质量，将“不帅教者”名单提报大乐正，大乐正提报给周天子，周天子组织三公九卿等进行核实，情况属实的“屏之远方”。大学教育为高等级贵族所垄断，不是面向社会普通民众的教育。除培养高级贵族的最高学府，地方也建有官学教育机构——庠序，又称乡校。乡校教育主要面向低等级贵族和一般国人，教育内容主要包括低阶的一般文化知识和军事技能。乡校是培养低级官吏的场所，学校定期举行考核和比赛，优异者被授予官职或承担一些公共管理职能，这就是子产所说的“学而后入政”。

各级贵族通过“学在官府”的教育制度把文化知识垄断在自己手中，形成爵位、官职与文化教育一体化的身份建构机制，确保政治权力和文化知识世代相袭。清人章学诚对此有精辟论述：

> 有官斯有法，故法具于官；有法斯有书，故官守其书；有书斯有学，故师传其学；有学斯有业，故弟子习其业。官守学业皆出于一，而天下以同文为治，故私门无著述文字。[1]

---

① 章学诚：《校雠通义》，载叶瑛校注《文史通义校注》，中华书局，1985，第951页。

二、礼崩乐坏与选贤举能

公元前770年，周平王东迁洛邑，史称东周。与此同时，周朝王权开始衰落，诸侯势力不断坐大，周天子难以承担天下共主的责任，礼乐制度全面走向崩溃。周王朝各封国之间经济、政治、军事力量发展不平衡，原有的分封制结构及等级秩序被打破，少数诸侯国发展迅速，实力逐渐超过了周王室，大多数诸侯国则迅速衰落，周政权以血亲宗法维系的政权组织架构难以维系，各诸侯国纷纷摆脱周天子控制，诸侯国之间的争霸兼并战争持续不断。如何在战乱之中立于不败之地、如何实现富国强兵，成为各诸侯国国君不得不首先考虑的问题。从公元前770年周平王东迁至公元前221年秦朝统一，这550多年的历史中，战乱频仍，社会动荡不安。在各诸侯国之间错综复杂的政治、经济、军事、外交等方面的激烈斗争中，人才的作用和巨大价值日益显现出来。各诸侯国意识到，要实现富国强兵，其中最直接和最关键的因素就是选用优秀人才治国强军，正如孔子所说："其人存，则其政举；其人亡，则其政息。"要治理好国家，必须依靠人才，因此冲破传统世卿世禄制对人才选拔的束缚，选贤举能成为各诸侯国的必然选择。

1. 世卿世禄制瓦解与新兴贵族崛起

春秋时期，各诸侯国之间发展不平衡的局面逐步加剧，大批诸侯国疆域萎缩甚至被吞并灭国，少数诸侯国则发展成方圆千里的泱泱大国。周天子面临内外交困的局面，自周幽王以后，周天子控制的国土面积急剧萎缩。周平王东迁后，周王朝更是江河日下，至春秋末年，周王室控制的地盘仅相当于二三流的诸侯国。随着实力的下降，维系天下共主的强大军事力量不复存在，周天子完全丧失了对诸侯的实际控制能力，仅仅保留了形式上的法统地位。春秋战国时期，不仅在周天子与诸侯国之间发生了政权组织体系及权力结构方面的变迁，还在诸侯国内部出现了更深刻的变革。

在各诸侯国内部，建立在宗法基础之上，以等级分封制为主要架构的权力结构也发生着深刻变化，原有的权力分配制度难以维系，权力面临着新一轮重组。大国争霸战争及国内复杂的政治斗争形势，为掌握军政实权的卿大夫势力的崛起创造了重大机遇与良好条件，他们的实力迅速上升，对旧贵族造成极大冲击。春秋中期以前，绝大部分卿大夫仍来自诸侯国国君的宗室；到春秋后期，异姓异族之人担任卿大夫的现象越来越多，他们不仅掌握着军政大权，还积聚起庞大的物质财富。与新兴卿大夫势力增长形成鲜明对比，旧贵族难以维系其固有特权，从而丧失权力乃至贵族身份的事例不断增加。孔子的家族就是从贵族一步步降为平民的，这是我们最为熟悉的例子了。据《左传·昭公三年》记载，晋国叔向在谈论当时晋国贵族时说，晋国栾、郤、胥、狐、续、庆、伯等大族“降在皂吏”现象已经相当普遍。不仅一般贵族大姓如此，甚至与国君最亲密的“公族”都无可避免地走向衰败，以至叔向发出“晋之公族尽矣”的感叹。并非只有晋国如此，其他各诸侯国亦不同程度地存在这一问题。

春秋中叶以后，军政大权下移于卿大夫成为普遍趋势，卿大夫开始公开对抗公室，有的建立起稳固的根据地，形成国中之国，与国君分庭抗礼，鲁国的三桓就是其中的典型代表。春秋中后期，鲁、晋、郑等重要诸侯国皆出现由少数贵族家族世代把持朝政的现象，形成“陪臣执国命”的局面。更有甚者，一些实力雄厚的大夫甚至窥探公室，并最终取而代之，实现诸侯国内部的“改朝换代”。如，公元前481年齐国发生“田氏代齐”事件，田常杀死姜姓国君齐简公，专齐国之政。公元前403年，韩、赵、魏三家灭智氏，三分其地。政权更替如此频繁，晋大夫史墨感叹“社稷无常奉，君臣无常位”[①]。司马迁在《史记·太史公自序》中对此有精辟概括：

① 郭丹、程小青、李彬源译注：《左传》，中华书局，2012，第2079页。

“春秋之中，弑君三十六，亡国五十二，诸侯奔走不得保其社稷者不可胜数。”

春秋时期，一方面大多数诸侯国仍以宗法等级制度为基本政治架构，高级官员多由宗室贵族担任，权力结构调整主要在贵族阶层内部进行。另一方面，由于国家治理对人才越来越倚重，在中、下级职官队伍中，与国君无宗亲关系的职业官僚作用日益凸显，在官吏队伍中的比重也不断提高。这些职业官僚凭借自身才学为君主服务，与国君之间既是一种松散的君臣关系，也是一种雇佣与被雇佣的关系。他们食君之禄，忠君之事，官僚制度形成雏形，为战国时期政治架构从宗法制向君主专制和官僚制全面转型奠定了基础。至战国时期，随着君主专制的官僚体制的建立，下层平民通过军功和才学起家而成为新贵族的现象更加普遍，各国绝大多数名臣良将都不再是君主近亲和旧贵族，而是来自新贵族和下层平民。他们凭借自己的能力和功劳被拔擢重用，新兴官僚群体取代贵族世官而成为国家行政军事管理的主力军，世卿世禄制度逐渐退出历史舞台。

2. 士阶层形成与各国选任制度改革

春秋时期，“王道既微，诸侯力政”，西周以来的“大一统”政治格局被打破，天子直接控制的区域日益狭小，原有礼乐制度及文化体系无法维系，“礼乐征伐自天子出”转向“礼乐征伐自诸侯出”，乃至“礼乐征伐自大夫出”。许多贵族和官吏失去职位而沦落至诸侯国和民间，《论语·微子》记载了这一情况：“大师挚适齐，亚饭干适楚，三饭缭适蔡，四饭缺适秦，鼓方叔入于河，播鼗武入于汉，少师阳、击磬襄入于海。”原来由官府直接控制的官学体系瓦解，传承和传播知识的精英贵族与知识一起流散到民间，“天子失官，学在四夷”。文化教育体系崩塌仅是社会结构调整与制度变迁的冰山一角，与之相联系的是社会秩序及文化形态的变迁，即孔子所谓的“礼崩乐坏”。

官学教育体系的破坏打破了贵族对文化教育权利的垄断，同时也为新教育模式的产生创造了条件。教育走出了“王官之学”的局限，在民间社会逐渐发展起来。从官府中散落到民间的知识分子和一些有才学的平民知识分子开创私人聚徒讲学之风，面向平民子弟兴办私学，孔子便是其中最为杰出的代表。在早期私学发展过程中，孔子办学规模最大，影响也最为深远。孔子是西周礼乐文明的坚定拥护者，在开创私学，传承、弘扬礼乐文化的同时，也开创了民间办学的新局面。孔子“有教无类”的思想打破了“学在官府”的教育局限性，将受教育的权利扩大到平民阶层。民间教育也打破了原来等级制下“礼不下庶人”的约束，直接培养和造就了一批不以血缘亲疏为标准，而是以才学和德行为准则的士人，真正具有知识分子意义的士人阶层开始形成。毫无疑问，以孔门弟子为代表的儒家学派就是这个新兴士人阶层的杰出代表。战国时期聚徒讲学之风更加盛行，私学更加发达，儒家学派尤其显赫，《史记·儒林列传》记载，孔子“七十子之徒散游诸侯，大者为师傅卿相，小者友教士大夫”。子夏所办私学影响最大，所培养的弟子田子方、段干木、吴起等后来都成为“王者师”。孟子办学最盛时也很风光，《孟子·滕文公下》描述了当时的盛况，“后车数十乘，从者数百人，以传食于诸侯”。私学教育的发展培养了大量人才，士人数量及影响不断扩大，客观上为各国选任制度改革培养和储备了后备人才。

春秋战国时期，一方面社会上出现大批有真才实学的知识分子，一方面各国面临选人用人需要，二者一拍即合，为新的选任制度的产生准备了条件。各诸侯国先后开展改革，逐渐从任人唯亲转向用人唯贤，打破了传统世官世禄制度的局限。在春秋早期，管子就已认识到人才对国家建设发展的重要性，是春秋早期重视人才、善用人才的杰出代表。管子本身就是齐桓公不拘一格选拔重用的人才，管子任齐相后承袭并进一步强化了齐桓公的人才政策。管子认为，国君要想有所作为，建立大的功业，必须依靠大批贤才。《管子·霸言》曰：“夫争天下者，必先争人。明大数者得人，审小计者失人。得天下之众者王，得其半者霸。”为此，君主必须以很大的气魄和精力来搜罗和任用人才。在尊贤思想指导下，齐国广揽天下贤能之士，选任治国理政人才。

管子不仅重视人才，还强调人才培养的重要性。《管子·权修》中说，统治者要想把国家治理好，有一年之计、十年之计、终身之计之别：“一年之计，莫如树谷；十年之计，莫如树木；终身之计，莫如树人。一树一获者，谷也；一树十获者，木也；一树百获者，人也。我苟种之，如神用之，举事如神，唯王之门。”管子将人才选用和培养作为治国理政的长远大计，认为这是决定国家长治久安的关键因素。管子的人才思想不仅影响了春秋战国时期的政治家和思想家，亦成为中华民族的优秀文化传统，“十年树木，百年树人”的思想今天依然是中华民族秉持的教育观念和文化传统。齐桓公在管子辅佐下，“九合诸侯，一匡天下”，成为春秋首霸。齐国用人思想产生“溢出效应”，对春秋各国都产生了重要影响。公元前651年，作为诸侯国的霸主，齐桓公在葵丘召集诸侯会盟，在盟约中明确提出“士无世官”，说明齐国的人才思想已经成为各诸侯国的普遍共识。

人才对治国理政的重要性不仅体现在思想认识层面，还体现在现实政治实践层面，各诸侯国重用人才从而因人才而兴的事例比比皆是。晋国经长期内乱之后，晋文公在狐偃、赵衰等人辅佐下，任用贤才，国家实力迅速提升，达到“政平民阜，财用不匮”的盛况，成就了晋国霸业。秦穆公不拘一格招徕贤才，重用曾养过牛、当过奴隶的出身低贱的百里奚和从戎人那里投奔来的由余等人，最终也成为春秋霸主之一。春秋后期，吴王阖闾任用从楚国避难而来的伍子胥和从齐国投奔来的军事家孙武等，整顿内政，灭亡徐国，攻破楚国，一度占领楚国都城。越王勾践遭灭国后卧薪尝胆，礼贤下士，厚遇宾客，重用文种、范蠡等一批人才，最终在与吴国的斗争中转败为胜，并灭掉了吴国。齐桓公、晋文公、秦穆公、吴王阖闾、越王勾践等人问鼎春秋霸主的故事各不相同，但有一点是共同的，即主动打破世卿世禄制度的束缚，不拘一格重用人才。

战国时期，社会变革更加剧烈，各国陆续开展改革变法运动，彻底摧毁了建立在礼乐文明基础上的政治上层建筑。选任制度发生根本转变，“血而优则仕”“族而优则仕”的世官制度被“学而优则仕”的选举制度取代，父子相袭的世官世禄制度最终被君主任免的官僚制度所取代，权力分配调整仅限于贵族内部的格局被打破。同时，新兴士人阶层的发展壮大，为各国统治者选用官吏准备了大量后备人才。此外，由于宗法制被破坏，兼并战争中各诸侯国人员交往频繁，人才选用的国家界限被打破，“异国仕宦”成为普遍现象，为人才发展创造了巨大空间和良好社会环境。在思想文化领域，儒、墨、法等各学派都从不同层面推崇尚贤思想，并形成了各自的理论体系，为选任制度的转变提供了思想资源，奠定了理论基础。

随着社会形势的发展变化，各诸侯国统治者逐渐认识到按照血缘关系选任官员的局限性和危害性，并形成社会共识，“世之灾，妒贤能”之类的思想广为传播。各国政治军事发展及改革实践也证明，只有打破乃至废除建立在血缘宗法基础上的世卿世禄制度，清除无能、无用之旧贵族和冗官，才能顺利推进改革，实现富国强兵；只有打破身份、阶层、“国别”限制，通过“学而优”“治而能”原则选拔任用具有各种专长和真才实学的人才，才能治理好国家。各诸侯国竞相推行的选官制度改革实践，奠定了秦汉以后封建官僚政治的基础。各国政治改革实践为选任制度改革积累了历史经验，诸子百家则在人才观的大辩论中启蒙了人们的思想，为官僚体制的建立做了理论和思想上的准备，政治家的实践与人才观的变化相互影响，共同推动了时代变革。

战国初期，魏文侯是第一个接受并贯彻“用人唯才、用人唯贤”原则的国君。为了摆脱魏国在战争中的不利处境，魏文侯围绕富国强兵这一目的，在各诸侯国中率先开启变法改革。魏文侯在变法运动中遇到的一个现实问题就是人才问题，原来世官制度下的宗法贵族无法承担这一任务，魏文侯冲破传统选任观念的束缚，破除等级、血缘乃至地域限制，面向全社会选拔人才，李悝、乐羊、吴起、西门豹等一批新兴士人加入魏文侯的变法队伍，使魏国改革取得了巨大成功，魏国也因此成为战国初期的一流强国。韩昭侯在位时期，任用申不害为相，“见功而与赏，因能而授官”，建立了新型官吏选任制度。申不害执政变法期间，韩国国力一度强盛。齐威王在位时，重用邹忌、田忌、孙膑等一批贤士，改革选官制度，任贤使能，“谨择君子”，使齐国大治，成为战国中期实力最强大的东方大国。燕昭王即位之初，燕国新败于齐国，为了重振燕国，燕昭王励精图治，首先从招募人才开始，拜贤士郭隗为师并为他筑宫室，各国贤才闻讯纷至沓来，“乐毅自魏往，邹衍自齐往，剧辛自赵往，士争凑燕”[①]。在乐毅、邹衍等人辅佐下，燕昭王量才授官，很快扭转了燕国局势，一举攻下齐国七十余城，达成富国强兵的目的，燕国一度成为东方强国。

3. 君主专制体制建立与官僚政治形成

在分封制度下，土地、人口、政治权力等一切社会资源都按照身份等级进行分配，社会资源失去流动性。分封制度的解体使得各种资源得到有限的流动，在一国范围内，权力由地方向中央集中，国君拥有最终支配权，君主权力无限膨胀。在政治组织体系上，官吏选拔任命就是君主支配政治资源的集中体现。一方面，政治权力不再因血缘宗法而被各级贵族把持，设官置吏成为君主的专有权力；另一方面，士阶层的崛起为君主选拔任命官员提供了人才保障，君主选人用人的范围扩大。

君主专制、中央集权和官僚制度是三位一体的，官僚政治是作

---

① 缪文远、缪伟、罗永莲译注：《战国策》，中华书局，2012，第941～942页。

为专制政治的一种附属物而出现的，是中央集权的君主专制体制的组织保障和具体体现。为应对频繁的兼并战争，战国七雄普遍建立了中央集权制度，国家权力集中到中央政府，地方治理以郡县制取代分封制。地方官员由中央选任，地方政府的权力来源于中央政府授予，其职责主要是完成中央政府规定的职责任务，执行中央政府命令，接受中央政府监督。在中央政府内部，权力最终集中到国君手中。这样，战国时期各诸侯国在各自国家内部，都建立起“海内为郡县，法令由一统”的君主专制中央集权体制。

任何制度的产生与存在都有其合理性的一面，某种制度一旦形成，本身就会产生一种自我捍卫的内在动力和维系惯性。分封制度在中国古代社会发展历史上长期存在，虽几度被废除，但个别时期曾死灰复燃。秦统一六国后，废除分封制，全面实行郡县制。秦末农民战争后期，随着原六国贵族加入反秦战争中，战争性质发生了变化，分封制被重新启用。西汉建立后，陆续剪灭了异姓诸侯王，并开始大肆分封刘姓子弟为诸侯王。公元前195年，汉高祖刘邦又与大臣订下白马之盟，约定“非刘氏而王，天下共击之”。西汉初年的分封制，在很大程度上是对西周分封制的承袭与模仿。西汉以后，中国历代封建王朝统治体系的组织架构都是以职业官僚制度为主体、以贵族身份制度为补充的政治复合体。凭血缘裙带关系获得官职乃至爵位的贵族政治制度从未彻底消失。以爵位授予为主要形式的分封历代都存在，只是施行范围被大大缩小，封君权力受到大大限制而已。

战国时期，各诸侯国都在不同程度上建立起官僚制度，秦国进行了变法改革和军事扩张，是官僚制度实施最彻底、制度建设最完备的诸侯国。官僚制度是与传统世官制度相对而言的，在官僚制度下，按照品德、才能、功劳选拔任用人才，各级官吏由中央政府按照某种规则和标准选任，血缘宗法不再是政治权力分配和官员任命的依据，官吏职位与爵位分离。官吏由君主任命，直接对君主负责，官吏与君主之间的关系是一种准契约关系。同时，官吏通过对君主的忠诚和服务换取自己的利益，二者之间又具有一定的交换关系。当然，在中国传统政治文化中，二者之间的关系绝不是简单的交换关系，也不是彻底的契约关系，还有道德伦理方面的关系。

官吏权力是由君主权力派生出来的，来自君主授权，官员必须严格遵守法令制度和规章。尽管官员在处理具体事务上有一定的自主空间，但君主可以按照自己的喜好随时干预、左右官员的行为。与分封制下的封君相比，官员的权力来自君主，没有君主许可，官员不得擅自转让、继承职位和权力。为保障官僚制度有效运行，国家建立了涵盖考选、铨叙、薪俸、考绩、监察、迁转、致士等各环节、各层面的官吏选任及管理制度，形成了完整的官僚制度体系。

春秋战国是中国政治制度发生重大转型的历史时期，官僚政治制度的确立，奠定了中国两千余年的政治制度基础。同处“轴心时代”的世界其他国家和地区，有的政治制度与中国相近，有的完全不同，中国的政治发展模式及走向与欧洲地区形成鲜明反差。同时代的欧洲以雅典、斯巴达和罗马共和国的政治制度最为典型，前两者的时间大约与我国春秋时期相当，后者时间大约与我国战国时期相当。

雅典实行的是典型的奴隶主直接民主制。雅典废除了“王政”，去除了血缘在政治中的影响，没有世袭制度，奴隶主贵族内部实行直接民主政治（其间也出现过僭主政治）。城邦最高统治者由选举产生，包括首席执政官、王者执政官和司法执政官等。在政治组织架构上，雅典设有贵族会议和公民大会，分别负责立法和选举。此外还设有上诉法庭、陪审法庭等司法机构，公民主要通过这些机构参与政治管理。斯巴达实行的是贵族共和制，最高权力机构由两个地位平等的国王、元老院、监察官和公民大会组成。其中，元老院有制定法律政策的权力，是国家最高权力机构。罗马共和国的政体较为复杂，贵族共和政体、王政政体和民主政体都曾出现过。贵族共和政体与民主政体是联系在一起的，二者是一种相互制约的行政体制。罗马的最高权力机构为由奴隶主贵族组成的元老院，行政运行由民主选举的两名执政官负责，并实行小范围内的民主制，在此基础上形成了一个相互制约的行政体制。罗马不仅在政治机构上模仿了希腊，还继承了希腊的法律精神，在帝国时期形成罗马法。因此，罗马与古希腊都被视为欧洲资本主义民主制度和法治精神的源头。

中国官僚制度与同时期欧洲地区的政治制度存在巨大差别。欧洲奴隶制民主带有更多“众人说了算”的原始民主色彩，这种制度不是建立在理性基础上的，很大程度上属于一种群体本能状态，有时会走向民主的反面而导致集体专制或集体暴政。苏格拉底之死就是一个典型的事例，柏拉图在其《理想国》中对雅典民主制进行了深刻批判。春秋时期，中国曾出现过类似的民主政体形式，一些诸侯国也曾实施过类似贵族会议的“治朝”制度，但与雅典的奴隶制民主不同，“治朝”的主要功能是咨询而不是决策，对政治不会产生实质性影响。从春秋到战国，中国政治制度演进的方向是中央集权的君主专制和官僚体制。

长期以来，受斯温的影响，很多人认为专制主义是东方的产物，与西方人气质不和。这种观点显然带有西方的优越论偏见，也不符合历史事实。在当时的历史条件下，希腊式原始民主制度能够适应小型城邦国家的治理需要，但在建立大型帝国方面表现出明显的局限性。罗马发展到帝国时期，奴隶制民主已经无法适应大型帝国的统治需要，罗马帝国的统治者为建立君主专制制度一直在不懈努力，但因日耳曼人的入侵而被打断，到中世纪末期欧洲各国最终才得以建立君主专制政体。可见，无法断定专制主义与西方人的气质有没有内在逻辑关联，欧洲长期未建立专制制度只是缺乏相应的历史条件而已。

“轴心时代”主要是依据时间和文明发展程度而构建的历史概念。从社会发展阶段看，“轴心时代”的各文明体存在本质差异。

春秋战国时期，中国处于奴隶制度解体和封建制度建立的转折期，而古希腊、斯巴达和罗马仍处于奴隶制发展时期，中国与西方国家的社会发展阶段不同。在进行中西历史比较时，要避免长期以来以西方话语体系审视中国社会、中国文化的思维定式和分析框架。“轴心时代”的中华文明与欧洲文明是平行演进的，二者没有优劣之分，政治制度亦无高下之别。在君主专制体制下建立的官僚政治模式是一种高度理性化的政治制度。战国时期，从官吏选任到管理考核，各国普遍建立了完整的制度体系。与同处“轴心时代”的古希腊、斯巴达奴隶制民主相比，中国官僚政治呈现出明显的人治特点：国家权力通过地方集中到中央，最后集中到君主手中，圣君贤臣是影响国家治理成效的关键因素，而君主又按照嫡长子继承制原则世袭，血统与法统是合一的。尽管中国封建官僚政治体制并不缺乏法治手段，亦不缺乏基本的法治精神，但法治是在君主专制之下实施的，始终没有完成对君权的超越，社会治理最终还要依靠圣君贤臣进行，正如荀子所说“有治人，无治法”。

欧洲官僚政治的产生比中国晚很多。在中世纪，欧洲长期处于政教合一状态，封建王国由僧侣和贵族共同进行统治，自上而下形成了由教皇、君主、主教、僧院长、子爵、男爵、小领主和骑士构成的等级严密的金字塔结构，每一个单位属地都是相对独立的政治实体，不受君主管辖，没有官僚阶层。欧洲官僚政治产生于中世纪末期，随着民族国家的建立，原有社会结构被打破，各国先后建立起君主专制政体；权力的高度集中催生了官僚制度，国君为了行使自己的权力，不得不任用大批职业官僚管理国家、处理行政事务。这与中国战国时期的情形有一定相似之处，但中国传统社会的官僚政治与欧洲各国有很大不同：战国以后，在绝大部分历史时期，中国官僚阶层的整体发展趋势是去贵族化的，官吏选任制度的设计以德才为标准，客观上也是去贵族化的。尤其是科举制度的创立，从根本上否定了身份在官吏选任中的作用，这与现代文官制度已经很接近了。中国古代封建社会的文官体系高度成熟，几乎符合韦伯关于现代官僚机构经典定义的全部特征。欧洲官僚体制与此不同，大量官僚是由贵族担任的，如直到十九世纪前期，英国政府中的高级职务都是由贵族担任的；法国官吏贵族化情况更甚，不仅高级职务由贵族垄断，中下级职位也由贵族担任，形成职官贵族阶层，甚至基层社会权力都控制在乡村贵族手中。

每个社会的内部结构都是有机联系的，政治制度、官僚制度都是其中的子系统，与社会其他系统是彼此协调配合的。比较中西政治制度不能就事论事，要将其放在整个社会结构系统中进行分析。官吏是行政组织和社会治理体系的枢纽。从官吏选任制度看，战国时期中国的官僚制度与以父权制为中心的宗族社会结构是相协调配合的，适应了当时政治统治和社会治理的需要，对提高各诸侯国行政效率和社会治理水平起到了一定作用，也为统一后的大帝国治理及行政管理奠定了制度基础，积累了治国理政经验，同时对中国传统文化品格的形塑也产生了重要影响。中国官僚政治与文化传统之间也彼此渗透，相互影响。中国传统政治文化中的德治思想源远流长，君主专制的封建官僚政治制度的人治原则进一步凸显了德治的重要性，德治与人治是中国传统政治制度的一体两翼，官吏选任制度也是沿着这两个方向展开的。一方面，它将人置于政权与政治中最核心的位置，强调人的重要性。另一方面，它将德性置于选人用人的首要位置，形成以德治国的政治传统和“尊德性”的文化传统；将学识才干作为选任人才的标准，形成了“学而优则仕”的官吏选任原则和“道问学”的文化秉性。这些文化传统对今天的政治制度建设仍有重要参考价值和启示意义。

三、养士育士与官吏培养制度

春秋战国时期，社会阶层的分化加剧，处于贵族与平民之间的士阶层突破等级结构约束而加速分化，士人逐渐演变成为掌握文化知识的自由社会阶层，在政治、军事领域发挥着重要作用，成为各国统治者竞相争夺的人才资源，也为统治者改革官吏选任制度储备了人才。随着官僚体制的建立，除了通过私学培养人才外，诸侯国也以培养官吏后备队伍为主要目标而建立起新的教育制度。

1. 人才竞争与养士之风

春秋以降，中国经济社会发生重大转变，旧有社会结构及制度体系渐趋瓦解，西周“大一统”的局面无法赓续，“礼乐征伐自天子出”的局面逐渐被打破，取而代之的是“礼乐征伐自诸侯出”和“礼乐征伐自大夫出”，甚至是“陪臣执国命”。建立在血缘宗法基础上的分封制度崩塌，固化的社会结构瓦解。社会结构经历了一个动荡分化与整合再建的过程，“社稷无常奉，君臣无常位”被视为正常现象。社会阶层的上下流动使一部分贵族沦为庶人甚至是奴隶，社会进入“人的自由人格”解放时代。无论是士人个体还是群体，在当时的政治社会环境中，其作用都得到了充分发挥。

少部分人依靠自己的才能上升为士，甚至成为执掌国命的股肱之臣。尽管大部分士人并没有获得官职的机会，但仍有众多发展机遇，他们大多投身官僚贵族私人门下，充当“宾萌”或“食客”以待仕宦机遇。为了广纳人才，各级官僚贵族争相“养士”，把社会上大量自由士人笼络到自己门下。春秋战国时期，养士不仅局限于官僚贵族阶层，有的诸侯国也实行国家养士的制度，其中最为著名的就是齐国的稷下学宫。齐国自齐桓公时就在国都临淄的稷下建立学宫，“设大夫之号”以招揽天下贤士。所谓“设大夫之号”，说明这些士人还不是真正的大夫，仅仅在身份待遇上相当于大夫，其本质乃是国家养士。至齐威王、齐宣王时，稷下学宫达到鼎盛，养士人数多达千人，成为汇聚天下人才的中心。《史记·孟子荀卿列传》记载了当时的盛况：

自驺衍与齐之稷下先生，如淳于髡、慎到、环渊、接子、田骈、驺奭之徒，各著书言治乱之事，以干世主……于是齐王嘉之，自如淳于髡以下，皆命曰列大夫，为开第康庄之衢，高门大屋，尊宠之。览天下诸侯宾客，言齐能致天下贤士也。

战国中后期，随着兼并战争的日益激烈，养士之风也达到高潮。《史记·魏公子列传》记载，魏公子无忌“为人仁而下士，士无贤不肖皆谦而礼交之，不敢以其富贵骄士。士以此方数千里争往归之，致食客三千人”。《史记·平原君虞卿列传》记载，平原君赵胜喜宾客，“宾客盖至者数千人”。贵族养士切实发挥了作用，不仅提升了自身在本国的地位和实力，而且在与其他诸侯国交往时也往往会发挥重要作用。在一定意义上，拥有“士”的多寡成为诸侯国国君和卿大夫实力的一项重要指标。信陵君魏无忌因养士博得极高声誉，“诸侯以公子贤，多客，不敢加兵谋魏十余年”。平原君赵胜在与秦国交往中，“秦军为之却三十里”。战国时期出现了以春申君、信陵君、平原君、孟尝君为代表的权贵养士模范，他们豢养数以千计的宾客，被称为“战国四君子”，成为当时政治舞台上的一道亮丽风景线。在秦国吕不韦也大量养士，其门下食客最盛时达三千之众。

官僚制的建立打破了原来社会等级僵化的格局，国家权力开始向一般平民开放，为有真才实学的士人提供了入仕通道和进入社会上层的机会，使“朝为布衣，暮为卿相”成为现实可能。即使在经济上无立锥之地、在政治上隶属于工商皂吏的贫贱之士，只要拥有学识本领，就可以四处游说，待价而沽，形成“非但君择臣，臣亦择君”的双向选择的人才自由竞争局面，士人的自觉意识不断提升，发出“士贵耳，王者不贵”的嘹亮声音，尊重知识、尊重人才蔚然成风。

2. 以吏为师与官吏培养

战国以来，贵族垄断文化知识和教育的局面被打破，依据宗法血缘分配政治权力的世官制度发生根本性变化，官僚政治取代了贵族政治。为了完善国家治理和行政管理，作为行政管理事务的主体——新兴官僚群体必须达到一定的文化知识水平，掌握一定行政管理知识和技能。士人若想担任官职，必须先要接受一定程度的教育，经历一个"学吏"的过程。战国时期，私学教育蓬勃发展，官府也兴办各类学校，官学与私学并存。在人才培养与官吏选拔关系方面，官学与私学存在根本区别：私学是先学后仕，即通过学习获得入仕资格；官学是先仕后学或边仕边学，学习者先获得入仕资格，然后进入学校学习。战国时期，秦国的官僚制度最为成熟，官学教育制度也相对完备。

秦国建立了一套以培养后备官吏为根本目的的官学教育体系。与西周一样，秦国的教育机制也是"学在官府"，教育内容与西周的官学相比相对单一，主要包括两个方面。首先，要掌握基本读写能力。无论在哪一级政府中做官吏，都需要一定的文化水平，必须能辨识名物，能熟练书写阅读。这类教育属于官学教育的初级阶段，学习者为"学童"，秦简中的《仓颉》《博学》《爰历》等就是秦国官学教育使用的教材，主要作教授初级阶段的"学童"识文断字之用。秦朝《尉律》规定，"学童"学成的标准是能读写九千字。其次，在掌握了基本读写能力后，学吏者还要经过更高层次的专业化学习阶段。秦国高级阶段的教育内容主要包括行政管理和各类专业知识技能，其中，最重要的是法律。秦国自商鞅变法后，严行法治，唯法令是尊，政府律令是各级官吏必须掌握的知识，秦朝对这些准官吏的律令教育异常重视。在睡虎地出土的秦简中，《语书》《法律答问》及《封诊式》等就是当时官学所使用的法律教本。政府各级官吏都是官学教师，秦国官学教育实行的也是"以吏为师"的制度。

从形式上看，在官府办学、以吏为师等教育体制方面，秦国与西周"学在官府"的教育制度相似度极高。章学诚在《文史通义·史释》中对此评论说：

> 三代盛时，天下之学，无不以吏为师。《周官》三百六十，天人之学备矣。其守官举职，而不坠天工者，皆天下之师资也。东周以还，君师政教不合于一，于是人之学术，不尽出于官司之典守。秦人以吏为师，始复古制。而人乃狃于所习，转以秦人为非耳。秦之悖于古者多矣，犹有合于古者，以吏为师也。①

秦国的官学教育制度及“以吏为师”的教育体制，尽管在形式上与西周时期的官学类似，但在本质上有很大差异。《孟子·滕文公上》将西周学校的教育目的概括为“皆所以明人伦也”。尽管“明人伦”并非西周学校教育的唯一目的，但至少是重要目的。秦国官学教育目标相对单一，为官吏队伍培养后备人才是根本目标，也是唯一目标。因此，秦国统一后仍旧实施的官学教育，本质上是官僚制度体系的有机组成部分。

秦国专业培养训练官吏的学校称学室，被选拔到学室的学习者，享受免除徭役、兵役的特权。秦朝对学吏人员是有一定条件限制的，据出土的睡虎地秦墓竹简记载，秦律规定“非史子殹（也），毋敢学学室”②。所谓“史子”，就是在学室中学吏的学习者，非史子者，则不能在学室中学习。《睡虎地秦墓竹简·秦律杂抄》记载：“县毋敢包卒为弟子，尉赀二甲，免；令，二甲。”③对包藏军卒弟子（史子）者，给予严厉的处罚。学校建立了对教师及学习者的考核制度，规定：学习司御者，若四年仍未学成，不仅教官要受处罚，学习者还要服四年徭戍作为对国家的补偿。史子在学

① 罗炳良译注：《文史通义》，中华书局，2012，第333页。
② 陈伟主编：《秦简牍合集》（壹），武汉大学出版社，2014，第148页。
③ 陈伟主编：《秦简牍合集》（壹），武汉大学出版社，2014，第172页。

室中经过一定时期的学习，考核合格即可毕业，出仕政府官吏。除在政府设立的学室中学习外，还可以做守书私卒，即跟随官员私下学习，或在学室中完成一定阶段的学习后跟随官吏实习。这也是秦朝官吏培养的一种重要渠道。守书私卒制度，虽然名称中有“私”字，但并没有脱离官府，仍是“以吏为师”，其本质与学室制度并无二致。

四、官吏选拔考核制度

在春秋战国之际的历史巨变中，宗法与政治合一的结构被打破，血缘不再是单一的选人用人标准。各诸侯国统治者为了应对残酷的战争和复杂的政治、军事环境，不得不冲破世卿世禄制度的限制，千方百计网罗人才，改革选人用人制度，使政权结构逐渐官僚化。虽然旧的世卿世禄制度依然存在，但建立以尚贤为基本原则、以功利为导向的新型选任制度成为不可阻挡的历史趋势。各诸侯国在变法改革实践中建立起多样化选任制度，军功制、客卿制、荐举制、考选制等都是新的选任制度。

1. 客卿制度

客卿，古代指在本国做官的其他诸侯国的人。早在西周时期，周人就已经开始注意招徕文化素养较高的异姓贵族加入统治集团，以弥补本族人员文化相对落后的缺陷，改变单纯依靠姬姓族人立国治国的传统。这些招徕的异姓人才本质上就是西周的客卿。殷商灭亡后，更多有才能的大臣直接被西周统治者所吸收，这些人也是以客卿身份出仕周王朝的。周灭殷后实行分封制，全天下的土地名义上都是“王土”，住在土地上的人民名义上都是“王臣”，客卿概念不复存在。对于原来的异姓客卿，西周一方面进行打压，一方面又通过姻亲或结盟的方式分封了一批客卿为异姓诸侯国国君。周人通过一套完备的礼乐制度，构建了一套共同的文化价值观念，最终把异姓客卿同化、融合于宗法体系内部。

与早期以血缘宗法为标准的客卿制度相比，春秋时期的客卿认定依据从宗族之别转向地域之异，即异国仕宦。异国仕宦的客卿现象出现于春秋时期，战国时期更加普遍。春秋战国时期，尽管周天子已经失去对诸侯国的掌控能力，但名义上仍是天下共主，西周时期建立的礼乐文明制度仍具有一定影响力。天下观念仍在士人观念中占据主流，宗国观念相对淡薄，跨诸侯国的异国仕宦被视为一种正常现象。春秋战国时期，臣民对宗国国君的忠诚也是相对的，“朝秦暮楚”是正常现象，正如梁启超先生所讲：

> 当时人士，异国间互相仕宦，视为固然，不徒纵横家之朝秦暮楚而已。虽以孔墨大圣，亦周历诸侯，无所私于其国……然而吾先民不以为病，彼盖自觉其人为天下之人，非一国之人，其所任者为天下事，非一国之事也。①

与士人异国仕宦相适应，各诸侯国君主亦不会因为人才非本国人而排异，相反，人才之间的争夺跨越了“国”之界限，士人可以在各诸侯国之间自由选择目的地，选择君主，“夫天下以市道交，君有势，我则从君，君无势则去，此固其理也，有何怨乎”②。

在“亲亲贵贵”原则基础上建立的世卿世禄制度下，世代世袭做官是各级贵族的特权，有才能却出身低微的人士和异国士人被拒之门外。春秋以来，各诸侯国仅靠国内的人才资源难以满足治国理政的需要，为了富国强兵，越来越多的诸侯国把人才的争夺转向国界之外。这是客卿制度形成的根本原因。随着政局动荡和社会阶层分化的加剧，在各国政治斗争中失意的一些贵族及有才能的庶人，离开父母之国“出奔”别的诸侯国，所到之国或参照他们旧有的身份地位，或根据其才能授予一定的官职及禄位，开辟异国仕宦

---

① 梁启超：《先秦政治思想史》，江西教育出版社，2018，第168页。
② 司马迁：《史记》，中华书局，1959，第2448页。

先河。这种事例在春秋时期屡见不鲜，如晋人由余因国内战乱流亡到戎地，后来被秦穆公拜为上卿，帮助秦国攻伐西戎，灭国十二，辟地千里，使秦穆公成为春秋五霸之一。楚人伍子胥因遭受国内政治迫害而离开楚国，成为吴王阖闾的重臣，帮助阖闾建立了吴国霸业。陈国公子完为了避祸出逃到齐国，被齐桓公任命为工正，其后代逐渐强大，夺取了齐国政权，史称“田齐”。

战国时期的兼并战争更加惨烈，大批小的诸侯国被吞灭，逐渐形成七雄割据的局面。战争客观上造成各诸侯国之间人员交往与人口流动频繁，跨越宗国界限的异国仕宦现象更为普遍。此外，异国仕宦不再局限于贵族阶层，士人通过游说自荐被任用，也可以成为客卿，甚至战争中的一些俘虏亦有机会成为客卿。战国时期，变乱频仍，“父母之邦”的界限不断被打破，“君为臣纲”的意识未深入人心，大批普通士人加入异国仕宦者群体中来。一批异国仕宦者凭借才华和智慧，在异国做到卿相大夫。客卿是对引进的有资格成为后备官员者的统称，不是具体官爵名称，也不是实任官职。有的客卿被授予具体职务，按照所在国的选任考课制度管理，有的客卿仅是拥有荣誉头衔的异国士人，并无具体职务。

异国仕宦是战国时期各国政治舞台上的一个突出现象，大批客卿在异国政治舞台上产生了重大影响。客卿任用的基本原则是尊贤尚功，战国时期许多著名改革都是由客卿主持实施的，如中山人乐毅、齐国人邹衍、楚国人屈景都曾辅佐燕昭王制定新法，卫国人吴起在楚国主持变法，卫国人商鞅主持最著名的秦国商鞅变法。各国都有客卿，其中最突出的是秦国，从春秋后期开始，秦国就形成了重视客卿、依赖客卿的传统。

秦国是使用客卿最多的诸侯国，客卿制度也最为完备。秦孝公借鉴秦穆公重用贤人的成功经验，将“能出奇计强秦”作为任用人才的标准，历代秦国国君都遵循这个用人原则。秦国为士人施展才华提供了最广阔的舞台，成为最吸引各国人才的国家。黄留珠先生在《秦客卿制度简论》一文中对秦国客卿情况进行过统计：自秦惠文君十年（公元前328年）到秦始皇时代的一个世纪多一点的时间里，先后担任秦相要职者共有二十二人，其中十八人为客卿。[①]

客卿冲击了秦国旧贵族的特权，二者矛盾不断激化，秦王政十年（公元前237年）时矛盾达到高潮，嬴政遂下达“逐客令”。李斯在被驱逐之后上书谏止逐客，写下了著名的《谏逐客书》。李斯在奏章中系统总结了客卿在秦国各个发展时期所做的巨大贡献，然后又论述了人才的重要性及异国人才对秦国的作用。最后嬴政接受了李斯的建议，继续重用客卿，秦国终于在公元前221年结束了春秋以来诸侯争霸割据的局面，建立了中国历史上第一个大一统的中央集权国家。在这一历史过程中，客卿对推动秦国改革、提升秦国经济军事实力以及最终完成统一大业，都发挥了不可或缺的作用。

除秦国外，任用客卿的现象在其他诸侯国也普遍存在。齐国设有客卿，《史记·苏秦列传》记载：“于是苏秦详为得罪于燕而亡走齐，齐宣王以为客卿。”燕国、赵国也设有客卿，《史记·乐毅列传》记载：“而乐毅往来复通燕，燕、赵以为客卿。”其他较为著名的任用客卿的事例，如楚悼王用卫人吴起变法，魏文侯用卫人吴起为将，燕昭王用赵人剧辛为将军，赵惠文王用中山人乐毅为相，韩昭侯用郑国人申不害为相，等等。与秦国相比，其他诸侯国客卿规模、效果及影响都逊色很多，重用客卿往往限于个别国君当政时期，通常都是偶然的，没有像秦国那样形成系统化、常态化的客卿任用管理制度。相是文臣之首，宋人洪迈曾把战国时期列国用相情况同秦国做过对比，洪迈认为，尽管各诸侯国都不同程度地存在客卿制度，但程度不同，客卿制度发挥的作用亦不相同。六国所用之相，多是宗族及国人，唯独秦不然，其所用之相多为客卿。“其始与之谋国开霸业者，魏人公孙鞅也。其它若楼缓赵人，张

---

① 黄留珠：《秦客卿制度简论》，《史学集刊》1984年第3期。

仪、魏冉、范雎皆魏人，蔡泽燕人，吕不韦韩人，李斯楚人。皆委国而听之不疑，卒之所以并天下者，诸人之力也。”[①]洪迈充分肯定了客卿对秦国统一所做出的贡献。

2. 荐举制度

“荐举制度”是一种由官员个人向国君推荐贤才的制度。荐举人才的传统由来已久，作为一种选任制度，它是由西周时期的贡士制度发展而来的。春秋战国时期，荐举制度打破了西周贡士制度的局限，荐举形式更加灵活，制度更加完备，成为一种重要的官吏选任方式。在荐举制度下，荐举范围更广泛，上至将相，下至基层官吏，都可以通过荐举的方式选拔。荐举的具体形式有两种，一是自荐，一是他荐。

自荐指士人通过向国君或其他当政者当面游说或上书等方式，把自己推荐出去，若能获得当政者青睐，便有机会获取官职。不仅本国士人可以自荐，外国人才要想在他国获得统治者的赏识，也可以把自己的才能兜售给异国国君。春秋战国时期，士人游说之风大行，《史记·李斯列传》记载：“此布衣驰骛之时而游说者之秋也。”这些游士有的在本国被任用为各级官吏，有的到异国仕宦成为客卿，更多人委身于官僚贵族私人门下充当宾客或食客。春秋时期，孔子率领众弟子周游列国，除宣传自己的学说，也有自荐之意，孔子是早期游士自荐的典型。

随着士人阶层崛起，士人竞相游走于各国当政者之间，或兜售自己的施政主张，或炫鬻自己的才能，自荐成为士人入仕和官吏选任的重要方式。我们熟悉的毛遂自荐的故事就发生在这个时期。有一次，赵相平原君要组建一个出使楚国的使团，在平原君诸多食客中默默无闻的毛遂，主动要求参加使团。后来，毛遂在说服楚国联合赵国抵抗秦国中发挥了决定性作用。苏秦的自荐经历颇为坎坷并带有戏

---

① 洪迈：《容斋随笔》，穆公校点，上海古籍出版社，2014，第11页。

剧性。苏秦在周、秦、赵等国多次自荐被拒，后来被燕文侯重用，再后来被东方六国推荐为合纵联盟盟长，挂六国相印，荣极一时。游走在各诸侯国之间的士人不仅限于被称为纵横家者，各学派学者也竞相游走。班固在《汉书·艺文志》中说："是以九家之术蜂出并作，各引一端，崇其所善，以此驰说，联合诸侯。"

他荐指大臣或其他国君亲近之人向国君推荐人才的荐举方式。掌握军政大权的卿大夫及其他能够接近国君的人，都有责任有义务向国君荐举人才，若长期不能发现人才、荐举人才，往往会被扣上"闭贤"或"专权"的帽子，容易引起国君猜忌，还会遭到舆论谴责。赵烈侯时，相国公仲连推荐的牛畜、荀欣、徐越等人，都得到赵烈侯重用，公仲连因此被誉为一代贤相。赵惠文王时，蔺相如在赵国为宦者令缪贤舍人，缪贤推荐蔺相如担任出使秦国的使者，蔺相如不辱使命"完璧归赵"，出色地完成了出使任务；在秦赵两国渑池会上，蔺相如又以卓越胆识为赵国赢得外交胜利，随即被任命为相国。《韩非子·外储说左下》主张"外举不避仇，内举不避子"，选任官吏不分亲疏门第。晋平公让卿大夫赵武推荐中牟县令和中府令，赵武推荐他的仇人邢伯子为中牟县令，又推荐他的儿子为中府令。这两个人上任后，果然才能出众，治绩突出。除在职官员荐举人才，一般士人也可以荐举人才，《战国策·齐策》记载了王斗见齐宣王并推荐了五人为官的故事。缪贤推荐蔺相如、王斗见齐宣王都是带有很大偶然性的事件，从中也可以看出春秋战国时期的荐举机制尚未健全，仍处在主观性很强的"伯乐式"荐举阶段。

国君亲信大臣不仅可以向国君荐举本国之人，亦可荐举外来客卿。秦国是使用客卿最多，也是最早建立荐举制度的诸侯国，至迟在秦穆公时就已开始采用荐举法选官。外国士人初到他国，若其名声不够显赫，无法直接向国君自荐，往往由所到之国的亲信大臣举荐。蹇叔为宋国人，出仕秦国之前与百里奚相交为友。百里奚被秦穆公重用后，向秦穆公荐举蹇叔，秦穆公于是使人厚币迎接蹇叔入秦，蹇叔成为秦国上大夫。魏人范雎更名张禄入秦，为了觐见秦王，通过秦王宠信的王稽被荐举，而后得到重用。商鞅在魏国时是国相公叔痤的中庶子，公叔痤以其为贤才，将之推荐给魏惠王；后来商鞅入秦见秦孝公，则是通过秦国贵族景监引荐的。

荐举选官的主动权完全掌握在上层统治者手里，人才的最终认定及任命权掌握在国君手中。为了保证荐举制度的有效性，避免随意荐举或通过荐举结党营私，各国都普遍建立了荐举人才的赏罚制度。对于荐举人才有功者，给予赏赐；对于荐举人才不力或不当者，追究责任。《左传·僖公三十三年》记载，胥臣因荐举郤缺有功，晋襄公把先茅的县赏赐给了胥臣。《国语·晋语五》记载，在秦晋河曲之战中，中军元帅赵盾故意派人乘自己的战车扰乱军列，负责执法的韩厥依法杀掉了这个违纪的人仆。韩厥正是赵盾荐举的人才，赵盾对韩厥的表现十分满意，对军士说："我举荐韩厥是完全正确的，通过今天这件事情，我知道我不会犯荐人不当之罪了。"对荐举得人者的奖励往往比较随意，对荐人不当者的处罚则是制度化的。通过赵盾与韩厥的事例说明，当时晋国已经建立了荐举责任追究制度。战国时期，荐举人才更为频繁，荐举制度也更加完备，如《史记·范雎蔡泽列传》记载，秦律对荐举人的责任有明确规定："任人而所任不善者，各以其罪罪之。"秦昭王时范雎为相，推荐郑安平为将率军攻打赵国，结果大败，郑安平率两万秦军降赵。范雎听说郑安平降赵的消息，立即向秦昭王请罪。按照秦国法律，范雎也应按叛国罪而诛三族。最后，秦昭王怕寒了范雎的心，并没有按照秦律治范雎的罪。

3. 军功制度

军功制度是春秋战国时期因战功而入仕、根据战功大小授予官职及爵位的制度，兼具人才选拔与官吏考核两种性质。按照军功选拔的人才既包括从平民中选拔的官吏，也包括现有官僚队伍中因军功而升迁者。春秋战国时期，从诸侯争霸到列国争雄，战争是各诸侯国最重要的事务，军士凭军功入仕既是诸侯国奖励军功的必要手段，也是选拔官吏的重要途径，各国都注意从中下层有军事能力和军事斗争经验的军人中选拔人才。并非所有有军功者都有从政的能力，对于不宜为官者也予以奖赏。军队的去贵族化和军功制度是对传统世卿制度的一种否定，集中体现了“食有劳而禄有功”的官僚选任原则及管理机制。军功制度适应了当时各诸侯国应对争霸兼并战争的需要，同时也适应了官僚队伍人才选拔的需要，因此也是官吏选任制度的重要组成部分。

各诸侯国奖励军功的具体措施不尽相同，但都普遍建立了从军士中选拔官吏的制度。《说苑·政理》记载，魏国在李悝的倡议下，实行“食有劳而禄有功”的制度。《韩非子·外储说左上》记载，韩国建立了“见功而与赏，因能而受官”的制度。这里所谓的“功”和“劳”自然包括军功在内。

在各诸侯国中，秦国的军功爵制度最为完备，实施成效也最为显著。秦国在商鞅变法时初步建立了此制度，其后不断完善，最终建立起最为严格和完备的军功爵制。所谓军功爵制，指按照在军事活动（最重要的是作战）中的功劳大小授予爵位的制度，一定的爵位代表相应的政治地位和经济权益。秦国军功爵分为二十个等级，其中又分为官爵和民爵，官爵是较高级的爵位，民爵则为较低级的爵位。官爵是选任官员的重要依据，民爵则是对不能任用为官吏而有军功者给予的政治经济待遇。军功爵制的实施显然是对以宗法血缘为基础的世官制度的否定。通过军功爵制度，秦国彻底废除了世卿世禄制度。

军功爵制度把官吏选任、提升与斩杀敌人的数量直接挂钩，激励所有军士在战场上杀敌立功，并以此作为授予爵位的基础。《商君书·境内》记载：“能得甲首一者，赏爵一级，益田一顷，益宅九亩，除庶子一人，乃得入兵官之吏。”《韩非子·定法》中对军功爵制与官吏授予之间的对应关系有更为明确的记载：“商君之法曰：‘斩一首者爵一级，欲为官者为五十石之官；斩二首者爵二级，欲为官者为百石之官。’官爵之迁与斩首之功相称也。”秦国的军功爵制取得了巨大成功，使秦国成为战国七雄中军事力量最强大的国家，为统一全国奠定了基础。

春秋战国时期，随着军队及战争规模的不断扩大，平民取代贵族而成为军士的主要来源。对于那些既无政治地位又无特权的新兴地主阶层乃至一般平民而言，在军队中立功是走向仕途、获取官职最为便捷的途径。春秋时期已经产生了一批以军功获得官职爵位的布衣士人。至战国时期，这一现象更为普遍，涌现出一大批以军功获得官爵的杰出历史人物，魏国有吴起、乐羊、西门豹、庞涓等，赵国有赵奢、廉颇、蔺相如等，燕国有剧辛、乐毅等，齐国有孙膑、黔夫、田单等，秦国有乌获、孟说、任鄙、王翦等，其余不见经传者数不胜数。军功爵制不仅与世官制有很大差异，与其他选任方式相比，也颇不相同。荐举制和考选制都是以职选人的制度，其程序上是先选后用；军功爵制则相反，根据既有结果使用人才，其程序是先用后选。军功爵制不仅为各诸侯国提高军队战斗力提供了强大内生动力，也选拔了大批人才，保持了官僚组织的活力。

4. 考选制度

考选制度指通过考试考核选拔人才的制度。这是当时人类经过长期探索实践之后设计出的理性程度最高的人才选拔制度，其基本原则包括公开平等、择优录用、量才使用等。尽管考选制度不是十全十美的，更不是万能的，其制度本身也存在一定的内在缺陷，所选拔的人才存在一定的不确定性，但其基本原则和精神在今天依然适用，考选制度至今仍发挥着重要作用。考选主要包括两种方式，一是从士人和平民中选拔人才担任官吏，二是在现有官吏队伍中通过考核进一步选拔人才。

从平民中选拔人才是一种古老的人才选拔方式，商汤重用伊尹、武丁拔擢傅说、周文王启用姜尚等都是典型事例，但这种人才选拔方式具有很大偶然性，没有形成制度。西周时期的贡士制度已具备了从平民中考选官吏的制度雏形。春秋时期，齐国实施的三选制度是一套较为完整的考选制度。据《国语·齐语》载，管仲执政时，创立三选制度。在操作过程中，又形成了人才推荐、考察面试、试用检验等具体方法。三选指乡长举荐、官长选拔和君主面试三个程序。《管子·小匡》中对此也有记载，先由地方官乡大夫向主管选举的官员推荐“有居处为义好学、聪明质仁，慈孝于父母，长弟闻于乡里者”，然后齐桓公亲自召见，考察其品德和能力，合格者任用为“上卿之佐”。为了保证不失贤才，齐国规定乡有贤才而乡大夫不推荐者，以“蔽贤”罪论处。作为一种新兴的选官制度，齐国的三选制度打破了世官制度的局限性，将官吏选任从原来的注重血缘和出身转向注重德行和能力上来。这与西周时期的等级分封制度是迥然不同的，也比贡士制度更加完备。在三选制度下，不论出身和身份，任何人只要品行、才能突出，都有任官的机会。三选制度在齐国取得了良好实施效果，不仅在使齐国成为春秋首霸的过程中发挥了现实功用，其影响力还超出齐国范围，刺激了其他诸侯国借鉴、效仿齐国的选官制度而变革其自身选人用人政策，尤其是对相继崛起的楚、秦两个大国影响巨大，也为后世官吏考选制度的建立开了先河。

5. 考课制度

为了提高行政效率和治理成效，各国都注意建立激励与约束并存的官吏考核制度，按照“胜其任者处官，不胜其任者废免”的原则，加强对现任官吏的监督考核。在具体考核制度上，各国方法各异。这里我们要强调的是，官吏考核结果是中央政府选任官吏的一种高效的制度化手段。

《管子·君臣上》曰：“有善者，赏之以列爵之尊、田地之厚，而民不慕也。有过者，罚之以废亡之辱、僇死之刑，而民不疾也。”一方面，官吏考核制度的实施，建立了优胜劣汰和能上能下的官吏队伍内部流动机制，疏通了官僚队伍之间的流动渠道，激发了官僚队伍的内部活力。另一方面，官吏考核制度本身还是官吏培养制度的有机组成部分，通过考核奖惩，使优秀人才不断获得升迁的机会，形成官僚队伍内部层层选拔培养的官吏培养与选任结合的机制。从这种意义上说，考核也是官吏选任制度的有机组成部分。

对于官吏考核制度具体建立的时间，学术界历来存有争议。在分封制下，各级封君在封地内自治，官吏是世卿世禄的世官，但这不是说官僚制度建立之前就没有官吏考核措施，实际上西周时期即建立了对官吏的考核制度。《周礼·小司徒》记载，“岁终，则考其属官之治成而诛赏”，这是对中央政府官吏的考核。《周礼·乡师》记载，“岁终，则考六乡之治，以诏废置”，这是对地方官吏的考核。《周礼·乡大夫》记载，“岁终，则令六乡之吏皆会政致事”。《周礼·遂大夫》记载，“令为邑者，岁终则会政致事”。乡大夫是“国”中的地方官员，遂大夫是“野”中的地方官员，年终都要进行考核。对乡大夫的考核，除年终考课，每三年还要进行一次综合性考核，称“大比”。在分封制架构内，西周时期的官吏考核被限制在有限范围内，主要针对中下级官吏。作为一种整体性系统化的行政管理制度，考课制度是官僚政治的产物，指中央政府对各级政府机构与官吏履职尽责情况的考核。在官僚制度下，中国古代的考课通常以对行政长官的考核代替对政府机构的考核。战国时期，各诸侯国普遍建立了完善的官吏考核制度。各国考核的具体方式有很大差异，但在考核原则、考核内容及考核结果运用等方面仍有诸多共同之处。

战国时期考课制度主要包括季度考核、年度考核、三年考核等形式，其中年度考核是最重要也是最完备的考核制度。据《荀子·王霸》记载，“岁终奉其成功以效于君。当则可，不当则废”。《荀子》记载的“岁终”考核不是空洞的理论构想，而是已发生的历史事实。战国时期，各诸侯国都有较为成熟的年度考核机制，即上计制度。《商君书·禁使》记载，“夫吏专制决事于千里之外，十二月而计书以定。事以一岁别计，而主以一听”。“上”指政府部门和地方政府向中央政府和国君汇报，“计”是一种统计的簿册。上计制度是一种年度考核制度，每年岁末年尾，中央政府考核官员一年的政绩，各级官员向中央政府和君主汇报自己全年的工作。中央政府对各部门和地方郡县都规定年度任务，年终进行考核。《淮南子·人间训》记载，魏文侯时，“解扁为东封，上计而入三倍”，就是说岁终上计时，解扁所管理的东部疆界超额三倍完成了考核指标。

秦国上计制度的史料较为丰富，通过秦国的上计制度可大略了解战国时期上计制度的具体内容及程式。每年年初，中央政府为各级官员下达年度任务指标，称为“课”，一式两份写在一分为二的木券上，右券交给君主保管，左券由官员自己保管；年终时，君主按照木券内容对官员汇报的政绩进行考核，称为“大课”。据《商君书·去强》记载，上计簿册内容有十三项，称“强国十三数”：“竟内仓府之数，壮男壮女之数，老弱之数，官士之数，以言说取食者之数，利民之数，马、牛、刍藁之数。”在当时的历史条件下，上计的十三类数据都是关系国家生死存亡的重要数据，也是判断一个国家综合国力的核心指标。上计是对官员政绩考核的重要方式，也是奖惩官员的基本依据。睡虎地秦简《厩苑律》记载，每年根据官牛饲养评比结果确定考核等级，并对负责管理的啬夫进行奖惩，“最，赐田啬夫壶酉（酒）束脯……殿者，谇田啬夫，罚冗皂者二月”。对被确定为“不直”（不公正）的官吏予以严厉惩罚，如秦始皇三十四年（公元前213年），将治狱不公正的一批官吏免职，有的被罚作苦役到北边修长城，有的被罚到岭南充军役戍边。

除以年度为期限的上计考核外，还有以季度为期限的阶段性考核和以三年为期限的大考。睡虎地秦简《厩苑律》记载了以季度为期限的考核：“以四月、七月、十月、正月肤田牛。卒岁，以正月大课之……”所谓肤就是评比之意。这则材料中每季度评比一次的制度，是专门针对厩苑的考核，还是具有普遍性的考核，我们不得而知。除按季度进行考核外，还有以三年为期限的类似于今天届满考核的大考制度。睡虎地秦简《秦律杂抄》记载：“省殿，赀工师一甲，丞及曹长一盾，徒络组廿给。省三岁比殿，赀工师二甲，丞、曹长一甲，徒络组五十给。”这段话的意思是，在考核中被确认为下等等级的，罚工师一甲，丞和曹长一盾，徒络组二十根；三年连续被评为下等者，则罚工师二甲，丞和曹长一甲，徒络组五十根。“漆园三岁比殿，赀啬夫二甲而法（废），令、丞各一甲。”漆园三年考核连续被评为下等者，罚漆园啬夫二甲，撤职并永不叙用，县令、县丞各罚一甲。在采矿业中也有类似考核制度，“采山重殿，赀啬夫一甲，佐一盾；三岁比殿，赀啬夫二甲而法（废）”。在考核中，两次被评为下等者，罚其啬夫一甲，佐一盾；三年连续评为下等者，罚其啬夫二甲，撤职并永不叙用。

季度考核、年度上计和三年考核的主要内容大抵以可量化的强国十三数为主，属于按照指标任务进行的量化考核。除根据可量化的指标进行考核外，各国还建立了监督与考核为一体的定性考核及专项考核制度，对违背道德规范、不认真履职尽责或存在重大过失的官吏及时进行处罚。睡虎地秦简之《语书》记载了对官吏的处罚程序：对基层有过失的官吏，属曹向县令和县丞报告，县令、县丞向郡官汇报，并由郡的属曹登记在册；对于被判定为“不直”的恶吏，在全郡进行通报，给予严厉惩罚。秦简中的记载主要是针对中下层低级官吏的，基层官吏考核制度尚且如此细致完备，秦国官吏考核制度之严密程度可见一斑。

以上几种制度，都是春秋战国时期为适应官僚政治需要而新兴的官吏选任与考核制度。通过这些制度，形成了完备的官吏选任机制，替代了传统世官制度，基本完成了从分封制下的世官制度向君主制下的官僚制度的转变。春秋战国时期选任制度的转型，对秦王朝以至后世官制建设产生了深远影响，开启了大一统封建帝国下官吏选任制度的先河。当然，基于血缘宗法的世官制度并未完全消失，春秋战国时期拥有大量封地的大世族、世代垄断政治权力的大贵族仍屡见不鲜。任用高级官员子孙担任官职的葆子制、恩荫制都属于世官制度的变种，这种世官制度的残余形式在大一统封建王朝时期仍长期存在。当然，这些制度已与分封制没有必然联系，不再是政治权力分配的原则，其适用范围也被大大缩减，不再是主流选官制度。

第二章 春秋战国选任观念

春秋战国时期，学在官府的局面被打破，民间教育兴起，培养了大批自由知识分子，士人阶层获得空前发展，士人群体活跃在当时的政治、军事领域，在政治舞台上扮演着重要角色。在激烈的争霸与兼并战争中，士人的作用日益凸显，成为最珍贵的人才资源。各诸侯国为了富国强兵，在战争中取胜，以各种方式展开人才争夺，并通过改革变法创立了新的用人制度，使士人大量进入政治领域，成为官僚队伍的重要后备军，贵族政治制度彻底瓦解。

政治上的人才争夺外溢到社会领域，在全社会营造了尊重人才、重用人才的氛围。士人不仅在政治、军事领域展示了高超的智慧，显示出巨大能量，还在思想文化领域大放异彩，使这一时期的思想文化空前繁荣，产生了诸多学派。各学派之间不断进行思想交锋，形成“百家争鸣”的文化盛况。各学派之间争鸣的问题范围极其广泛，人才及选任制度便是其中的一个重要领域。围绕人才观念、人才标准等问题，各学派形成了不同思想学说，不仅深刻影响着当时的政治及官吏选任实践，还在传统社会选任文化中占有重要地位。

一、百家争鸣与人才观念

春秋战国时期，文化知识与教育被贵族垄断的局面被打破，面向社会大众的私人教育培养了大批自由知识分子。同时，原有等级结构下的贵族身份制瓦解，大批贵族亦向自由知识分子转化，新的士人阶层形成，成为各诸侯国竞相争夺的人才资源。

1. 私学发展与士人兴起

春秋中期以前，士的含义很广，既用于对成年男子的称呼，也用于对军队中士兵（卒伍）的职业称呼。春秋中期以前，中国社会是严格的等级社会，士是其中一个特定阶层。据《左传·昭公七年》记载，在社会等级结构中，士是最底层的贵族，其上有天子、公、大夫，其下有皂、舆、隶、僚、仆、台等。在分封制度下，贵族为特权阶级，实行嫡长子继承制，其身份和职位通过宗族而得以世代保持。士的来源相对复杂，大多来源于低级贵族家庭，其本身就是等级分封制的结果，也有少量士人是从平民中上升而来的。在整个社会结构中，士的身份往往不够稳定，士阶层是社会阶层上下流动的交会枢纽，他们既有可能上升为卿大夫，也有可能“降在皂隶”。在贵族政治体系中，士阶层处于政治结构的最边缘，也是贵族和特权群体中最不稳定的阶层，因此往往是孕育社会新生力量之所在。

士同时也是普通社会民众的组成部分。西周按照职业类型将普通民众划分为士、农、工、商四大群体，即所谓“四民”，士为四民之首。与一般农民及工商业者相比，士是唯一一个靠知识文化谋生的“劳心者”阶层，享有一定的政治经济权益。士熟悉国家典章和礼乐制度，具有一定知识技能，一般从事“治人”职业，不必亲自从事体力劳动，大多担任卿大夫的家臣，或在政府管理机构中担任一定职务。《国语·周语上》通过内史过之口，记述了士人职业及其生活状态：“大夫、士日恪位著以儆其官，庶人、工、商各守其业以共其上。”大部分士都以做官为职业，以俸禄为生，少部分士还有机会受封得到少量土地，《国语·晋语四》中有“大夫食邑，士食田”的记载。

春秋以前，士是多个群体的合称，其中既有作为卒伍的军士，也有作为低级官吏的文士。军士常靠勇力和军功获得名誉和爵位。作为贵族中的最低阶层，士也有受教育的机会和权利，并以此作为维系身份和获取职务的资格。春秋以后，随着战争规模的扩大，仅依靠低级贵族显然不能满足军队的需要，卒伍更多由普通民众担任，因此士阶层的社会功能逐渐发生重大变化，由以文武并称逐渐转向以文士为主。士阶层的变化不仅体现在或文或武的职业领域，还体现在社会阶层分化中，呈现出易流动性的特征。春秋后期，随着生产力的快速发展，井田制瓦解，建立在宗法制基础上的等级分封制度不断遭到破坏，社会阶层不断分化，社会结构发生巨大变化，其中士阶层的分化最为显著。一方面，原有贵族中的士失去以往特权，成为专靠文化知识和技能谋生的平民；另一方面，教育向社会开放，任何人都有可能成为士。

春秋以后，随着私学兴起，传统文化机制和官学教育体系遭到破坏，学术下移，打破了学在官府的局面，受教育的权利扩大到社会各个阶层。在私学发展过程中，涌现出一批最早的教育家，其中最为杰出的代表人物是孔子。孔子提出“有教无类”的教育思想，主张任何人，不论出身，都有接受教育的权利，都可以通过教育实现自身发展。孔子身体力行，广收门徒，聚众讲学，开创了私学发展的新局面，将原为贵族阶层所独占独享的诗书礼乐文化向民间社会传播，使私学成为培养自由士人的重要渠道。一些卿大夫则以私人身份加入办学行列，在当时也产生了很大影响。

私学培养了大量杰出人才，士的概念发生本质性转变，逐渐脱离原来的社会等级及职业意义而成为一个社会群体概念，已十分接近今天知识分子的概念了。孔子关于士的论述很多，在《论语·里仁》中，孔子说“士志于道，而耻恶衣恶食者，未足与议也”；在《论语·宪问》中，孔子说“士而怀居，不足以为士矣”。场景不同，孔子关于士的具体论述也不同，但是都强调士的道德伦理和价值取向，强调士不以世俗物质生活的满足为追求目标，而是超越肉体和个体生命去承担“道”。除对士人在精神、道德层面进行界定外，孔子还从政治、社会等不同层面谈到对士人的能力要求及士人的社会功能等问题。《论语·子路》中记载了孔子对士人君子的评判标准。子贡问孔子何为士，孔子回答说：“行己有耻，使于四方，不辱君命，可谓士矣。”大意是说士人要有羞耻感或荣誉感，能够胜任出使任务。这是孔子判定士的最高标准。子贡又问，低一级的标准是什么呢？孔子回答说：“宗族称孝焉，乡党称弟焉。”在孔子看来，即使能力水平低一点，只要道德品行好也算是君子。这也是孔子对士人的基本要求。子贡再问还有没有更低一级的标准，孔子回答说：“言必信，行必果，硁硁然小人哉！”即使不管是非曲直的固执小人，只要能说到做到，做事能够坚持到底，也勉强可以称为士。这是孔子判断士的最低标准。子贡又追问孔子，当时鲁国执政的那些贵族官员能算得上士人吗？孔子的回答很明确，他说那些人都是斗筲小人，根本算不上士。显然，在孔子看来，尽管士人层次有高下之分、能力有高低之别，但与身份地位没有任何关系，判定一个人是否可以称为君子、士人，关键要看道德品格与学识才能，看其能否承担起文化传承的社会责任，士人至少得是儒家文化的践行者。孔子判定士人的标准不仅代表了儒家学派的观点，在一定意义上，也代表着当时社会对新兴士人群体的普遍看法。

私学教育的蓬勃发展为普通民众提供了更多的教育机会，任何人都可以通过接受教育、潜心向学成为士人，从而实现改变身份、提高社会地位的愿望，甚至有机会跻身上层社会，正如《荀子·王制》所说：“虽庶人之子孙也，积文学，正身行，能属于礼义，则归之卿相士大夫。”《吕氏春秋·尊师》也关注到这种社会现象，对此有精彩评论：

> 子张，鲁之鄙家也；颜涿聚，梁父之大盗也；学于孔子。段干木，晋国之大驵也，学于子夏。高何、县子石，齐国之暴者也，指于乡曲，学于子墨子。索卢参，东方之巨狡也，学于禽滑黎。此六人者，刑戮死辱之人也。今非徒免于刑戮死辱也，由此为天下名士显人，以终其寿，王公大人从而礼之，此得之于学也。

春秋以来，各国统治者都认识到人才对于国家治理的重要性，看到了新兴士人在政治、军事领域发挥的作用，士人成为各诸侯国竞相争夺的重要资源，以至出现“诸侯并争，厚招游学”的局面。各诸侯国为了笼络人才，非常注重招贤纳士，形成“养士”“尚贤”之风。齐桓公是春秋时期养士用士最成功的国君。在管仲的主持下，齐桓公组建了一支八十人规模的专职从事人才招聘的游士队伍。这支队伍周游四方，专事招徕天下贤士。齐国招贤纳士政策取得巨大成功，一时人才济济，奠定了齐桓公春秋首霸的人才基础。各国招贤纳士的政策也进一步助推了士人群体的发展壮大，战国时期人才竞争更加激烈，“七国虎争天下，莫不招致四方游士”①。士人与诸侯国君主之间是一种双向选择关系，这些士人游走于各诸侯国，君主有势就从君，君主无势则去。不仅各国国君重视和争夺士人，上层官僚贵族也竞相养士，养士成为一种政治风尚。著名的战国四公子养士达数千人，士人阶层成为一股不可忽视的政治力量。养士实际上是在当时的历史条件下建立“人才库”和“智库”。通过“学而优则仕”，大批士人活跃于各国政治舞台，成为影响各国政治、军事和社会发展的重要力量，也是上层贵族在政治斗争中依

① 洪迈：《容斋随笔》，穆公校点，上海古籍出版社，2014，第11页。

赖的重要资源。士人冯谖在穷愁潦倒时投奔孟尝君，在数以千计的士人中孟尝君甚至根本记不起他，但最后冯谖为孟尝君出谋划策，帮助孟尝君巩固了政治地位，展示了士人在政治斗争中的高超智慧。

随着士人阶层社会地位的持续提高，他们上与王侯为友，下与氓隶为伍，奔走于各国之间，是当时最为活跃的社会阶层，显示出巨大的社会能量，其中少量杰出人物凭借自己的知识和能力跻身上层统治阶级，甚至成为卿相大夫。通过学习文化知识改变身份、改变命运一时成为社会风尚，一批庶民百姓通过自身努力和学习逐渐从民间脱颖而出，上升到“士阶层”行列，社会上形成一股崇尚知识、重视读书学习的风气，反过来也进一步助推私学的发展繁荣。《韩非子·外储说左上》记载，中牟县有名为中章、胥己的两名士人，因修身博学而被破格提拔为中大夫，激发了全县人接受教育的热情，“中牟之人弃其田耘、卖宅圃而随文学者，邑之半”。“邑之半”显然有夸大之嫌，但中牟人有向学之风是可信的，《吕氏春秋·不苟论·博志》记载的宁越就是其中的典型。宁越是中牟靠“耕稼”为生的“鄙人”，宁越问他的友人如何才能免除这耕稼之劳苦，友人说，最好的途径是学习，三十年就可以飞黄腾达了。宁越于是发奋苦读，十五年便取得了成功，做了周威王之师。战国时期，随着各国官僚制度的建立和士人阶层的发展壮大，“学而优则仕”的路径更宽广了，依靠勤学苦读获取成功已成为较为普遍的社会共识。这类事例很多，如《战国策·秦策一》记载，苏秦为了避免读书时打瞌睡，用锥子刺自己的大腿，留下“锥刺股”的故事，被后世传为读书励志的佳话。《史记·张仪列传》记载，张仪在狱中被“掠笞数百”，仍坚持读书游说不辍。苏秦、张仪发奋读书的事例并非个例，而是当时较为普遍的社会现象。总之，在私学教育的推动下，大批非贵族出身的平民甚至奴隶出身的贱民都有机会跻身士林，士阶层获得巨大发展空间。

2. 变法运动与人才竞争

中国古代“尚贤”思想源远流长，无论是早期的氏族制度还是后来的宗法等级制度，尚贤作为一种选任官员的原则都被统治者认可，商代伊尹和傅说就是其中的早期代表。商王之下执掌国家权力的最高政府官员是师尹或冢宰。师尹或冢宰并不全由贵族担任，有时也从平民甚至奴隶中选拔才干出众的人来担任。伊尹听说商汤是个圣贤之君，就以商汤的妃子有莘氏的厨师这一身份见到商汤，向商汤陈说治国之道，得到商汤赏识和重用。在伊尹的辅佐下，商部落很快强大起来。这件事说明商朝当时确实有从奴隶和平民中简拔人才、选任官员的做法。

春秋以前的人才观念主要局限于个别杰出人物层面，春秋时期打破了这种局限，人才观念成为具有普遍性和社会性的思想观念。《管子·霸言》在对春秋争霸战争进行总结时强调“争天下者，必先争人”。战国时期，各诸侯国之间的战争更加激烈和残酷，对人才的竞争更加白热化。战国初期的魏文侯是第一个确立并贯彻“用人唯才、用人唯贤”原则的国君，是战国早期尊重人才、重用贤士的典范。《史记·魏世家》记载，魏文侯的车驾每次路经贤士段干木所居之里巷时，魏文侯都要手扶车上的横木表示尊重；《吕氏春秋·慎大览·下贤》也有类似记载，魏文侯见段干木时都是毕恭毕敬地站立着。魏文侯礼贤下士的做法在各诸侯国中产生了很大影响，有一次秦国欲伐魏，有人认为不可，其反对的理由就是魏文侯能够“贤人是礼”。魏文侯对贤士的重视不是流于形式，而是落实到具体政治实践中。魏文侯在政治领域的一项重要变法措施就是改革官吏选任制度，冲破传统观念的束缚，废除等级、血统乃至地域限制，面向全社会选贤举能，任用李悝、翟璜、乐羊、吴起、西门豹等大批新型人才作为变法运动的中坚力量，成就了魏国在战国初期的霸业。

风云际会、战乱频仍的春秋战国时代，为士人群体提供了广阔的舞台和展示才能的机遇。士人在各国政治、外交、军事诸领域都产生了重要影响力，在重要时刻常显示出关键性作用，取得出人意料的成就。这方面的事例很多，无须枚举。各国君主和政治家也从残酷的政治军事斗争中看到人才在治国理政中的作用，王充在《论衡·效力》中有精彩评论："六国之时，贤才之臣，入楚楚重，出齐齐轻，为赵赵完，畔魏魏伤。"各国统治者及各级官僚贵族都展开了对士人的争夺，形成了养士之风。更为重要的是，士人阶层的崛起，为战国时期的选官制度改革提供了充分必要条件，各诸侯国都在不同程度上围绕选贤用贤目的开展官吏选任制度改革，加速清除了等级、血统、地域等人才选任障碍。此外，"任人唯才"和"任人唯贤"的传统观念更加具有现实意义，得到各国统治者和士人普遍认可，并形成社会共识，士人成为各国竞相争夺的最重要的社会资源，在孟子看来，"不用贤则亡"。

战国初期，魏文侯率先改革，此后各诸侯国也相继展开变法，其中人才问题和选官制度始终是关键问题。各国都按照选贤举能的原则改革官吏选任制度，建立起适应官僚体制需要的新型用人制度。《史记·孙子吴起列传》记载，吴起在楚国的变法中规定："捐不急之官，废公族疏远者，以抚养战斗之士。"《战国策·燕策二》记载，燕昭王任用乐毅主持变法，其中最重要的一项内容就是"察能而授官"，"不以禄私其亲，功多者授之；不以官随其爱，能当者处之"。各国变法运动中，改革最彻底的无疑是秦国商鞅变法，从制度上实现了官吏选任的"一视同仁"。商鞅变法对身份的否定最为彻底，《史记·商君列传》记载了商鞅的官吏选任政策，"有功者显荣，无功者虽富无所芬华"，连宗室成员也概莫能外，甚至规定没有军功的秦国宗室成员要被清除出宗族。各国通过变法运动，建立起面向全社会的人才选拔机制，也为人才流动与发展创造了良好环境，形成了广阔的人才市场，出现一个"非但君择臣，臣亦择君"的双向选择的自由时代，"尊重知识""尊重人才”蔚然成风。

为了招揽人才，许多君主不吝屈身下士，以至礼贤下士成为对君主的一项基本要求。《孔丛子·居卫》说：“今天下诸侯方欲力争，竞招英雄，以自辅翼，此乃得士则昌，失士则亡之秋也。”一些士人凭借自己的才能不仅可以获得高官厚禄，甚至可以傲视王侯。《战国策·齐策四》记载了齐宣王见颜斶的故事：齐宣王见颜斶，命令颜斶上前，而颜斶反令齐宣王上前，齐宣王非常不高兴。齐宣王的左右大臣都责怪颜斶，认为人臣对君主提这样的要求是不合礼法的。颜斶却认为，人臣趋附君主是慕势行为，君主趋附人臣是趋士行为，君主应当趋士。齐宣王十分气愤，责问颜斶：“是君王高贵，还是士高贵？”颜斶的回答十分干脆：“当然是士高贵，君王不高贵。”

士人之所以可以傲视王侯，是因为这一时期各国除了重视人才、争夺人才外，对知识的重视达到空前高度。尊重知识与尊重人才是联系在一起的，甚至是等同的。春秋时期孔子提出的“劳心者治人，劳力者治于人”的思想尽管有其局限性，但代表了他对知识在社会治理中的作用的认可，对推动“智识”思想的发展起到重要作用。孔子的这种思想也不断发展，《吕氏春秋·孟夏纪·用众》对知识及人才的作用进行了哲学层面的论证，“故善学者，假人之长以补其短。故假人者遂有天下”。尽管当时对知识的重视主要局限于政治、军事领域，但毫无疑问强力推动了“智识”思想的发展。对一般平民而言，掌握知识是跻身于“劳心者”之列，从而改变自己社会地位的捷径，正如《荀子·儒效》所说：“我欲贱而贵，愚而智，贫而富，可乎？曰：其唯学乎！”

春秋战国时期的争霸称雄实践证明，人才是最宝贵最难得的资源。怎样才能做到真正发挥人才的作用呢？这不仅是各国统治者政治实践中的现实问题，也是一个理论性问题，士人群体从自身出发不断进行理论探索与总结。荀子认为，对人才的使用，不能仅停留在口头上，而是要落实到行动中，对贤才要充分信任。《荀子·致士》曰："人主之患，不在乎不言用贤，而在乎诚必用贤。"在任用贤人的具体政策措施上，墨子的论述更加细致。墨子认为，尚贤不能仅仅停留在态度上，更要建立一套制度以发挥贤者的作用。在《墨子·尚贤上》中，墨子提出，不仅要重用贤者，"高予之爵，重予之禄，任之以事，断予之令"，同时还必须给贤士以足够的政治、经济待遇和荣誉，"必将富之、贵之，敬之、誉之"。这是国家获得更多人才必须采用的措施。尽管在道德要求与才能标准上，各学派存在很大差别，但在尊贤、用贤原则上是高度一致的。

各国统治者在战争中无论是为了自保，还是为了扩大势力，均以富国强兵为要务。世袭贵族或因循守旧，或平庸无能，常常不堪重任，传统世官世禄制度难以确保国家治理的需要，无法满足统治者对人才的需求，打破出身限制、任人唯贤的人才选拔制度应运而生，官员选任从世袭任命向竞争性选拔转变。在尊崇尚贤用贤、重视选人用人的社会背景下，明确人才的具体标准是什么、用什么样的人才治国理政，是摆在各国统治者面前的现实问题，也是各学派共同关注的理论问题。各学派的思想家都意识到，人才选拔和任用关系到政权兴衰和国家治理的成败，他们从维护政权稳定及提高国家治理效能等不同层面阐发各自的人才思想。春秋战国时期，人才不是第一性的问题，也不是一个独立的概念，在如何定义人才、评价人才方面，先秦诸子没有形成统一的标准，他们根据自己的评判标准各自提出并形成了自己的观点，于是围绕着忠、孝、贤、能等核心观念，出现了"人才观"领域的"百家争鸣"。

二、忠孝之辩与儒法对立的道德伦理

"忠"和"孝"是我国最古老和最重要的政治与伦理范畴，"忠"教人"事君"，"孝"教人"事父"。两千多年来，"忠君"与"孝亲"一直是衡量个人道德品行最重要的两项伦理标准，也是衡量官吏的基本准绳。“忠”和“孝”原本是两个不同领域的范畴，但在中国传统文化中，二者往往融为一体，“求忠臣必于孝子之门”的官吏选择原则就是这方面的体现。但在具体实践中，这两项伦理之间也时常发生冲突，陷入“忠孝不能两全”的伦理选择困境。

1. 忠孝伦理观念演变

春秋战国时期是由封建宗法制向君主专制与官僚政治体制过渡的社会大变革、大转型时期，“忠”和“孝”的内涵各自不断丰富和发展，二者之间的关系也发生了重大变化。

“孝”概念的出现早于“忠”。甲骨文中已有“孝”字出现，说明至迟到商朝时期，中国人已经形成了明确的“孝”道德与“孝”伦理。西周时期，这一观念更加成熟。西周时期的“孝”有养生和奉死两层意义，《礼记·祭义》所说的“君子生则敬养，死则敬享”，就是指这两层意义。所谓养生，指晚辈对长辈的尊崇与赡养。西周时期尊老、养老、尚齿的风气十分兴盛。西周建立了一套尊老养老的仪式，《礼记·王制》记载，西周设有东胶和虞庠等养老机构，周天子每年都要亲自到这些地方行养老之礼。这种仪式在基层社会生活中也被仪式化，《礼记·乡饮酒义》记载，在宴饮的时候要按照年龄分配座位，“六十者坐，五十者立侍以听政役，所以明尊长也”；也要按照年龄分配食物，“六十者三豆，七十者四豆，八十者五豆，九十者六豆，所以明养老也”。尽管乡饮酒礼只是一种仪式，但反映了周人的孝道观念。所谓奉死，指后人对逝去先人的追思，其中既有思想情感层面的追思，亦有祭祀等仪式性追思。《诗经》中有很多篇章都涉及子女对父母的追思，其中最典型、传诵最广的当属《小雅·蓼莪》，其中“哀哀父母，生我劬劳”的诗句至今读来仍令人怅然。与“孝”不同，春秋以前“忠”字在文献记载中很少出现，说明关于“忠”的伦理道德概念还不是很明确，尚未形成独立范畴。当然，这并不代表西周时期政治上无

“忠”的意识，后世广为流传的《尚书·周书·金縢》篇记载，周武王积劳成疾，周公为他卜问上天，向上天表达自己心甘情愿代替武王赴死的意愿，祈求上天保佑武王康复。《金縢》就是反映和褒扬周公忠于国事、忠于武王的篇章，但周公本身就是武王的弟弟，《金縢》所记载之事不仅有“忠”的政治伦理属性，亦有家庭伦理成分。

“忠”的含义在春秋战国时期变化较大，从宽泛的一般社会伦理逐渐演变为单纯的政治伦理。“忠”是儒家倡导的基本社会伦理之一。《论语》中的“忠”多为“尽己之心”的意思，泛指对包括自己在内的一切人和事的恳切、稳重、敦厚、信实的态度，主要是一种个人道德修养。孔子与《论语》中所说的“忠”是一种含义宽泛的道德范畴，与“忠君”没有必然联系。墨家也关注“忠”的伦理，墨家的“忠”与其“兼爱”“尚贤”等学说有着内在的统一性。《墨子》中的“忠”包含了“君惠”和“臣忠”两个向度，《墨子·兼爱中》强调两个向度的互动，“君臣相爱则惠忠”。一方面，墨家的“忠”继承了春秋时期“忠”的许多原始含义，如“利民为忠”；另一方，在其后期思想中，墨家已经开始从强调“君惠臣忠”的双向互动关系向强调“为臣必忠”的要求臣下向君主单方面效忠转变，“忠”的道德范畴也被限定在政治领域内。墨家最终打破了“忠”与“惠”的平衡，臣下之“忠”不再以君主之“惠”为前提。被认为代表了后期墨家思想的《墨子·经上》篇对“忠”的解释更为直接，明确指出“忠，以为利而强低也”，意思是说忠就是做有利于君主的事而使之强大，这种思想已经与法家思想十分接近了。法家是最后完成“忠”的政治伦理构建的学派。韩非第一次明确提出“忠”是一种指向君主本人的无条件、绝对的服从。儒家所歌颂的“汤武革命”，在《韩非子·忠孝》中被视为“为人臣而弑其主、刑其尸”的篡弑。韩非将君臣关系视为纯粹的利益交换关系，《韩非子·饰邪》中说“君臣也者，以计合者也”。既然君臣只能以“计”合，如何才能确保臣下之“忠”呢？《韩非子·饰邪》中明确提出了“赏”和“刑”两种手段，“故先王明赏以劝之，严刑以威之”。这就与法家的政治主张完全联结起来了。

在先秦诸子中，儒家和法家对“忠孝”伦理论述最多、影响最大，而且在“忠孝”观念及政策主张上呈现对立状态。我们在这里重点关注以儒法对立为主轴的“忠孝”之辩。春秋战国时期，“忠”和“孝”的道德范畴都不断发展，对“孝”伦理发展贡献最大的是孔子及儒家学派。“孝”是孔子思想的核心概念，也是孔子“仁”学思想的逻辑起点，其学说在人性和社会性两个层面都突破了西周时期“孝”的道德范畴。在人性论方面，孔子将家庭孝悌伦理置于先验的地位。在孔子看来，孝悌是人的先天本能，是人与禽兽的根本区别，其正当性是不容怀疑的，甚至也无须讨论。《论语·阳获》记载了宰我与孔子讨论为父母服丧的故事：宰我认为三年之丧时间太长，应当缩短服丧期。孔子没有正面回答，而是说“如果你能心安，那你就这么做好了”。孔子的态度十分明确，他认为三年之丧是天下通行的礼仪，完全发自人的内心情感，与子女三年才能免于父母怀抱一样，是无须讨论的社会规范，宰我要求缩短三年之丧就是不仁的表现。在社会性上，孔子将本属于私人领域的孝悌扩展到社会公共领域，使之成为公共领域的道德规范和社会准则。“孝”是孔子学说的起点和基础。《论语·学而》说：“孝弟也者，其为仁之本与！”孔子认为，严格遵守家庭伦理的人在社会领域自然也会遵守社会规则。《论语·学而》中有子进一步论证了这一观点：“其为人也孝弟，而好犯上者，鲜矣；不好犯上，而好作乱者，未之有也。”通过这种推论关系，实现了家庭伦理从私人领域向社会领域的转换，“孝”功能也从家庭领域向社会与政治领域扩展，打破了私人领域与社会领域之间的阈限，并与“忠”等其他社会伦理联结起来。

春秋战国时期，在官僚队伍中，“忠”和“孝”之间常存在激烈冲突。面对尽忠和行孝相互矛盾的情形，不同人有着不同的选择，有的人以亲族情感、家庭角色为重，选择做孝子；有的则从自己的社会角色和政治角色出发，选择做忠臣。《说苑·立节》记载了楚国孝子申鸣处理“忠孝”伦理冲突的悲壮故事。申鸣奉父命做官。白公胜作乱时，申鸣准备前去为国赴难，父亲制止他说：“抛弃自己的父亲赴死，这样做合适吗？”申鸣说：“做官者的身体、生命是属于国君的，俸禄是属于父母的。我既然已经选择仕君，不能不为其赴死。”申鸣领兵围困白公胜。白公胜听说申鸣是孝子，便劫持他的父亲要挟他。在两难之间，申鸣最终选择杀死白公胜，他的父亲亦因之遇难。楚王赏赐申鸣，申鸣说：“食国君之禄而避国君之难，不是忠臣行为；为国君安邦定国，而致使自己的父亲遇难，不是孝子行为。名不可两立，行不可两全，这样苟且偷生，有何面目立于天下呢？”申鸣随即自杀。我们以今天的视角审视申鸣的故事，这是一则典型的角色冲突性道德困境案例。角色冲突性道德困境是一个人因不同社会角色及道德规范之间的不一致而导致的道德选择困难。申鸣的困境在于他的职业角色（官）和家庭角色（子）之间的冲突。申鸣既是楚王之臣，需要遵守官员职业道德和国家律令；同时他又为人之子，需要遵守家庭伦理道德。申鸣在现实中无法完成对二者的调和，只有选择以结束自己生命的方式摆脱道德困局。

如何处理“忠”和“孝”的冲突，孔子的态度是明确而坚定的。《论语·子路》记载，叶公问孔子说：“我们这里有一个非常耿直的人，他的父亲偷了别人家的羊，他就出来告发，这件事应该怎么评价呢？”孔子的回答非常明确：“父为子隐，子为父隐，直在其中矣。”在孔子看来，在这种冲突中，“孝”是首位的，只要符合“孝”的要求，一切行为都是合理的。法家以性恶论为哲学基础，与人心相比，法家更加相信现实功利，以现实利益衡量人与人之间的关系，家庭成员之间也是如此。当然，法家并不是绝对否定“孝”伦理的合理性，而是反对将“孝”伦理作为处理人际关系和政治问题的原则。《韩非子·难二》中说：“孝子爱亲，百数之一也。”既然能真正奉行“孝”伦理的人这样少，说明这一范畴是不具备普遍性的，社会关系若建立在这种非普遍性伦理关系的基础上，自然是不可靠的，那就不得不依靠法律来调节了。

西周时期，宗法制度与政治制度融为一体，君臣属于同一家族，“君统”与“宗统”是合一的，形成了严整规范的家国一体结构。春秋战国时期，建立在血缘宗法基础上的礼乐制度崩坏，异国异族之君臣关系取代了同国同宗的君臣关系，“君统”与“宗统”的一致性被打破，家国一体的格局亦最终走向解体。“君统”与“宗统”时常呈现二元分立的态势，维护宗法制度的“忠孝”合一伦理规范难以维系，“忠”与“孝”相分离，社会领域与政治领域的平衡结构被打破，造成社会系统混乱失调。如何摆脱混乱的社会状态，重新建立“天下有道”的和谐社会秩序，春秋战国时期各学派都在不同程度上关注这个问题，其中儒法两家的观点最为引人瞩目，并围绕“忠”和“孝”的范畴及其关系等问题展开争论。

2. 儒法忠孝观念之争

面对现实中出现的宗法血缘体系逐渐与国家政权相背离的局面，儒家站在维护传统礼乐文化的立场上，创造性地将基于血缘的宗法伦理与基于社会关系的政治原则结合起来，企图找到调和、整合“君统”与“宗统”的方法，谋求“忠”与“孝”的一致性。然而，“忠”与“孝”毕竟是不同社会领域的伦理规范，儒家通过把君臣比拟成父子的形式将二者整合在一起。孔子以其深邃的洞察力，挖掘了“孝”伦理的社会价值与政治意义，《论语·为政》记述了孔子的一些论述。孔子认为，凡对父母孝者必定事君忠，即所谓的“孝慈，则忠”。他进而又论述了“孝”与政治的关系：“《书》云：‘孝乎惟孝，友于兄弟，施于有政。’是亦为政，奚其为为政？”在孔子看来，将孝敬父母、友爱兄弟的原理运用于政治就是为政，不一定非得做官才算得上为政，只要符合“政者，正也”的准则便是为政。在孔子看来，孝悌伦理可以维护家庭父子、兄弟关系和睦，也就稳定了社会秩序，这正是为政者追求的目标。战国时期，儒家在忠孝关系方面继承并发展了孔子的思想，进一步论证了忠孝道德的一致性，以协调家庭伦理与君主专制国家政治之间的矛盾，重构家国同构秩序。《大戴礼记·曾子立事》记载了曾子的论述：“事父可以事君，事兄可以事师长；使子犹使臣也，使弟犹使承嗣也；能取朋友者，亦能取所予从政者矣。”到了曾子这里，“忠”与“孝”之间的矛盾已经无须调整了，子事父与臣事君、父使子与君使臣可以看作同一件事，父亲就是家庭之君主，君主就是一国之家长，齐家与治国在本质上是一致的。孟子也强调家是国的基础，《孟子·离娄上》说“天下之本在国，国之本在家”。当“忠”和“孝”发生冲突，需要进行道德选择时，“孝”高于“忠”。《孟子·尽心上》记载了桃应与孟子的一段对话：桃应问孟子，舜作为天子，他的父亲杀人犯罪，舜应该怎么办。孟子回答，先把他父亲抓起来。在桃应步步追问之下，孟子为舜设计的做法是先将其父亲救出，然后在海边住下来，快乐地忘掉天下。在孟子看来，在“孝”伦理面前，社会责任是微不足道的，舜的选择是高尚的，“舜视弃天下犹弃敝蹝也”。

维护家族道德的“孝”与维护国家政治伦理的“忠”之间的裂隙是客观存在的，但二者也有一致性。儒家看到了二者之间的一致性并致力于弥合二者之间的裂隙。法家关注的主要是二者之间的裂隙，但与儒家不同，法家不是将二者弥合起来，而是将二者进一步分离。法家代表人物韩非就指出了儒家弥合“忠”与“孝”两个伦理范畴时存在的逻辑冲突。在《韩非子·五蠹》中，韩非指出儒家“夫以君臣为如父子则必治”的思想是不切实际的。尤其当二者发生冲突时，法家认为二者不可调和。《韩非子·五蠹》中讲了“直躬证父”和“鲁人三北”两个“忠”与“孝”冲突的例子。

“直躬证父”讲的是楚国一个叫直躬的人，举报他的父亲偷羊，令尹认为直躬虽然正直却有悖于“孝”，下令杀掉直躬。通过这个故事，韩非证明了“忠”与“孝”两种伦理之间的矛盾是不可调和的。非常有意思的是《论语·子路》和《吕氏春秋·当务》都讲到这个故事，都记载了孔子对此事的评价。在《论语·子路》中，孔子并不赞赏直躬的行为，认为正确的做法是“父为子隐，子为父隐”。《吕氏春秋·仲冬纪·当务》则将这个故事调整为直躬救父：直躬之父依法当诛，直躬请求代替其父赴死，楚王认为直躬既做到了“信”，又做到了“孝”，于是赦免了直躬父子。对于直躬这个人物，《吕氏春秋》认为儒家必然否定直躬之“信”而肯定其“孝”，符合《论语》中“亲亲相隐”的原则。法家的态度则不同，二者既然不可调和便无须调和，就应以法律为准则。法律属于政治领域范畴，是国家意志的集中体现，自然是偏向维护“忠”的。“鲁人三北”是韩非为直接与儒家观点进行对比而引用的一个事例：有一个鲁人跟随国君作战，三战三败逃。孔子问鲁人屡屡败逃的原因，鲁人对曰：“吾有老父，身死莫之养也。”韩非推定，孔子一定会以“孝”为由赞赏鲁人之举，因此得出“夫父之孝子，君之背臣”的结论。在这个事例中，韩非将“忠”与“孝”的裂隙推向极致，二者不仅不可调和，而且是根本对立的。

儒家的“忠孝”观是一种相对主义伦理观，是建立在上下互动基础上的。在父子、君臣等人伦关系上，儒家强调双方的权利与义务：在家庭领域，儒家要求“父慈子孝”；在政治领域，儒家要求“君使臣以礼，臣事君以忠”。儒家强调“君君臣臣，父父子子”的伦理原则，但没有将“忠”和“孝”视为单向的社会行为，而是将之视为子女与父母、臣下与君长的互动行为，既要求子女对父母之“孝”，又要求父母对子女之“慈”；既要求臣下对君长之“忠”，又要求君主对臣下之“礼”。当然，儒家的互动伦理关系并不是完全对等的，儒家对子女、臣下的要求要比对父母、君长的要求更严格。在《春秋公羊传·闵公》中，儒家要求子女、臣下要“为尊者讳，为亲者讳，为贤者讳”，认为这既是孔子编撰《春秋》坚持的原则和态度，也是儒家“礼”的基本要求。父母、君上即使做得不好，子女、臣下也不能反抗，只能隐忍，最多选择逃避。商纣无道至极，孔子在《论语·微子》中大赞商纣时的三个贤人，“微子去之，箕子为之奴，比干谏而死”，孔子称他们为殷之“三仁”。在伦理相对性与互动关系上，孟子的态度比孔子激进，孟子更加强调伦理互动的对等性。在家庭领域，孟子对“孝”的互动关系很少论及，其学说建立在性善论基础上，“孝”伦理被视为人性本能，无须讨论。在政治领域，孟子对“忠”伦理采取了完全对等的态度，甚至将臣下之“忠”视为与君上的交换条件。《孟子·离娄下》记载了孟子对待君臣关系的态度：“君之视臣如手足，则臣视君如腹心；君之视臣如犬马，则臣视君如国人；君之视臣如土芥，则臣视君如寇雠。”当然，先秦儒家的相对主义的“忠孝”论在现实中是很难实现的，在以后的历史演进中，“忠孝”的相对性被选择性忽视而走向绝对主义。

法家并不否定儒家的“忠孝”伦理，其分歧在于对“忠孝”的态度和维系方式。与儒家相对主义“忠孝”观不同，法家更倾向将“忠孝”道德绝对化。在《韩非子·忠孝》中，韩非明确提出对儒家“忠孝”观的否定，认为“孔子本未知孝悌忠顺之道也”。韩非反对将“忠”和“孝”伦理建立在双方互动或对等关系上，坚持将“忠孝”道德绝对化，“臣事君，子事父，妻事夫。三者顺则天下治，三者逆则天下乱，此天下之常道也”。所谓“顺”，仅是子女对父母、臣下对君上、妻子对丈夫之顺，这种“顺”是绝对的，不需要以父之慈、君之礼、夫之敬为前提。显然，韩非之“忠孝”观念已与汉代形成的君为臣纲、父为子纲、夫为妻纲的“三纲”伦理没有什么区别了。值得注意的是，法家直接省略了家庭伦理与政治领域之间的逻辑推演，将二者完全并列起来，并将“忠孝”的道德规范上升为政治的权威原则，通过把私人伦理的“应该”变为政治上的“必须”，完成了把伦理道德从意志自由的“应当”向行为自由的“必然”的转变，逻辑上必然把柔性的伦理道德导向法律与政治强制性的外在规范，与法家思想建立起逻辑连接。

法家是君主专制和官僚制度的主要设计者，也是君主专制最坚决的维护者。法家同时维护君权与父权的绝对权威。在《韩非子·忠孝》中，韩非对父子、君臣关系提出了一系列具体要求。在“孝”伦理上，韩非认为，儿子不仅要竭力侍奉父母，还要无原则地维护父亲权威，“孝子，不非其亲”。在政治伦理上，也是同样的原则，臣下也要无原则地维护君上权威，“所谓忠臣，不危其君”。臣下对君主的“忠”必须是纯粹的、完全的、彻底的，不能带有任何私心杂念，“尽力守法，专心于事主者为忠臣”。忠臣绝对不能违逆君主，君主即使残暴不仁，臣下也绝对不能反对，“则人主虽不肖，臣不敢侵也”，更不能像汤武革命那样，以革命之名弑君犯上。

3. 忠孝之争的制度分歧

儒家与法家的“忠孝”之辩不仅体现在认识论层面上，还体现在维护“忠孝”的现实政策主张与手段上。儒家认为忠孝道德观念的形成主要依靠道德教化，通过道德教育就可以使人自觉主动遵守忠孝伦理道德，达到以文化人的实效。孔子道德教育的核心内容是仁，起点是“亲子之爱”。在《论语·学而》中，孔子把“仁者爱人”作为处理社会生活中人际关系的准则，而这一准则的基础是出于人性之本能。孝伦理在日常行为中是可以自然养成的，“弟子入则孝，出则弟，谨而信，泛爱众而亲仁”。孟子发展了曾子“众之本教曰孝”的以孝化民思想。在《孟子·滕文公上》中，孟子提出了“明人伦”的教育宗旨。孟子认为，伦理道德不仅要在家庭生活中培养，还要在学校教育中培养，要将其作为教学的首要任务，“学则三代共之，皆所以明人伦也”。既然夏商周三代教育都以

“明人伦”为目的，在《孟子·梁惠王上》中，孟子认为应坚持夏商周三代的教育原则，“谨庠序之教，申之以孝悌之义”。

伦理道德可以通过教育化成，亦可靠法令制度维护。儒家显然更倾向于道德教化。孟子认为“善教”高于“善政”，《孟子·尽心上》曰：“善政不如善教之得民也。善政民畏之，善教民爱之。善政得民财，善教得民心。”在人性论上，荀子与法家一样都持性恶论，但在伦理道德维系方面与法家不同，荀子也主张教化为先。荀子在《荀子·性恶》中谈到“孝”的问题：“天非私曾、骞、孝己而外众人也，然而曾、骞、孝己独厚于孝之实而全于孝之名者，何也？以綦于礼义故也。”他认为，历史上像曾参、闵子骞、孝己等有名的孝子有孝之实、孝之名，并非上天眷顾他们，而是礼义教化的结果。荀子的教化与孟子的教化还是有所区别的。在性善论基础上，孟子所谓的“化成”是使人回归本性，主要靠人的内在自觉实现；荀子所谓的“化成”，主要靠外在礼义约束达成，尽管礼义不像法律那样残酷，但都是外在约束力。总而言之，先秦儒家认为孝是人之本性，德以孝为统帅，主张通过礼乐教化达到治理国家的目的，认为德治是实现王道的必由之路。

法家与儒家截然相反，认为“忠孝”伦理需要靠刑罚来推行和维系，主张务法不务德，否定道德教化的作用。韩非认为“忠孝”伦理的本质在于顺从，用道德教化来推行忠孝，既不能使子女孝顺父母，也不能使臣民忠于君主。在《韩非子·六反》篇中，韩非论述了他的逻辑：“母之爱子也倍父，父令之行于子者十母；吏之于民无爱，令之行于民也万父。母积爱而令穷，吏用威严而民听从，严爱之策亦可决矣。且父母之所以求于子也，动作则欲其安利也，行身则欲其远罪也。君上之于民也，有难则用其死，安平则尽其力。亲以厚爱关子于安利而不听，君以无爱利求民之死力而令行。明主知之，故不养恩爱之心而增威严之势。故母厚爱处，子多败，推爱也；父薄爱教笞，子多善，用严也。”家庭之中，母亲以推爱的方式教育子女，子女多败；父亲以薄爱教笞的方式教育子女，子女多善；君主无爱，教育效果却最好，可以做到令行禁止。在《韩非子·五蠹》中，韩非得出自己的结论：爱愈薄则教育效果愈好，培养忠孝道德不在于养恩，而在于树威。“故父母之爱不足以教子，必待州部之严刑者，民固骄于爱、听于威矣。”韩非的论断尽管存在明显的逻辑问题，但其观点是十分鲜明的，即完全否认教育教化的作用。在《韩非子·饰邪》中，韩非强调只有外在的法律威慑才能克制人性之恶，只有专任刑罚才可以实现天下为治的目标，“忠孝”只有靠刑罚来推行，尤其是“忠”的政治伦理只能靠法律来维系，“彼法明，则忠臣劝；罚必，则邪臣止”。法家以严刑峻法的强制手段来推行“忠孝”，人们慑于威权或能暂时屈服，容易短时间内取得功效，但其缺陷也是明显的。在法家政策下，私人领域被极大压缩，政治领域被无限放大，这与分化程度极低的社会实际相脱离。此外，法家完全不考虑人的主观情感体验，“刻薄寡恩”，很容易失去民心，秦王朝的政治实践与覆亡业已证明了这一点。

三、贤能之争与人才标准的百家争鸣

春秋战国时期，在分封制瓦解、礼乐制崩坏的背景下，世卿世禄制及世官制再也无法维系下去，社会秩序陷入混乱之中。同时，建立在君主专制基础上的官僚政治在各诸侯国陆续建立，新的政治与社会秩序逐渐形成。在官僚政治体制下，官吏选任是最为重要的一环，选用什么样的人做官是摆在统治者面前的首要任务，也是士人阶层普遍关心的问题。人才选任标准成为先秦诸子共同关注的问题。在选贤任贤基本原则上，各学派的意见是高度一致的，但在“贤”的具体标准上，各学派分歧很大，这成为百家争鸣中争论的焦点问题之一。

1. 管仲学派尚德明法

《管子》成书于春秋战国时期，是稷下学者对推崇管仲思想的作品的集结，其中既有对管仲本人思想言论的记载与总结，又融合了战国时期稷下各学派的思想，因此《管子》也常被视为各学派的言论汇编。由于《管子》的作者主要来自齐国稷下学宫，因此继承和发展管子思想的流派又被称为稷下的管仲学派。《管子》融合了各家思想，其中最重要的是道家和法家思想，因此又常被视为道家和法家的作品集。

管仲学派重视国家的道德建设，在道德上强调礼、义、廉、耻四个维度。《管子·牧民》中提出国之四维："一曰礼，二曰义，三曰廉，四曰耻。""四维"是关系国家安危的基本道德维度，缺一不可："一维绝则倾，二维绝则危，三维绝则覆，四维绝则灭。倾可正也，危可安也，覆可起也，灭不可复错也。"

与先秦各学派尚贤思想一致，管仲学派也极其重视人才的作用。除对人才的普遍性要求外，管仲学派还高度重视人才的创新能力，这一标准在《管子·宙合》中有概括，"不必以先帝常，义立之谓贤"，即以不受先例、常规约束作为人才标准，核心要义是强调人才的改革创新能力。这种创新能力不是与生俱来的，《管子·戒》中说，达成这种素养和能力的办法就是努力学习，"闻一言以贯万物，谓之知道"。所谓道，指事物的基本规律。管仲学派与道家一样，都强调对自然规律和社会规律的把握，但掌握道的方式方法与老子的不同：管仲学派主张积极学习和实践，"故圣人博闻多见，畜道以待物"；有了广博的知识，还必须勤于思考，不断反省自身，"博学而不自反，必有邪"；在此基础上，还要具有从实际出发解决现实问题的能力，"所贤美于圣人者，以其与变随化也"。所谓"与变随化"，强调的就是从实际出发、善于打破传统束缚而创造新的办法来解决问题的能力。

在人才的政治素质方面，管仲学派强调重法守法，贤人必须做到遵纪守法、忠于君主，而且还要具有为君主建功立业的实际政治才能。管仲学派的这一思想与法家的十分接近，这也是人们将其归入法家的重要原因之一。在判定人才的方法与选拔人才的途径上，管仲学派也采用法家原则，即按照法律制度，通过实践去判定。《管子·明法解》曰："明主之择贤人也，言勇者试之以军，言智者试之以官。试于军而有功者则举之，试于官而事治者则用之。"

管仲学派具有鲜明的现实主义特征和功利主义色彩。与儒家单纯强调道德和政治能力不同，管仲学派重视耕战及以耕战为核心发挥作用的各种人才，将儒家所鄙视的在农、工、商、医等领域有成就的人都视为人才，尤其强调农业与医学人才的重要性。在一定意义上可以说，管仲学派的人才思想是一种"应用人才学"思想，在先秦各学派中独树一帜。管仲学派的这种多元人才观念使人才的范围大大拓展了，在当时的历史条件下无疑具有重要意义，对今天的人才观念仍有启示意义。

2. 儒家明德尚贤

春秋战国时期，儒家不仅对何谓人才的问题做出了深刻论述，还在人才的标准、人才的层次与功能、人才的选拔与考察、人才的使用与培养等诸多方面都有论述，构建了一套完整的理论学说，形成了独树一帜的儒家人才学说理论体系。与其他各家学说相比，儒家对人才与尚贤的探索，视野最为恢宏，体系最为完整，贯通了从个人、家庭到国家、天下诸范畴。在政治领域，儒家对官吏选任的要求与对贤人的判断标准体现了对先秦文化传统的继承，体现了思想的广度和深度，尽管与当时各诸侯国富国强兵的现实需要有不适应的一面，但在更深层次上提出了社会秩序建构不可动摇的原则，正如司马迁在《史记·太史公自序》中所指出的，"若夫列君臣父子之礼，序夫妇长幼之别，虽百家弗能易也"。

孔子虽然颂扬西周礼乐文明，希望"克己复礼"，但在选任人才方面，还是主张打破世卿世禄制度的，他提出的"学而优则仕"从根本上否定了世卿世禄制度，在当时产生了巨大影响。孔子和他的学生子路、子贡、冉求等人在各国从政时，都坚持将之贯彻于施政实践中。在先秦各家的政治思想中，儒家是最重视人为因素的学派之一，强调“为政在人”。儒家一方面形成了丰富的人才思想，另一方面在人才培养方面最为积极。儒家关于人才的理想境界可用“内圣外王”来概括。“内圣”在个体和社会层面具有不同体现：在个体层面，内圣指通过个人内在修养提升道德境界，形成完美人格；在社会层面，内圣指通过德治与礼治实现“国治”“天下平”的政治与社会理想。“外王”亦有个体与社会两个层面：在个体层面，外王主要指通过内化的道德力量形成齐家、治国、平天下的能力；在社会层面，外王主要指通过国家治理成效和治国之道产生感召力，达到百姓、贤人乃至天下人主动归附的目的。内圣与外王不是并列关系，外王是内圣的必然结果，内圣是外王的基础和前提条件。因此，儒家尤其重视内圣。

孔子特别强调管理者的示范作用，认为统治者自身首先应具备良好的道德修养，发挥以上率下的作用。在《论语·颜渊》中，孔子说：“政者，正也。子帅以正，孰敢不正？”在《论语·子路》中，孔子对这一思想进行了进一步阐释：“其身正，不令而行；其身不正，虽令不从。”孟子继承并发展了孔子的思想，要求士人严格要求自己，不断自我反省。《孟子·离娄上》曰：“行有不得者皆反求诸己，其身正而天下归之。”儒家学者十分重视个人道德修养的重要性，强调“信”德。《论语·为政》曰：“人而无信，不知其可也。大车无輗，小车无軏，其何以行之哉？”在孔子看来，“言忠信”是天下通行的道德素养，只要做到“言忠信”，就能实现“行笃敬”。

先秦儒家要求，人才必须同时具备德行、知识与能力。《论语·子罕》记载，鲁国太宰问子贡说：“孔夫子不是圣人吗？为什么还掌握那么多技能呢？”孔子听说后说：“大宰知我乎！吾少也贱，故多能鄙事。君子多乎哉？不多也。”孔子的意思是说自己小时候出身低贱，没有机会接受“正规”教育，故而学习了很多技能。孔子并不是自嘲，而是说明士人不仅要有良好的道德品格，还要掌握各种知识和技能。孔子认为，要从智、仁、勇三个方面衡量人才，必须同时满足这三项要求才算得上人才。这三项要求是孔子的自我评价和自我要求，儒家后学继承了孔子的这种思想，《中庸》将之归纳为“三达德”。仁是孔子全部学说的基础，也是儒家人才观的哲学基础和核心。仁是儒家对人才德的要求。对官吏而言，仁既是政治素质，又包含个人道德品质。仁的内涵十分丰富，包括恭、宽、信、敏、惠、孝、悌、忠、恕等各个方面。仁的核心是“爱人”，也就是要求人才要具有“爱人”的品德。当然，儒家的“爱人”并不是无原则、无差别的爱，而是强调建立在血缘基础上的等差之爱，推己及人，将之推广到社会领域。智既是以知识和智慧为主要内容的能力，也是一种素质和品德。儒家智的核心和标准是“知人”。勇既是一种行为特征，也是英勇无畏的精神和品德。儒家十分重视勇这一品行，孔子认为，“勇者不惧”。儒家勇的内涵十分丰富，有“见义而为”的行为态度，有“知其不可而为之”的勉力卫道精神，还包括“见危受命”的责任担当精神和“杀身以成仁”的牺牲精神等。

《论语·述而》记载，孔子说“志于道，据于德，依于仁，游于艺”。“道”“德”和“仁”都是道德要求，“艺”指技艺和才能。在德才关系上，在坚持德才兼备的同时，儒家强调德的重要性，将德排在第一位，才排在第二位，德是目的，才是手段。在《论语·卫灵公》中，孔子强调了德的功能，“知及之，仁不能守之；虽得之，必失之”。在德才关系上，儒家虽然将人才的道德素质推向了极高的地位，但绝不轻视才智。在《论语·公冶长》中，孔子将知识与才能视为道德实现的前提和必要条件，“未知，焉得仁”，这里的“知”即“智”，强调了才智在品格达成中的重要性。

先秦儒家对人才道德的强调及价值判断不仅限于个人修身层面，还贯穿于家国天下各个层面。因此，儒家的道德不是虚无缥缈的空中楼阁，而是将其渗透到日常生活与全部社会领域。从社会层面看，在儒家的人才观中，以德为先与责任担当是联系在一起的。先秦儒家在对人才的道德品行要求方面，高扬社会责任，强调社会责任心，并将之升华成一种精神和价值追求；在德与才的关系上，要求以德为先，有才无德者算不上真正的人才。在《论语·泰伯》中，孔子表达了鲜明的观点："如有周公之才之美，使骄且吝，其余不足观也已。"更重要的是，儒家的德是由内而外的，是从内心出发的。在此基础上，儒家又将内化之德外化为一套具象的社会规范和行为准则。儒家要求士人要从内心时刻保持社会责任感，如《论语·泰伯》中说，"士不可以不弘毅，任重而道远"；还要求人才能够不为物欲所累，不为强权所屈，在任何时间、任何场所都坚守道义，积极主动承担社会责任，在关键时刻要权衡自身行为是否符合道德标准，如《论语·子张》中载，"士见危致命，见得思义"。当现实利益与道德要求发生冲突时，要坚持道义，《孟子·滕文公下》中说要做到"富贵不能淫，贫贱不能移，威武不能屈"，关键时刻做到舍生取义。在这一点上，荀子与孟子是完全一致的，《荀子·荣辱》曰："义之所在，不倾于权，不顾其利，举国而与之不为改视，重死持义而不桡，是士君子之勇也。"

3. 墨家尚贤重功

墨家是春秋战国时期尚贤口号喊得最响亮的学派，在选任原则上，墨家彻底否定传统世卿世禄制度，要求最大程度向社会开放选贤任贤之道，打破所有身份等级限制。《墨子·尚贤上》中说："故古者圣王之为政，列德而尚贤，虽在农与工肆之人，有能则举之，高予之爵，重予之禄，任之以事，断予之令。"墨家不仅要求打破身份等级限制，还主张破除亲疏关系影响。《墨子·尚贤中》中说："不党父兄，不偏贵富，不嬖颜色。贤者举而上之，富而贵之，以为官长；不肖者抑而废之，贫而贱之，以为徒役。"在尚贤原则的适用范围上，墨家与法家是一致的。儒家强调"亲亲"与"尊尊"的和谐一致，尽管儒家也主张尚贤，但其尚贤的原则总是与血缘宗法存在千丝万缕的联系，无可避免地带有血缘等差等干扰因素，也难以彻底抛弃用人上的“亲亲”原则。与儒家相比，墨家的尚贤以贤为唯一标准，在选贤用贤上无任何等差，摒除一切羁绊因素。与儒家重视社会结构稳定不同，墨家主张建立官民之间的流动机制，给予平民更多向社会上层、向官僚队伍上升的机会。《墨子·尚贤上》中说“故官无常贵，而民无终贱，有能则举之，无能则下之”。显然，墨家把举贤用贤的范围扩大到社会各阶层，主张彻底打破世官世禄制，把贤作为判断人才和选任人才的唯一标准。

在春秋战国各学派中，墨家是贯彻尚贤原则最彻底的学派，因此墨家十分关注人才评判标准。与儒家一样，在人才标准上，墨家也坚持德才兼备的原则。概而言之，可将墨家判断贤能之人的标准分为德行、才能和学问三个方面。我们可将《墨子·尚贤上》中明确提出的“厚乎德行，辩乎言谈，博乎道术”，视为墨家对人才标准的概括。在各种标准中，墨家与儒家都倾向“以德为先”的原则。墨子认为，德行是判断人才的首要条件，在《墨子·修身》篇中，他提出“士虽有学，而行为本焉”的思想，在德与才之间，德是第一性的，才是第二性的。

在道德层面，墨家对道德的定义与其他各家有一致之处，尤其与儒家思想关系密切。墨家学派与儒家学派有一定渊源，墨家的人才思想是对儒家思想加以改造而形成的。在天下为公、以民为本方面，墨家与儒家的精神是高度一致的，在《孟子·尽心上》中，孟子说，“墨子兼爱，摩顶放踵利天下，为之”。在对待“信”的态度上，墨家与儒家、法家、兵家相比亦无二致，墨子在《墨子·兼爱下》中说：“言必信，行必果，使言行之合犹合符节也，无言而不行也。”这句话讲的是“信”德，强调言行一致、言出必行。与其他各学派相比，墨家的人才标准在“兼爱”与“尚同”两个方面表现出独特性。墨子的人才道德观是建立在“兼相爱”“交相利”的理想主义政治观基础上的。在仁爱思想上，墨家强调“兼爱”，即一种无差别之爱，这与儒家的等差之爱有较大差别。在“尚同”方面，儒法两家的同是有前提条件的：儒家的同以道为前提条件，道是最高原则，高于任何权力；法家的同以法为前提条件，尽管法家的同未必将君主包含在内，但在君主之下，法是最高原则。与儒家、法家不同，墨家所尚之同是不设条件的，《墨子·尚同》强调无论任何层级、无论什么情况，都要无条件服从上级和权威，“上之所是必皆是之。所非必皆非之”。从一定意义上，可以说墨家的同是无原则之同，这也是墨家思想长期为后世所诟病之处。

在能力标准上，墨子提出辩和道术两个标准。辩主要是政治素质方面的要求。《墨子·小取》曰：“夫辩者，将以明是非之分，审治乱之纪，明同异之处，察名实之理，处利害，决嫌疑。焉摹略万物之然，论求群言之比。以名举实，以辞抒意，以说出故。以类取，以类予。”墨子所说的辩包括两个方面：一是政治判断能力，即能够正确判断是非，循名责实；二是理论素养，包括理论分析和表达能力。除道德修养和政治素养外，墨子认为贤者还要具有广博的知识以及处理各种实际问题的才干和能力，即所谓“博乎道术”，这是墨家思想的重要特征。与儒家相比，墨家更强调实践能力，不仅重视形而上的道，还重视形而下的术，做到理论联系实际，不断提高处理事务的技能。墨家对贤者所应具备的道术要求是建立在智识主义上的，不仅要求有道术，还要求要博。墨子认为，人要通过自身努力，掌握广博的知识，并勤于实践，具备能“从事”的能力。官吏要亲力亲为，广泛为民兴利，如《墨子·尚贤中》说的“贤者之长官也，夜寝夙兴，收敛关市、山林、泽梁之利，以实官府……贤者之治邑也，蚤出莫入，耕稼、树艺、聚菽粟”。关于道术与博的标准，墨家具体论述得并不多，亦无具体可操作的评价标准，但通过墨家代表人物的行为事迹，我们知道，在先秦诸子中，墨家是最重视自然科学知识的学派之一，并将这些知识用于生产和政治实践，最著名的就是墨家掌握一定的物理科学知识，善于“防御守备”之术。

在人才评判标准上，墨家强调以实践效果作为评判人才的依据。在这种思想指导下，墨家提出评判人才的一系列方法。首先要通过“听言、迹行、察能”来评判人才，即通过语言、行为和能力进行综合判断。通过“听言”判断其人是否明道，是否具有广博的知识；通过“迹行”判断其为人处事是否合于道；通过“察能”判断其是否真正具有实践能力。在行为动机与行为效果上，墨家也主张以用人效果作为评价人才的依据，即“合其志功而观焉”，志就是行为动机，功就是行为效果。《墨子·鲁问》篇记载了墨子与鲁国国君的一段对话：国君问墨子，他有两个儿子，一人好学，一人喜欢把财物分给别人，哪一个更适合做太子。墨子回答说，无法判断，因为他们的行为动机不清楚，就像钓鱼者的恭敬不是为了对鱼的恩赐，用饵来诱捕老鼠并不是对老鼠好一样。要判断谁适合做太子，就要综合判断他们的行为动机与效果。对入仕的人才，要根据其履职尽责情况判定其才能，即所谓“以官服事”，用所规定的职责内容来考核官员是否很好地完成了工作任务。

4. 法家明法尚功

法家政治上主张以法为本、以法治国，法家代表人物商鞅通过变法使法家思想在秦国取得了巨大成功，韩非作为杰出的思想家完成了法家思想的理论建构。法家从功利主义原则出发看待君臣关系，构建了以法代替伦理的人才学说，充分体现了法家“重法”的基本思想。

法家明确提出反对以德取人的选任原则，宣扬以功利作为判断人才的标准，造成了法家拒绝德这个人才标准的假象。法家对德的摒弃只是表面现象，实际上，法家也重视人才的道德要求，也有自己的人才标准，法家并没有真正否定德，法家也重贤。韩非对贤有明确的界定，《韩非子·忠孝》明确了贤臣的标准：“所谓贤臣者，能明法辟、治官职以戴其君者也。”在韩非看来，贤德的官吏至少要满足三个要求：首先，彰明法度；其次，恪忠职守；再次，拥戴自己的君主。以上三项要求主要是针对官吏政治素质而言的。法家也重视个人道德修养。与儒家重视个体人格养成、积极有为不同，韩非主张统治者在治国理政中要尽量减少对个体活动和智慧的依赖，而注重运用法律制度规范。《韩非子·解老》曰，“适动静之节，省思虑之费也”。在个人修养方面，韩非提出的静思虑、虚孔窍、内心恬淡无欲等品行要求，与道家思想相同；在政治素质方面，法家的标准与儒家并无二致，其所要求的方正廉直、廉洁奉公、公正无私等标准与儒家没有冲突，只是将儒家重视、强调的由内而外的路径置换为单纯的外在规范，这种规范的内容就是“法”。韩非主张执法治国者首先要“明于公私之分”，特别强调去私心、行公义。韩非就当时社会上广泛褒扬的“圣”“贤”“仁”“忠”“智”“勇”等道德及素质标准一一进行了驳斥。与儒家更重视“德治”能力相比，法家更强调“智术”。智术是法家追求的行政能力，法家要求君主及选任的官吏要善于用法、术、势治理国家社会，官吏目光要敏锐而远大，执法行法要坚决果断、刚正不阿。

在能力方面，法家重视官吏治国理政的实际效果。在选任原则上，法家强调治国理政的实效性，以官吏的行为结果作为判定贤愚能否的依据，以行政管理实践效果作为检验人才的标准。商鞅主张“任其力不任其德”①，“夫民力尽而爵随之；功立而赏随之”②，即以实际功劳取人而不是以德取人。韩非也强调通过实践检验人才的方法，他以大力士和千里马为例进行论证。韩非说，选大力士时仅停留在听取那些应征者们滔滔不绝的谈论中，根本无法辨别谁是真正的大力士，而如果让他们试举沉重的鼎俎，谁是真正的大力士便一目了然。检验千里马也是如此，仅仅通过观察马的牙齿，即使伯乐也难以辨其

① 石磊译注：《商君书》，中华书局，2011，第85页。
② 石磊译注：《商君书》，中华书局，2011，第83页。

优劣，而若让马拉着车奔跑，即使驽钝之人也很容易辨别马之优劣。在强调以实际效果作为判断贤才标准的同时，法家反对以德行取人。商鞅明确反对儒家推崇的道德标准，认为“国用《诗》、《书》、礼、乐、孝、弟、善、修治者，敌至，必削国；不至，必贫”[①]。韩非同样反对以德行取人。在《韩非子·忠孝》中，韩非认为，“天下皆以孝悌忠顺之道为是也，而莫知察孝悌忠顺之道而审行之，是以天下乱”。在官吏选任上，韩非也强调按照实际才能授予官职，即“程能而授事”；还强调所有事情都要选择能力合适的人去办，这叫作“因任而授官”。“程能而授事”与“因任而授官”是官吏选任问题的两个方面。韩非心目中的人才到底是什么样的呢？在《韩非子·说疑》篇中，韩非列举了一系列历史人物，其中十五位“霸王之佐”就是韩非心目中的模范政治人才，他们共同的特征是：

> 皆夙兴夜寐，卑身贱体，竦心白意；明刑辟、治官职以事其君，进善言、通道法而不敢矜其善，有成功立事而不敢伐其劳；不难破家以便国，杀身以安主，以其主为高天泰山之尊，而以其身为壑谷鬴洧之卑；主有明名广誉于国，而身不难受壑谷鬴洧之卑。

通过上述描述，我们可以清晰地看出，韩非理想中的政治人才具有以下共性：一是忠君，二是明法，三是立事。

针对当时各国官吏选任制度的实践情况，韩非进行了尖刻的批评，在《韩非子·八经》中，他明确指出“主母、后姬、子姓、弟兄、大臣、显贤”等血缘贵族集团不仅不是人才，反而是国家“乱之所生”，因此必须将其排除出国家管理者之列。韩非提出以“任法尚功”代替“亲贵合一”的原则，主张“见功而与赏，因能而授

---

① 石磊译注：《商君书》，中华书局，2011，第40页。

官”。韩非彻底否定了儒家尊重血缘伦理的文化与政治传统，将人才评判与官吏选任局限于“耕战之士”。对建立在血缘伦理基础上的传统选任观念而言，韩非的人才思想是一种异端思想，但对批判积弊甚深的传统人才观念具有重大意义。韩非及法家人才思想具有高度理性的特征，从现代政治及行政管理方面看，仍具有重要启示意义。然而，韩非的人才思想完全出于政治现实要求，将人才评判局限于以耕战为核心的行政领域，将人才评判标准局限于法治一隅，难免失之偏颇，也难以完全适应传统社会治理需要。因此，韩非的人才思想有其先进之处，但也带有很大片面性。

5. 兵家明德尚谋

春秋战国时期，军事在政治生活中占有特殊地位，军事人才是各国竞相争夺的宝贵资源，兵家在百家争鸣中占有举足轻重的地位。与政治领域的争论相比，军事领域相对单一，兵家的人才观也不是针对普通治国理政和行政管理人才的，而是主要聚焦于军事统帅人才，人才标准也是以军事能力为主。在古代社会，军事是国家最重要的事务之一，《左传》中即有“国之大事，在祀与戎”的说法。尤其是春秋战国时期，军事的重要性更加凸显，军事活动与国家治理密不可分。军事统帅的才能与任选不仅直接关系着战争的成败，还关系着一个国家人民的生命安全和政权的安危存亡。被后世奉为兵学圣典的《孙子兵法》开篇即说：“兵者，国之大事，死生之地，存亡之道，不可不察也。”兵家直接面对的是关乎生死存亡的残酷战争，将帅在战争中发挥着极为关键的作用，与其他各家学派相比，兵家更加重视人才的作用。《孙子兵法》认为，将帅不仅直接关乎战争胜负，还关系到国家安危，“故知兵之将，生民之司命，国家安危之主也”。尽管《孙子兵法》有过分夸大将帅作用的倾向，但与儒家所说的“以之军旅有礼，故武功成也”“有礼无败”等思想相比，兵家思想更符合当时的实际。从人才选任制度层面看，兵家对将帅作用的强调，本身就是对世卿世禄制度的否定，与其他各学派的尚贤思想是完全一致的。

兵家并不是孤立地看待军事和战争本身的，而是综合考虑战争行动关涉的各种因素。《孙子兵法》起始篇即提出战争的“五事”，即“道”“天”“地”“将”“法”。“道”是政治因素，“天”“地”是自然因素，“法”是社会因素，其中最重要的是政治因素，只有“将”相对而言是纯粹的军事因素。持这种思想的不只是孙武，春秋战国时期的许多杰出军事家往往都是治国理政的贤才，他们不仅重视战术问题，更重视军事战略，将军事视为国家治理体系的有机组成部分。春秋战国时期涌现出大量杰出军事家，从总体上看，兵家秉持的多是一种系统军事观和战争观，这也是我国古代军事思想的优秀传统。正是由于这个原因，兵家的人才观与行政领域的官吏选任不是割裂的，而是密切关联的。

与系统战争观相适应，在将帅选任与评判标准上，兵家并没有片面强调军事统帅的军事素质和军事指挥能力，相反，兵家十分重视军事人才的品德、素质和综合能力。在道德品行上，兵家强调军事人才首先要有正确的军事观和战争观，具体而言就是“以道为首”，这是《孙子兵法》对将帅的普遍要求。在《孙子兵法·计篇》所强调的“五事”中，第一“事”就是“道”，“道者，令民与上同意也，故可以与之死，可以与之生，而不畏危”。可见，《孙子兵法》中“道”的关键和核心是“民”。《孙子兵法》中的战争观并非简单建立在功利主义之上，而以“民”能与“上”同生死共患难作为有“道”的标准。尽管《孙子兵法》将军事行为视为“诡道”，但这仅是战术层面的意义。在战略上，《孙子兵法》反复强调，一国家一个集团内部要上下同心，生死与共。要想做到这一点，前提是为“上”者做到对人民仁爱，这其中蕴含的是民本思想、仁政思想。“以道为首”不仅是军事的指导原则，也是日常政治实践的原则要求，具体体现在兵家人才观念上，要求统治者和各级官吏要以人民和国家的利益为根本，最大限度地调动人民的积极性，军事统帅必须具有“进不求名，退不避罪”的无私奉献精神。

从人才选任及其要求看，兵家关注的重点集中在将帅身上，除对将帅德行素质的普遍要求，还有针对具体军事活动的特殊能力要求，概括而言，主要包括谋略、勇武等。对于高级将帅而言，最重要的能力就是运用谋略的能力，这也是兵家思想的主要内容。在“以道为首”的总体原则之下，《孙子兵法》还提出了军事人才即“将”的“五德并举”要求。所谓“五德”，指“智、信、仁、勇、严”。将帅要同时具备“五德”，不可偏废。“智德”指军事统帅的智谋水平，主要包括预见与判断能力、谋略与应变能力等，要能做到“先见而不惑，能谋虑，通权变也”。兵家所要求的智德不仅适用于军事人才，其实同样也适用于一般行政管理人才。“信德”指军事统帅的信用和威信。信用和威信是相互依存、互为因果的，信用是威信树立的前提和基础，威信是信用的必然要求，要做到言必信，行必果，赏罚有信。“仁德”指仁爱之心，将帅要关心爱护下属、爱护百姓。《孙子兵法》认为，仁德是军队凝聚力和战斗力的基础，这是取得军事成功的重要条件，也是军事统帅必须具备的道德修养。在对待下属的态度上，《孙子兵法》提出，要“视卒如婴儿，故可与之赴深谿；视卒如爱子，故可与之俱死”。“勇德”既包括对军事人员的一般性勇猛要求，还包括对将帅而言的坚忍不拔的意志力和为道义不怕牺牲的大无畏气概。“严德”是仁德的对立面，二者是对立统一关系。严德指严明法纪。在军队治理和军事行动中，军事统帅不仅要树立个人威严，还要用严德来服强齐众，用威刑来整肃三军。军事统帅具备仁德的同时，必须具有严德，只严不仁将导致众叛亲离，只仁不严则会缺乏约束力，军队就会成为一盘散沙，所以要做到宽猛并用，刚柔并济。

6. 道家崇道尊德

先秦各学派中，道家的人才思想特色最为鲜明。在社会普遍尊崇人才的氛围中，唯有道家独树一帜，反对尚贤，老子明确提出“不尚贤，使民不争”的口号。在人才观念及标准要求上，道家思想也独具特色。一方面，在政治领域，道家反对贤人政治，甚至要求社会绝圣弃智，反对社会普遍认可的道德观念。另一方面，道家又将道和德提升到前所未有的高度。道家人才观是建立在道法自然的自然宇宙观、消极倒退的历史观及无为而治的治国策略基础上的。在人才观上，道家与儒、墨、法、兵等学派不同，很少正面讨论贤人问题，也很少从社会现实层面谈论圣贤标准，更没有直接为统治者设计具体政治人才标准。因此，有人认为道家思想并不涉及政治领域中的人才问题。这完全是一种误读。无论是老子还是庄子，尽管都没有直接谈论政治人才，但都将人才思想蕴含于其修身处事原则和哲学思想中。

老子将当时社会普遍推崇的仁义道德观念视为社会退步的表现。《老子·第三十八章》中说，“故失道而后德，失德而后仁，失仁而后义，失义而后礼”，而礼恰恰是“忠信之薄，而乱之首”。然而，老子并不是从根本上反对人才，也不是真正反对尚贤，老子心目中的贤者形象及治理策略与其他各家存在比较大的差异，老子反对尚贤只是对当时贤者标准的一种讽喻。老子同样推崇贤者，主张实行贤人政治。老子心目中最高境界的贤者是“圣人”，帛书《老子五千言》中，论述圣人的内容涉及26章，共31处。老子说：“圣人恒无心，以百姓之心为心。”老子说的圣人就是指符合“道”要求的贤者。圣人不能以自我为中心，要顺应百姓的意志。道家推崇圣人、至人，本质上也是尚贤的表现。《汉书·艺文志》记载：“道家者流，盖出于史官，历记成败存亡祸福古今之道，然后知秉要执本，清虚以自守，卑弱以自持，此君人南面之术也。”这段话不仅说明了道家人才观的标准与特征，即“清虚以自守，卑弱以自持”，还深刻分析了其思想根源，认为史官既掌史事之记载，对天人时空有深切的体验，又将体验到的宇宙变与不变的道推衍到人类社会，这是道家人才观念的哲学基础。

在道德品行方面，尽管老子说过反对道德，但他反对的只是当时社会普遍认可的世俗道德，并没有从根本上否认道德，而且还对道德提出了极高的要求。《老子·第四十九章》强调善的重要性："圣人恒无心，以百姓之心为心。善者善之，不善者亦善之，德善也。"在老子看来，贤者要广具爱心，不能有自己的私心，要以人民之心为心，人民的利益就是圣人的准则。圣人应当为天下人谋利益，不但要为天下人兴利，还要为天下人除害。圣人为天下人做事，但不能以救世主自居，在人民面前要谦逊，将自己置于人民之后。《老子·第六十六章》曰："是以欲上民，必以言下之；欲先民，必以身后之。"老子的这种思想不免有保护自身之嫌，但同时也是对政治人物的要求。

在能力标准上，道家与先秦其他学派也存在很大差异。道家以自然天道观为哲学基础，主张"绝圣弃智""绝仁弃义""绝巧弃利"，回归"见素抱朴""少私寡欲"的蒙昧状态。道家对个人才能及修养的态度并不是绝对的消极，相反，道家高度重视个人的自我修养，只是在内容要求及修身方法上与其他学派存在差异。在尚虚、贵柔哲学思想的指导下，老子强调谦逊，不要盛气凌人。《老子·第二十二章》曰："不自见，故明；不自是，故彰；不自伐，故有功；不自矜，故长。"在《老子·第二十四章》中，老子又从反面说明这个问题："自见者不明，自是者不彰，自伐者无功，自矜者不长。"道家将个人的谦虚品格与君主和官吏的治国理政能力相联系，认为只要按照尚虚原则修养人格，自然可以达成能力目标。这在逻辑上与儒家"内圣外王"的思想是相通的，以无为达到无不为的目的，"是以圣人终不为大，故能成其大"。在物质利益与精神价值的关系上，道家提倡清心寡欲、洁身自爱，反对追名逐利；提倡不计较个人的荣辱得失，反对人为外物所累。在行事原则上，道家坚持辩证的思维方式，提倡无为，要做到败不馁、胜不骄。老子的个人修养学说不仅仅针对普通百姓，同样适用于君主和官吏队伍。后来的历史发展实践证明，老子及道家思想可以被运用于政治实践，战国时期道家思想与名家、法家思想相结合，发展为黄老之学。西汉初年黄老思想被直接用于治国理政，一度成为主流政治思想，开创了黄老政治局面。

与其他各学派相比，老子的人才学说不仅在内容上独树一帜，在论述方式上更是与众不同。老子的人才思想不是直接针对社会实践而发的，而是将人才标准、尚贤原则放置在哲学层面展开论述，将具象的人才学说抽象为关于人生的普遍哲学，对人才的本源、客观存在性等问题都有论述。在尚贤与人才标准问题上，先秦其他学派普遍偏重于人才在现实政治、社会中的功利作用，尤其偏重人才的政治军事才能。老子及道家学派不仅在具体主张上与其他学派存在很大区别，而且其思辨水平和抽象能力也要高出一筹，论述方式别具一格，在先秦诸子百家中独具特色。

春秋战国时期，无论是管子学派，还是儒、法、道、兵各家，都有其各自的人才理论，这是各学派政治思想、社会思想的重要组成部分，也是百家争鸣的重要内容。各学派根据官僚政治体制需要，从不同层面、不同侧面提出了人才选任的不同标准，概而言之，不外乎德与才两个方面。各学派尽管存在巨大差异，但都倾向于坚持“德才兼备，以德为先”的原则。从具体内容看，在德与才的具体标准上，各学派存在很大差异，有的甚至尖锐对立，但都包含着合理成分，有适应当时社会需要的一面。时至今日，先秦诸子的人才思想仍有许多借鉴和启示意义，是中国古代政治智慧的结晶与思想宝库。

第三章 察举、征辟与选任文化

西汉是中国封建官僚政治体系发展的定型时期。这一时期的官吏选任制度包括察举制度、征辟制度、任子制度、赀选制度、军功制度等多种方式，其中最为重要的是察举制度和征辟制度。汉代官吏选任制度对后世封建王朝产生了深远影响，尤其是察举制度，得到后世封建王朝统治者的高度认可。

察举制度是两汉时期主导性选官制度，承袭了先秦乡举里选与诸侯贡士制度，又吸收了战国时期的官吏荐举制度。与察举制度并行的是征辟制度，征辟是皇帝征聘和官员辟召两种制度的合称，但二者之间存在重大差别。征聘是皇帝按照需要不定期进行人才选拔的制度，实为制度化的察举选官制度之补充；辟召则是中央和地方官员自主辟除属吏的制度，通过辟召选拔的人才只能充当吏员而非正式官员。两汉时期，官员和吏员是相通的，吏员是士人入仕的基本渠道，察举和征辟是紧密衔接为一体的。

曹魏以降，士族阶层的兴起推动了选官制度的演进，选任制度发生重大转型，察举制度的地位和作用大幅下降，但察举制度并没有随之消失。在以九品中正制为主导性选举制度的魏晋南北朝时期，察举制度作为一种官吏选任形式始终存在，其制度程式与精神依然不断发展演进，并在某种程度上孕育出科举制度之萌芽。魏晋以后，征辟制度依然存在，但吏员与官员逐渐分途。

一、察举方式与精神

察举制度是一种由各级官吏向中央政府举荐人才的制度。察举是一种自下而上的选举模式。负责察举的官员依据乡里评议及自己考察的结果向中央举荐人才，被举荐的人才按照相应程序通过考察后进入仕途，或直接被授予官职，或被各级行政长官直接辟除为吏员，或被选入太学学习。在封建君主专制体制下，皇帝是一切事务的最高决策者，在官吏选任及制度设计中发挥决定性作用。汉代的察举，由皇帝根据需要发布诏令，规定察举制度程式，明确察举科目及要求，因此察举制度又被称为“制举”。

两汉时期，察举制度的发展演进大致可分为三个阶段：第一阶段是汉高祖至汉景帝时期，这是察举制度的萌芽阶段；第二阶段是汉武帝至西汉末年，这是察举制度的确立与发展时期；第三阶段为东汉时期，这是察举制度的改革转型与衰颓时期。

察举制度萌芽于汉高祖时期。汉初，人才选拔主要以军功集团及贵族子弟为主，难以适应国家治理需要，朝廷亟须选拔补充大量治国理政人才，尤其是刘邦陆续剪灭异姓诸侯王后，当时的人才选拔与官吏选任模式的弊端更加凸显。《汉书·高帝纪下》记载，汉高祖十一年（公元前196年），刘邦颁布诏书，要求各地郡守举荐本地“贤士大夫”，报送京师，对不认真贯彻执行的予以处罚，对发现人才而不上报的郡守免官。汉高祖的“求贤诏”既是对战国时期国君求贤政策的赓续，又对荐举程序、人才标准等提出了一些具体要求，初步具备了汉代察举制度的主要特征，通常被认为是察举制的先声。但“求贤诏”中没有规定具体察举科目，只是泛泛要求“其有意称明德者”。汉惠帝、汉高后时，曾下诏举“孝悌力田”，这是最早的察举单项科目。汉文帝时期对察举科目、考核方式都做了具体规定，初步实现了察举人才的制度化。

汉武帝以前是察举制度初创时期，尚未形成定制，察举往往由皇帝根据需要临时制诏。汉武帝时期察举制度走向成熟，《汉书·董仲舒传》记载，汉武帝元光元年（公元前134年），董仲舒在其对策中提出进一步强化尚贤传统，建议将荐贤举能作为考察官员能力的重要内容，建立系统性选贤制度。列侯、郡守及其他二千石官员每年都要推荐两人担任皇帝宿卫。经考核，所贡之人确为贤者，对荐举官员进行奖赏；反之，荐举官员则要受到处罚。汉武帝采纳了董仲舒的建议，将郡国不定期举孝廉改为每年举行一次，郡国举孝、廉各一人。从此，郡国岁举孝廉的制度便确定下来了。察举作为一种主要选官方式被确立下来后，除常科每年举行一次外，还根据需要不定期举行诸特科察举。汉昭帝以后，孝、廉合并为一科。无论是从荐举的次数还是从选拔人数上，孝廉科都是两汉最重要的察举科目，孝廉科的出现也是察举制度走向成熟的重要标志。

两汉的察举科目众多，其间也不断调整，大抵而言，可归纳为常科和特科两类。所谓常科，指每年举行的较为固定的察举科目。两汉较为固定的察举科目有孝廉、茂才、察廉、光禄四行等。所谓特科，指因时因事而临时设置或不定期实施的察举科目。特科又可分为常见特科和一般特科。常见特科主要包括贤良方正、贤良文学等，一般特科主要有明经、至孝、明法、有道、敦厚、尤异、治剧、明阴阳灾异、勇猛知兵法等。除正常察举途径外，朝廷如有临时需要，公卿亦可随时举荐人才。东汉明帝时，王景被司空伏恭辟为吏员。当时急需治水人才，有人推荐王景，汉明帝直接委任王景与将作谒者王吴共同负责治水事宜。汉桓帝时，赵岐被辟为司空掾，当时正值南匈奴、乌桓、鲜卑反叛，一些公卿大臣举荐赵岐，汉桓帝直接擢拜赵岐为并州刺史。很显然，王景治水、赵岐超迁刺史，都是因临时之需而被举荐的，其升迁速度也远远超过了正常被察举者。

中国古代社会是分化程度不高的农业社会，君主专制为基本政体形式，很容易导致各种行政非理性现象，尤其是以血缘为基础的贵族政治因素影响深远。春秋战国之际，随着各国变法运动的开展，基于分封制的世卿世禄制度遭到巨大冲击，基于行政理性和现实治国理政需要的官僚制度逐渐形成。汉承秦制，一方面继承了秦朝官僚制度乃至其组织体系，一方面又通过察举制度纠正了秦朝行政体系中的极端性和片面性。多数学者认为，秦朝以来按照法家理论建立起了一套科层式官僚组织体系，尽管无法与成熟的现代文官制度比拟，但在维系庞大帝国的治理方面发挥了重要作用。

察举制度承续了乡举里选等传统选举方式的合理因素，进一步强化了人才选拔的地缘因素。同时，察举制度又是基于行政理性和现实需要而创立的官吏选拔制度，其开放平等、量能授职等原则都是行政理性化的体现。从这种意义上说，察举制度是对先秦以血缘为基础的世卿世禄制度的一种彻底否认。察举制度承续了古代政治传统中的“贤贤”精神，摒除了“亲亲”原则。无论是哪个察举科目和何种察举标准，强调的都是官吏在某些方面的优秀素质，而这些素质都是由个人后天因素所致的，而非与生俱来的先赋性素质。因此，从理论上说，察举制度是比世卿世禄、葆子制度更为优越和合理的选任制度。

1. 选贤与能与乡举里选

作为中国传统政治思想和选举原则，尚贤传统由来已久。即使是西周以世卿世禄制为主导的分封制时代，尚贤思想也得到普遍认可，并形成原始选贤任贤制度，西周时期的诸侯贡士及乡举里选制度都是这一思想的体现。春秋战国时期，无论是出于各国君主现实治国理政需要，还是从政治传统方面，尚贤思想被政治家和思想家普遍认可。儒家将尚贤作为实现政治理想的必由之路。墨家则将尚贤作为为政之本，《墨子》中有《尚贤》专章，明确提出“夫尚贤者，政之本也”。汉代察举制度承继了西周时期的贡士和选举制度中的尚贤传统，并在选举程序及具体措施上借鉴或沿袭了西周的一些做法，《礼记·礼运》说“大道之行也，天下为公。选贤与能，讲信修睦”。

汉代察举制度的精神与察举制度设计在相当程度上承袭并借鉴了西周时期的乡举里选制度，由郡国守相从乡里基层考察举荐人才，因此汉代察举仍有乡举里选之称。乡举里选具有官吏选任与社会教化的双重意义。汉代察举极其重视士人在基层社会的声誉，士人必须获得乡里认可或为乡里表率才有被荐举的资格，这既是西周政治传统的延续，也体现了汉代统治者对基层社会的重视。不能博得乡里赞誉，很难通过察举进入仕途，一代史家司马迁直到晚年仍对“长无乡曲之誉”愤懑不已，东汉名士王符因“为乡人所贱”而终身不仕。

乡举里选不仅具有选举人才的意义，还蕴含着重视教化的政治传统与治国理政策略。汉代主要按照儒家确定的道德行为规范选拔官吏，重视发挥各级官吏在基层社会的教化功能，适应社会分化不充分的传统社会治理需要，对国家长治久安和社会稳定具有重要意义。汉代号称以孝治天下，对社会教化尤为重视，不仅鼓励支持高级官员推行教化，同时重视发挥基层低级官吏的教化功能，这一点在汉代皇帝的诏书中时有体现。《汉书·文帝纪》记载，汉文帝十二年（公元前168年）颁下诏书曰：“孝悌，天下之大顺也。力田，为生之本也。三老，众民之师也。廉吏，民之表也。朕甚嘉此二三大夫之行……而以户口率置三老孝悌力田常员，令各率其意以道民焉。”诸如此类的诏令还有很多，无须一一列举。

在传统农业社会，乡村基层不仅是农业生产之根本，也是社会稳定之基础。乡举里选的制度设计，一方面确保了将基层社会最优秀的人才选拔到官僚队伍中，提高了官僚队伍了解基层、服务基层的素质和能力，适应了农业社会治理的需要；另一方面，察举制度注重官员队伍在乡里基层社会的认可度和影响力，也适应中国传统社会以德治国的理念和教化为先的基层社会治理模式。

2. 察人有责与荐人担责

官员察识荐举人才是察举制度最重要的特征，也是察举选人过程中最重要、最关键的环节。向中央荐举人才是高级官员的权力，同时也是一项义务。汉代具有察举人才资格和义务的官员历代略有不同，具体由皇帝以诏书形式确定。汉高祖十一年（公元前196年）的“求贤诏”中，明确规定了察举程序及察举官员，地方郡守是察举的主要责任人。郡守将荐举人才的“行、义、年”，即事迹、状貌、年龄，以书面形式署明，上报到中央政府。郡守是地方最高行政长官，自然负有向中央荐举人才之责任。

除郡守外，中央政府机构中俸禄二千石以上的官员也负有荐举人才的责任。西汉建元元年（公元前140年），汉武帝规定荐举官员包括丞相、御史、列侯、中二千石、二千石、诸侯相；西汉元寿元年（公元前2年），汉哀帝规定荐举官员包括公卿、将军、列侯、中二千石；东汉建武七年（31年），光武帝规定荐举官员包括公卿、司隶校尉、州牧。因职官设置变化，不同时期负有荐举责任的官员有所不同，但基本范围是稳定的，主要为中央政府公卿、将军、郡守、列侯和其他二千石及以上官员等。对荐举官员而言，按照要求向中央荐举人才是一种刚性义务，察举制度确立之初便有明确要求。《汉书·武帝纪》记载了对荐举不力官员的处罚规定：“不举孝，不奉诏，当以不敬论。不察廉，不胜任也，当免。”荐举人才并不是地方官员自然拥有的权力，汉初，汉法规定郡守任职一年以上者才能荐举人才；东汉延光四年（125年），汉安帝取消了地方官员察举孝廉资格的任职时间限制。

察举制度能否很好地贯彻执行，负有察举责任的官员的德行及识人的素质能力是否过硬至关重要。察举是一项权力，也是对负有荐举责任官员的一种考课。为了保证选拔人才的有效性，汉代建立了荐举责任制度。荐举责任分为直接责任和连带责任两个方面。

所谓直接责任，指要按照察举员额任务保质保量荐举人才，完不成规定任务或荐举人才不合格者，要承担责任。《汉书·武帝纪》记载，西汉元朔元年（公元前128年），因郡国岁举孝廉不力，汉武帝颁布诏令，明确郡国察举职责："且进贤受上赏，蔽贤蒙显戮，古之道也。其与中二千石、礼官、博士议不举者罪。"汉武帝时这一处罚规定得到落实。《汉书·杜周传》记载，西汉哀帝时，杜业任太常，因选举不实而遭司隶校尉举奏，杜业被免官。东汉立国之初，重申选举不实法，据《后汉书·孝和孝殇帝纪》注引《汉官仪》记载，光武帝规定，如果被举荐者"有非其人，不习曹事，正举者故不以实法"。《后汉书·胡广传》记载，胡广担任济阴太守时，就曾因"举吏不实"而被免官。可见，汉代对官员荐举不实的处罚政策是一以贯之的，制度执行也是很严格的。

所谓连带责任，指举主对所举之人负有一定保任责任，若被举者进入官僚队伍后品行不端、能力不足或有违法犯罪行为，举主要承担一定责任。《史记·范雎蔡泽列传》记载："秦之法，任人而所任不善者，各以其罪罪之。"汉代察举制度不是典型的保任制度，但为了保证荐举人才的质量，仍在一定程度上沿袭了举主连带责任制。从现有汉代史料看，这种责任制度似乎并不严密，也没有严格执行，对荐举人的处罚似乎要比秦朝轻得多，重者免官，轻者仅"责让"而已。至于举主在多长时间内和何种程度上对被举者负责，未见有明确规定，但这种责任制度的存在是没有疑问的，《后汉书·百官志》注引《汉官仪》，"及刺史、二千石察茂才尤异孝廉之吏……有非其人，临计过署，不便习官事，书疏不端正，不如诏书，有司奏罪名，并正举者"。举主因荐举非其人或因被举者违法犯罪而被处罚的例子也屡见不鲜。《汉书·陈汤传》记载：汉元帝时，列侯张勃荐举陈汤为孝廉。后来，陈汤犯法，张勃受到陈汤牵连，被"削户二百"。张勃薨后因之赐谥曰缪侯。这是我们能够见到的汉代因荐举不当而对举主处罚最严厉的一例了。两汉史籍中还有不少官员因荐举责任而遭处罚的事例，但往往与政治纷争相关，因人因事而异，很难归入连带责任之列。

3. 德才并重与以德为先

汉代察举制度是官吏选任最重要的方式，该制度在很大程度上是由儒家士人推动的。《汉书·董仲舒传》记载："自武帝初立，魏其、武安侯为相而隆儒矣。及仲舒对册，推明孔氏，抑黜百家。立学校之官，州郡举茂才孝廉，皆自仲舒发之。"因此，汉代察举与选任都是以儒家思想和伦理道德为指导的，儒家的重孝、尚贤、德治思想成为确定察举标准的基本依据。在各种察举科目中，孝廉一直占据主导地位。郎官、从官直接为皇帝服务，是汉代重要的高级官员培养渠道。郎官、从官的选择也将德置于首要位置。《汉书·元帝纪》记载，西汉永光元年（公元前43年），汉元帝下诏书于丞相、御史大夫，令郡国荐举质朴、敦厚、逊让、有行者四类人才。同时，令光禄勋也按照这四个标准每年考核郎官及其他从官。"质朴、敦厚、逊让、有行"后来被称为"光禄四行"，这些标准显然都是从道德角度出发的。当德与才发生冲突时，往往采取"以德为先"原则。这一原则在试职之法中得到充分体现。《后汉书·孝和孝殇帝纪》记载，东汉永元五年（93年），汉和帝下诏要求"又德行尤异，不须经职者，别署状上"。这则诏书说明，德行突出的人才可以免除试职环节。

汉代选任官吏，重视道德标准，但道德并非唯一要求。察举制度是一种具有较高开放性的制度，制度刚性与灵活性相结合，在制度有效执行时，能按照行政理性要求，根据现实需要调整察举科目。察举特科就是这样出现的，如茂才、勇猛知兵法等科目都是根据现实需要设置的。《汉书·武帝纪》记载，西汉元封五年（公元前106年），汉武帝颁布诏书曰："盖有非常之功，必待非常之人，故马或奔踶而致千里，士或有负俗之累而立功名。夫泛驾之马，跅弛之士，亦在御之而已。其令州郡察吏民有茂材异等可为将相及使绝国者。”《汉书·成帝纪》记载，西汉元延元年（公元前12年）发生日食，汉成帝恐天下有变，下诏令“北边二十二郡举勇猛知兵法者各一人”。其后，尽管名称有所不同，“勇猛知兵法”成为选拔武官的基本科目和主要评判标准。

察举制度推举人才具有广泛社会性，人才选拔类型不拘定法，在以德为先的前提下，才能的认定标准是多元开放的。汉代重视儒学，但即使在汉武帝“罢黜百家，独尊儒术”后，儒家经学也不是人才选拔的单一知识标准。作为察举科目，明法与明经同样受到重视，对汉代政治产生了重要影响。仅从选举层面看，多元化人才评价标准，使各种不同类型的优秀人才都能有机会充实到官僚队伍中，适应了官僚体制对不同类型管理人才的需求。司马迁在《史记·龟策列传》中总结了汉武帝上任后的选任用人政策：“博开艺能之路，悉延百端之学，通一伎之士咸得自效，绝伦超奇者为右，无所阿私，数年之间，太卜大集。”班固在《汉书·兒宽传》中生动形象地描述了武帝至宣帝时期察举制度下的人才盛况，兹录于下：

> 汉之得人，于兹为盛，儒雅则公孙弘、董仲舒、兒宽，笃行则石建、石庆，质直则汲黯、卜式，推贤则韩安国、郑当时，定令则赵禹、张汤，文章则司马迁、相如，滑稽则东方朔、枚皋，应对则严助、朱买臣，历数则唐都、洛下闳，协律则李延年，运筹则桑弘羊，奉使则张骞、苏武，将率则卫青、霍去病，受遗则霍光、金日磾，其余不可胜纪。……孝宣承统，纂修洪业，亦讲论六艺，招选茂异，而萧望之、梁丘贺、夏侯胜、韦玄成、严彭祖、尹更始以儒术进，刘向、王褒以文章显，将相则张安世、赵充国、魏相、丙吉、于定国、杜延年，治民则黄霸、王成、龚遂、郑弘、召信臣、韩延寿、尹翁归、赵广汉、严延年、张敞之属，皆有功迹见述于世。

以德治国是中国古代优秀文化传统，察举制度的人才选拔标准充分体现了德才并重、以德为先的选任原则，充分体现了中国古代政治智慧。尽管因为吏治腐败等原因，这一原则有时不能真正贯彻执行，但这种人才选用原则是科学先进的，不仅适用于传统社会官吏选拔，在现代社会仍具有参考借鉴价值。无论是西方文官制度还是我国公务员选拔制度，德才兼备、以德为先仍是人才选拔不可逾越的基本原则。

4. 公开平等与选考结合

察举是以推荐为主要方式的选官方式，但推荐并不是官吏选拔的唯一环节，汉代察举制度与考试制度结合在一起。从被察举者资格可以看出，尽管对察举和入仕资格做出种种限制，现实中真正能接受文化教育者少之又少，被荐举之机会更加渺茫，但至少在精神价值及理论层面，察举是面向社会绝大多数平民开放的，具有公开选拔性质。察举制度不实行个人自荐，被荐举的前提和关键是获得举主认可。察举主要是由二千石及以上官员具体负责的，为了保证荐举人才的质量，西汉察举制度形成之初便采取考选结合的模式，有学者甚至将之作为科举制的前身。从一定意义上说，汉代察举制其实是推荐与考核相结合的制度，有的先选后考，有的先考后选，如汉代在察举贤良方正时，即有策问之试。

所谓策问，其实就是由皇帝亲自主持的一种考试，但没有形成制度化考试机制。策问具体采用两种方式：一是对策，针对给出的命题发表观点和主张；二是射策，从预先设计的一些题目中以抽签方式确定具体题目。《汉书·萧望之传》中颜师古注曰：“对策者，显问以政事经义，令各对之，而观其文辞定高下也。”“射策者，谓为难问疑义书之于策，量其大小署为甲乙之科，列而置之，不使彰显。有欲射者，随其所取得而释之，以知优劣。”策问之法本质上是以文学与政论为考核内容的综合考试，成绩由皇帝钦定，不确定性很大，不是一种制度化规范化的考试。策问成绩有高第和下第之分，如“刚直高节，志在奉公”的盖宽饶的对策成绩为上第，官至丞相的公孙弘的对策成绩刚开始被太常评为下第，汉武帝阅后调整了其成绩，直接将其擢为第一。

从制度创立到东汉顺帝阳嘉年间，察举制以荐举为主、考试为辅。从阳嘉孝廉考试改革开始，察举制进入荐举与考试相结合的阶段。东汉从光武帝开始，逐步强化对被举者的考试，除了皇帝有时亲自主持策问外，在机制上加强了对被举者的复试与考核。卫宏《汉官旧仪》记载，丞相负责茂才科目复试，谏大夫、议郎、博士、诸侯王傅、仆射、郎中令等负责明经科复试，廷尉正、监、平负责明律令科复试等。对复试合格者不是直接授予官职，而是规定一年的实习期，称“试守”，实习期结束后方可正式授予官职。《后汉书·左雄传》记载，阳嘉改制中，顺帝接受左雄的建议改革考试制度，按照“家法”和“笺奏”分类复试考核，“诸生试家法，文吏课笺奏”，此后成为定制。

东汉时期已经形成了一套较为粗糙的考试制度架构。我们不可过高评价这种考试改革，无论是西汉时期的策问制，还是东汉时期的分科考试制，都不能与后世科举制之“以程文为去留”相提并论。察举考试主要是对荐举结果与制度执行进行的检测，而非因员额限制而采取的竞争性选拔考试。

5. 注重实践与选育并举

汉代选任官吏重视实践能力，荐举对象为吏员或六百石以下低级官吏，他们自然已经具备行政管理能力，而从未入仕的被荐举者不具备行政实践经历，他们中的一部分被辟为政府吏员，一部分被选到太学继续学习或充任郎官。

郎官是皇帝身边的宿卫或谋议之臣，被察举者大多历职郎官后再被授予其他官职。汉文帝时开始授予被举者以郎官之职，冯唐就是以孝闻名而被授予郎官之职者。此后，察举者充任郎官成为常制。《文献通考·选举考》载，“凡汉郡国每岁贡士，皆拜为郎，分居三署，储才待诏，无有常职”。“皆拜为郎”的说法有以偏概全之嫌，但郎官制度在储备与培养官吏方面确实发挥了重要作用。随着察举制度的完善，东汉时期实施了制度化的试职制度。试职制度始行于东汉光武帝时期。《后汉书·百官志》注引《汉官仪》世祖诏曰：“方今选举，贤佞朱紫错用。……自今以后，审四科辟召，及刺史、二千石察茂才尤异孝廉之吏，务尽实核……务授试以职。”光武帝以后，类似诏令不断重申，说明东汉时期察举试职制度得以实施。

东汉的试职制度并不仅限于察举后“授试以职”，而且要求被荐举者在察举之前要有一定从政经历。《后汉书·肃宗孝章帝纪》记载，东汉建初元年（76年），汉章帝的诏书中有“夫乡举里选，必累功劳”的规定，“功劳”自然是对官员或吏员而言的。《后汉书·孝桓帝纪》记载，东汉本初元年（146年）汉桓帝的诏书对察举资历规定得更为具体：“孝廉、廉吏皆当典城牧民，禁奸举善，兴化之本，恒必由之……其令秩满百石，十岁以上，有殊才异行，乃得参选。”按照汉代秩禄标准，“令秩满百石”者就是指吏员。担任吏员十年才有察举资格的规定，似乎有悖察举之意，阎步克先生根据顺帝时左雄改制“孝廉年不满四十不得察举”的规定，认为担任吏员之职十年以上被察举的规定并非不可信。[①]

尽管两汉时期自公孙弘后从布衣至卿相的事例不少，但对绝大多数士人而言，都要经历由吏员向官员转变的过程。尤其是东汉以后，察举甚至形成“察授”和“举吏”两途。在两汉察举制度设计中，重视并不断强化官员、吏员从政实践经历。通过这种方式，客观上将察举制与征辟制更加紧密地衔接起来，形成官员与吏员相通的官吏选任体系。察举制与征辟制相结合的官吏选任方式，对提高官员行政管理能力发挥了重要作用，在某种程度上实现了韩非所

---

① 阎步克：《察举制度变迁史稿》，辽宁大学出版社，1991，第47页。

说的“宰相必起于州部”的行政理性要求。明末清初的顾炎武在评论科举制度之弊病时，仍盛赞汉代察举制度：“是汉时县令多取郡吏之尤异者，是以习其事而无不胜之患。今则一以畀之初释褐之书生，其通晓吏事者十不一二，而软弱无能者且居其八九矣。”①

与世卿世禄、葆子、恩荫及訾选等其他选任制度相比，察举制度建立在行政理性基础之上，以德才为选任标准，以知识能力为基础，体现人才公开选任与公平竞争原则，在中国古代选举制度史上占有重要地位。两汉时期许多循吏良守、名公巨卿，皆出察举一途。察举制度的实践成效，显示出察举制度之优势显著。魏晋南北朝时期，尽管主流选官制度发生了变化，但察举制度因具有合理性仍发挥着作用。汉代察举制度长期被后世称道，绝不是偶然的。当然，我们也不可过高评价察举制度，其本质上还是古典色彩浓厚的一种粗疏的选举制度。察举制度依靠行政长官个人荐举，程式相对简单、原始和粗糙，核心思想是乡举里选，关键环节是官员荐举，尽管有一定复核机制乃至考试制度，但是考试考核始终没有占据主导地位。随着察举制度的施行，各种问题也暴露出来。西汉后期，察举制度逐渐成熟的同时，其弊端亦开始显现。由于吏治腐败，察举中的舞弊行为大量产生，特别是汉成帝、汉哀帝年间尤为严重，被荐举者中，有虚伪饰行欺世盗名者，有空负盛名无实才者。官员在察举中贿赂公行、以权谋私的现象屡禁不止。尽管进行了几次察举制度改革，但随着世家大族势力的兴起及东汉王朝政权的糜烂，察举制度在执行的过程中渐渐背离了初衷，不仅造成了制度本身的崩坏，亦加剧了政治腐败，严重动摇着帝国统治基础，察举制度最终不可避免地走向了衰落，这也预示着新的选任制度即将出现。

---

① 顾炎武：《日知录集释》，黄汝成集释，秦克诚点校，岳麓书社，1994，第296～297页。

二、征辟之途径与旨向

在汉代官吏选任体系中，征辟制度的地位仅次于察举制度。与察举制度自下而上荐举人才相比，征辟制度是自上而下选任官吏。征辟是征召和辟除的合称。征召又称征聘，指皇帝直接聘用各类人才做官的制度；辟除亦称辟召，指各级行政长官任用属吏的制度。被皇帝直接征召者，通常都是享有较高声望的社会名流或有其他特殊才能的高级人才，往往被授予较高的职位，这是士人入仕的一个渠道。通过辟除进入仕途者，按照汉代官吏任用制度，还没有得到皇帝的认可，算不上真正的官员，而是吏员。因此，尽管征聘与辟除合称征辟，但二者实则存在本质差异。征聘与察举都属于政府官员选拔制度，辟除则是行政长官拣选属吏的制度。当然，征聘与辟除在形式上存在共同之处，程序上都极为简约，只需行政长官认可即可直接任命，无须经过荐举考核程序，带有强烈的个人色彩，只不过征聘的长官身份特殊，征聘是皇帝个人的专属特权。

1. 天子征聘

西周时期，征聘制度指周天子从社会或诸侯国直接选用人才的制度。战国以后，在君主专制体制下，征聘成为君主直接选用人才的一种选官方式。汉代以前，这种由君主直接征召人才的选任方式往往因人因时而异，制度化程度很低。作为一种正式的官员选任制度，征召制形成于汉武帝时期。汉武帝初年，儒家思想在统治集团中逐渐被越来越多人认可，改变了文景时期的黄老政治局面。为了简拔人才，汉武帝一方面诏举贤良方正，健全察举制度；另一方面对德高望重的社会名流，直接采用征召的方式礼聘到中央做官。《汉书·武帝纪》记载，西汉建元元年（公元前140年），汉武帝“遣使者安车蒲轮，束帛加璧，征鲁申公”；西汉元光五年（公元前130年），汉武帝“征吏民有明当时之务、习先圣之术者”。被征召之人，不拘一格，凡有专长或被汉武帝看中者，直接被授予官职。汉武帝通过这种方式，选拔了大批人才。汉武帝时期，被征召者不仅有擅长治国理政的政治家、军事家，还有善于理财的经济学家，如洛阳富商家庭出身的桑弘羊被征召成为武帝侍读，后来帮助汉武帝主持经济改革。此外，一批文化名人也被征召到中央政府。《汉书・枚乘传》记载，西汉著名文学家枚乘就是被武帝征召而来的，“武帝自为太子闻乘名，及即位，乘年老，乃以安车蒲轮征乘”。汉武帝喜好方士，一批方士也被征召。《史记・孝武本纪》记载，西汉元光二年（公元前133年），汉武帝在雍城五畤祭祀时偶遇方士李少君，立即把他请到宫中，后来李少君深得武帝宠幸。

两汉时期被皇帝征召到朝廷做官的多是一些德高望重、学识渊博、闻名于世的社会名流。汉宣帝时，夏侯胜因善说礼服被征为博士，急流勇退、不留金钱于子孙的疏广因精通《春秋》也被征为博士。汉元帝时，琅琊人贡禹“以明经洁行著闻”，被征为博士。汉明帝时，郑钧因“好黄老书”而被“公车特征”。汉安帝时，杰出的科学家张衡因精通天文、历算，善为机械巧作，被征为郎中，后迁太史令。被征召拜官者往往都被皇帝委任为咨询顾问或委以朝中政务，深受皇帝器重和信任，其地位和礼遇往往高于一般臣僚，因而征召通常也被认为是两汉最为荣耀的入仕方式。

皇帝为表示对征召者的特殊尊崇，称其为征君。不像察举涉及面广，征召只是针对个别人而进行的，也无期限规定，但重视程度远在察举之上。为了表示对贤者的尊崇，被征者往往被施以殊礼，形成了一套完整的征聘仪式。皇帝派遣使者亲自登门迎接，有时还要求地方官陪同入京。使者迎接应召者时要携带礼品，礼品主要包括绢帛和玉璧，称“束帛加璧”。接送的车马也很讲究，车辆规格为“驷马”拉的大车，称“安车驷马”。为了提高车辆的稳定性和舒适性，还要用蒲叶把车轮包裹起来，称“安车蒲轮”。除了这些仪式上的尊崇外，还规定沿途地方政府负责接待征君，安排他们的食宿，有时还要求地方官员亲自迎送。不仅征召入京的仪式隆重，征君离京的仪式也很隆重，如有的征君不宜留京任职，皇帝也会对其进行褒奖，令其返乡宣传道德文化，为民表率。沿途地方长官及传舍机构同样负有招待之责。征君原籍的地方官要按时节慰问，甚至养生奉死。

汉代尽管已经开始推行大一统的文化政策，但仍给知识分子留下了较大的自由空间，与封建社会后期的极端文化专制政策不可同日而语。汉代统治者对隐身不仕的士人往往格外优容，如汉高祖没能招致“商山四皓”，光武帝则明确表示允许士人守节不仕。虽然皇帝给予征君很高的地位和优礼，但征君也有“聘而不肯至”和“至而不能屈”者。荀恁、魏桓、周燮等人受天子征召后，有的遁入山林隐居不出；有的以疾病为由婉言谢绝；有的坚持守节不仕，“公车连征不至”；有的或碍于礼节或出于无奈，不得不进京面圣，但坚辞拜官，恳求告退。光武帝因念同窗旧谊且赏识严光才华，派人四处寻访严光，准备了马车及布帛，经过三次拜访才把严光请去。光武帝请其留京任谏议大夫，严光坚决辞绝，返乡耕于富春山，留下“垂钓富春江”的千古佳话。汉顺帝派使者带着策书和丰厚的礼物，征召一代名儒樊英入朝为官。樊英称病坚辞。汉顺帝对樊英居所所在的地方官大加斥责，并命令地方官用马车强行将樊英送到京师。樊英虽被迫进京，但仍然推说病重不能入殿面君。汉顺帝命人强行将樊英抬入殿中。汉顺帝极其尊重樊英，甚至行弟子礼，并授予樊英五官中郎将之职。樊英无奈接受官职，但两个月后即辞去官职。汉顺帝无奈，准许樊英以光禄大夫的身份辞官退休。

东汉的征召制较西汉更完备，征召数量更多，在官员选任制度中的地位进一步上升。东汉时期，除了通过太学教育成才外，社会上还有靠家学、自学成才的大批人才涌现。朝廷为了不失贤遗举，不断征召他们，许多有名望的士人被朝廷闻知后被直接征召为官。察举虽为正途，但社会上反而以征召为荣。尽管察举制度业已成熟，但仍难免遗漏贤才，而征召制度可弥补其不足。

这种皇帝直接选任贤才的制度后世一直存在，但在汉代最为发达。即使在科举制度走向成熟后，征召制度依然存在，但其形式意义已大于实质意义。征召制度一方面体现了政府简拔人才、选贤用贤的态度，向天下展示不失贤才、不拘一格选拔人才之意；另一方面，在君主专制体制下，皇权往往凌架于制度之上，通过征召选人正是皇帝所独有之权，皇帝征召将皇权权威性和制度合法性完美结合在一起，二者相得益彰。

2. 官员辟除

汉代官吏队伍可分为两大体系：一是由中央政府选拔并经皇帝任命的官员。他们被视为正式官员，构成了官僚体制的骨架结构，其选拔、使用与管理均由中央政府负责。二是由地方行政长官自行辟除的人员。汉代，中央政府选任的官员人数较少，特别是地方政府官员更少，在郡、县两级，主要官员仅有守令、丞尉等人，根本无法满足行政运行需要。地方行政长官需自行辟除所需的管理服务人员，称辟署。这些管理服务人员称掾、史或掾吏，统称吏员；对行政长官而言，又称属吏；对属吏而言，行政长官则为长吏。

各级行政长官在辟除吏员时，若有与法令制度不合者，必须向皇帝汇报，获得批准后方可执行。汉代规定，地方政府属吏必须从本地人中选任。《汉书·京房传》记载，汉元帝时京房出任魏郡太守，拟在魏郡试行其设计的考课法。为确保新政的实施，京房向汉元帝提出了“用他郡人”的特殊申请。由于汉法规定各级地方长吏辟署必须用本地人，京房欲用他郡人，必须事先向皇帝申请。官员辟署后，若吏员素质不高或品行不端，中央政府亦可随时责令其长官进行调整。《后汉书·张酺传》记载，东汉和帝时，司隶校尉晏称认为，三公府辟除吏员“多非其人”，汉和帝令三公府长官各自对所辟除的属吏进行了一次全面核实。《后汉书·李固传》记载，李固与廷尉吴雄上疏汉安帝，认为三公府不应自由辟除，应由专门机构负责辟除，皇帝没有完全采纳李固与吴雄的建议，但也对三公府辟除属吏过程中存在的问题进行了严厉批评，敕令三公在选聘属吏时要“明加考察”。中央政府还经常以皇帝诏书或法令的形式指导各级行政长官对吏员的辟除和管理，清理整顿吏员队伍。《后汉书·百官志》记载，西汉元寿二年（公元前1年），全国性的上计工作结束后，汉哀帝敕令上计吏向郡国守相传达整顿属吏的命令，要求地方长官不能辟除暴虐之人为吏，对有残暴行为的吏员，立即进行清理。《汉书·哀帝纪》记载，西汉绥和二年（公元前7年），汉成帝要求各级官员对所辟吏员进行一次全面清理，清退“残贼酷虐者”。

对于所辖行政区内德高望重的士人，长吏往往千方百计引致。《汉书·孙宝传》记载，汉成帝时，孙宝为京兆尹，故吏侯文称病不起，拒绝与孙宝合作，孙宝仍坚持以礼相待，“日设酒食，妻子相对”，侯文因此才继续担任京兆府吏员。与孙宝相反，也有长吏以职权强行辟召者。《后汉书·周举传》记载，梁翼为大将军时，常以强权强行辟召，其所征辟之人，无敢不应者。《后汉书·张霸传》记载，汉灵帝时，张玄拒绝了司徒张温的辟除，后董卓专政，以武力恐吓，张玄不得不接受董卓的荐举而担任侍御史。

长吏在辟署时，若违反了国家法令或规定，会受到不同程度的责罚，轻者免官，重者还可能遭受刑罚。《后汉书·冯鲂传》记载，汉明帝时司空冯鲂因在治陇西太守邓融案时“听任奸吏”而被罢免，并削去爵位，收回封地。《后汉书·桓荣传》记载，汉顺帝时，太傅桓焉因辟召“禁锢”者而被免官。《后汉书·陈蕃传》记载，延熹年间，陈蕃曾以“辟召非其人”而被策免。《后汉书·陈宠传》记载，永元六年（94年），廷尉陈宠因其所辟用狱吏与囚犯暗通款曲而被处罚。这类的事例还有很多，无须一一列举，可见官员承担辟人不当责任的规定在现实中得到了落实。与察举责任相比，由于官员辟除吏员有更大的自由度和自主性，而且吏员考核也由辟除官员负责，其承担的责任也更大，责任追究也更严厉。

3. 辟除标准

在道德品行要求方面，吏员辟除标准与察举是一致的，但在文化水平层次、行政技能的一些具体要求上又有所区别。大抵而言，汉代辟除吏员的标准分为道德品行和文化水平两大方面，此外，行政能力也往往是官员辟除吏员的重要标准。

一是道德品行。中国是一个历来重视道德品行的国度，汉代形成成熟的以德治国思想体系和政治机制，并在官吏选任制度中得到充分体现，无论官员还是吏员，道德品行都是重要标准。汉初在黄老思想指导下，谦逊温厚敦良的“长者”不仅在社会上拥有极高的威望，也是政府选拔人才的重要参照。汉武帝以后，随着儒家思想地位的上升，儒家倡导的孝、廉等品行在官吏选任中的地位愈发重要，孝廉逐渐成为最重要的察举科目，士人获得孝廉之举，则获得了为官的资格。

汉代以孝治天下，德行亦以孝为上，当地有名的“孝子”“顺孙”往往被优先辟除。东汉初年，庐江毛义以孝闻于乡里，郡府直接任命毛义为守令（代理县令）。毛义无任何从政经验，且未经任何考核，直接可以做一县之守令，足见品行在汉代官吏选拔中的重要性。尤其是东汉以后，知识分子对名节、品行愈发看重，竞相以博取高名为能，也使汉代士风为之一变。建武末年，江革事母至孝，在乡里有“江巨孝”之誉。为其母守孝结束后，江革立即被郡守辟除为郡吏。东汉地方官员在辟署时，专门设置“孝子”“顺孙”等职位或项目。江夏黄香的母亲去世，黄香举丧过哀，乡人称其至孝，太守刘护闻而召之，署为“门下孝子”。由孝衍生的悌、友等品行同样也可作为辟除吏员的条件。颍川韩棱把数百万余财给了堂弟，以“孝友”闻于乡里，太守葛兴因此辟之为功曹；广汉王忳因路葬书生金彦而以节义显名，为州郡所辟。东汉以后，知识分子对名节的重视及追求走向极致，除以孝行博取高名外，还有以“独行”获高名者，还有以忠于故主而获高名者，有以拒绝政府征辟而获高名者，他们都是各级官员争相辟署的对象。

二是文化水平。吏员与官员不同，吏员无需太高的学识水平，仅需要一些必备的文化知识就可胜任一些低级吏员工作。人们只要掌握一定的文字书写知识，并符合辟除的其他基本要求（如年龄、籍贯、身体健康状况等），即使没有家世背景，都有可能被辟为各级政府吏员。这部分人的文化水平不高，掌握的主要是文字、书算等方面的基本知识，难以跻身士林之列，他们能获得的通常不过是书佐之类的低级职务。如王尊少时好学问，“能史书”，得以求为狱小吏。张既少时因擅长“书疏”，被辟到郡府担任小吏。所谓“史书”“书疏”都是指具备一定的读写能力。政府中的这种低级吏员人数较多，如无特殊际会，很难获取高位。

经学是汉代知识分子进入仕途最重要的渠道。汉武帝“罢黜百家，独尊儒术”后，明经逐渐成为知识分子入仕最重要的资本，儒生成为两汉官僚队伍的基本后备队。明经是高于书算等基本文化知识的高层次文化，担任低级吏员并不要求必须达到这样的文化水平，但担任高级吏员就要求必须具备较高的文化水平，经学是其中最重要的指标。明经既是重要的察举科目，也是辟除的重要名目。各级行政长官常从当地儒生中辟除僚属，汉代因明经而被辟除的知识分子比比皆是，如诸葛丰因明经被辟除为郡文学，孙宝因明经被辟除为郡府属吏，周荣因在察举中中了明经科被司徒袁安辟为属吏。经学名士可以通过察举直接升任为官员，也有很多人先接受辟除，将吏员作为进身之阶。

三是行政能力。行政运作需要掌握一套行政技术知识，官吏要具备一定行政管理能力。吏员在行政实践中熟悉了行政规程，掌握了复杂的行政技术知识，通晓了行政规范甚至官场规则。而且，吏员将这些知识和行政经验在家族之中传递从而造成子孙世代相袭为吏的局面。《汉书·于定国传》记载，东海于公为狱吏，精于断狱，其子于定国少时即跟随其父学法。于公死后，于定国子承父业做了狱吏，最终成为律学大家，后官至廷尉、丞相。《汉书·赵广汉传》记载，赵广汉为京兆尹时，“所居好用世吏子孙新进年少者”。所谓“世吏”就是世代为吏者。《后汉书·孟尝传》记载，东汉著名循吏会稽孟尝，“其先三世为郡吏”。有的官员甚至专门培养属吏子弟，或为自己所用，或荐之于朝廷。《后汉书·杨仁传》记载，杨仁为什邡令时，“劝课掾史弟子，悉令就学。其有通明经术者，显之右署，或贡之于朝”。吏员世代相袭为职的现象并非辟除制所独有。在中国古代普遍重义理、文学轻技术的政治传统影响下，士人对形而下的行政技术历来是等而下之的。隋唐以后随着科举制的施行，技术愈来愈被忽视，只有那些科举考试中的落败者才会到各级政府充当吏员，行政技术成为他们世代相传的技能。顾炎武所言“官无封建，吏有封建”是对整个封建时代在官吏选任方面的一个精妙概括。

吏员队伍的武职人员也有相应标准。汉代吏员队伍可分为文、武两大类型。捕盗、游徼之类就是武职，一般很少参与文书工作。武职吏员的辟除标准自然不同于文职，主要以威武勇猛为基本条件，其勇武程度和身体状况自然是影响辟除的主要因素。《汉书·朱博传》记载，朱博为琅琊太守时，常令属县用其豪杰为大吏，“文武从宜”。所谓“文武从宜”，即按文、武两个标准辟除掾属，威武勇猛者自然任武职。

4. 官员辟除属吏之自由

汉代是中国官僚政治体制的早期发展阶段，否定了按照法家政治思想建立起来的政治模式，也对秦制进行了很大程度的改造。两汉王朝十分重视发挥地方行政长官尤其是地方郡守的作用，将组建政府机构及属吏任命的权力交由行政长官负责。从一定意义上，可以说地方政府组织机构的建立是由各级行政长官完成的，在中央政府律令制度之下，行政长官对属吏有自由选任的权力。

汉代士人亦有相对的选择自由，可以择人而仕、择时而仕。《后汉书·陈蕃传》记载，乐安周璆在当地有高洁之名，前后拒绝了两任郡守的辟召，后来陈蕃辟召方才应辟。《后汉书·刘翊传》

记载，颍川刘翊坚守士道，以疾病为由，多次拒绝地方长官的辟除，直到种拂任郡守时，刘翊看在种拂之父种暠的面子上才勉强答应了种拂的辟召，被任命为郡功曹。种拂不仅不责怪刘翊，反而更加敬重刘翊的为人。周璆、刘翊都是择人择时而仕的典型事例。士人也有拒绝辟召的权利与自由。汉代有许多“上不事天子，下不友诸侯”的不仕之士，汉初即有“商山四皓”不仕汉高祖的故事；彭城姜肱，“诸公争加辟命”，皆不就，终身不仕；陈留申屠蟠，州郡辟，三公召，皆不就。

士人不仅可以拒绝辟召或选择守节不仕，已在官署任职的吏员，也有去职的自由。汉代掾属对长吏有相对自由的去留权利，与长吏合则留，不合则去，其去职或自劾，或托病，甚至可以不辞而别，一般很少有羁绊。范滂为太尉掾时，认为时世艰困，无法实现自己的人生抱负，遂投劾而去。郑玄以“不乐为吏”为由而弃职求学，终成一代鸿儒。王充曾为州刺史从事，后亦因不合本志而自免还家，此后终生不仕。范滂、郑玄、王充选择去职完全是自己的主观原因。掾属因外部客观原因辞职也是常见现象，如陈蕃曾被刺史周景辟为从事，因谏诤引起意见不合而去职。更有甚者，有时会出现掾属集体弃职的现象。据《先贤行状》记载，东汉时发生了一次司徒府属吏集体弃职事件，后司隶校尉调查这些掾属集体弃职的原因，最终并未责罚这些属吏，反而向皇帝检举了司徒的罪行。

士人虽在应辟前有择人而仕的自由，亦有相对自由的弃职之权，但一旦应辟，就开始履行属吏的职责与义务。属吏除按行政分工完成其本职工作外，还与长吏形成一种人身依附关系，有对长吏尽忠效死的义务，甚至终身忠于辟主。《三国志·魏书·刘表传》的注释中记载，刘表曾派其从事韩嵩到许都窥探曹操虚实，韩嵩对刘表曰：“夫事君为君，君臣名定，以死守之；今策名委质，唯将军所命，虽赴汤蹈火，死无辞也……设计未定，嵩使京师，天子假嵩一官，则天子之臣，而将军之故吏耳。在君为君，则嵩守天子之命，义不得复为将军死也。”韩嵩的话讲得十分明白，在忠诚及义务方面，君主与辟主是完全一样的，为谁所用就要对谁忠心无二。

汉代长吏与掾属之间不仅仅是职务上的上下级关系，亦构成一种君臣关系，在郡府一级表现得尤其突出，如郡府掾属一般称其辟主为“府君”。长吏与掾属称为君臣的现象在西汉时期已经出现，东汉以后愈来愈强化，“二重君主观”成为士人普遍的社会观念。《后汉书·郅恽传》记载，郅恽辞归乡里后，被县令辟除为门下掾，后郅恽为友杀人到县府自首，曰：“为友报仇，吏之私也。奉法不阿，君之义也。亏君以生，非臣节也。”此处，郅恽明确表示辟主与自己的关系是君臣关系。掾属对天子则称陪臣，《东观汉记·梁鸿传》曰：“梁鸿初与京邑萧友善约不为陪臣，及友善为郡吏，鸿以书责之而去。”这里的陪臣即指掾属。《后汉书·虞诩传》记载，宁阳主簿诣阙申诉其县令之冤，触怒了天子，虞诩为之辩解曰：“主簿所讼，乃君父之怨；百上不达，是有司之过。”虞诩在天子面前公然称长吏与掾属的关系为君臣关系，可见二者之间的君臣关系及其相应伦理已得到社会普遍认可，且已经完全合法化了。在汉代，掾属与长吏的这种依附关系始终未得到扭转，打破了皇帝统帅天下臣民的唯一性，对汉代政治产生了极为深远的影响，也是东汉后期王纲解纽与地方割据的一个重要原因。

评判吏员忠诚与否，不仅看他平时是否忠君之事，还要看他在辟主遇到危难时能否舍身捍卫。《汉书·冯奉世传》记载，汉元帝时，冯野王为左冯翊，池阳县令素来贪污，冯野王部署督邮逮捕他。池阳县令不服从收捕，被赵都格杀。池阳县令的家人上书陈冤，冯野王因此下廷尉狱。为使冯野王摆脱干系，赵都将责任全部揽在自己身上，到官府自杀以证冯野王之清白。《后汉书·缪肜传》记载，召陵县令被皇帝下诏拷问（具体原因不详），时为县主簿的缪肜为证明县令无罪，在狱中受尽各种酷刑，前后换了五次监狱，历时四年，最后县令靠缪肜才得以脱罪。属吏不仅要完全忠诚于辟主，在关键时刻甚至要为辟主赴死。《后汉书·索卢放传》记载，东郡索卢放为门下掾，更始使者督查郡国，东郡太守犯了罪，使者欲斩东郡太守，索卢放请以己身代太守之身，更始使者为之感动而赦免了索卢放。

掾属与长吏关系密切，二者在政治生活中往往形成休戚相关、荣辱与共的政治团体。辟主若仕途通达，则其掾属亦随之荣显，也会获得更多升迁机会，可谓一荣俱荣。汉代各级官员都拥有荐举之权，可以通过察举、荐举等方式使其掾属得到更多升迁机会，长吏愈是荣显，其荐举自然亦会有更大的影响力。相反，若辟主仕途失意或获罪，掾属有时也会遭受牵连，可谓一损俱损。《后汉书·杨震传》记载，太尉杨震被免官后，其掾属高舒亦因杨震而获罪，以减免死刑论罪。即使在掾属与长吏的关系解除后，前者作为后者的故吏仍与后者存在休戚与共的关系。《后汉书·周景传》记载，梁冀被诛后，将作大匠周景因为是梁氏故吏而被免官禁锢。当然，这其中固然存在党争因素，但仍可看出，辟主的荣辱是会影响到故吏的。

5. 吏员之上升空间

秦汉时期的官吏选任制度与其后各代相比，表现出不同的特点。就官吏升迁途径而言，秦汉时期的最大特点就是吏与官相通，为吏者可通过各种途径升迁，从而成为国家正式官员，甚至成为公卿名臣。而秦汉以后，吏道出身渐窄，士人由吏道升迁的机会愈来愈少；隋唐以后，吏道逐渐退出历史舞台（元朝是个例外）。这种吏员与官员相通的制度，对汉代政治产生了极其深远的影响。

除察举、征聘、上书拜官、赀选、军功、恩荫诸种仕进之途，吏道——由吏员升迁而成为国家正式官员，也是两汉士人出仕为正式官员的一种基本途径。马端临在《文献通考·选举八》中说，两汉公卿大夫或出于文学，或出于吏道，亦由上之人并开二途以取人……故下之人亦随其所遇以为进身之阶。当然，吏道入仕方式与察举等其他选官制度是联系在一起的。钱穆先生曾这样概括汉代仕进制度：汉代选举，就大体言，最先必进学校读书，才获补吏。补吏以后，才获察举。曾有人做过统计，西汉的43名丞相中，出身为掾吏者有26人，约占总人数的60%，足见吏道在汉代仕进制度中的重要性。汉代由吏员升迁为正式官员的途径很多，包括察举升迁、三公府吏升迁、积功劳升迁、以计吏升迁等。

一是察举迁官。察举是汉代最基本的选官制度，也是由吏员升迁为正式官员的主要途径。张鹤泉先生在《东汉故吏问题试探》一文中曾做过统计，东汉时期，《后汉书》中记载的孝廉中，大约有1/3出自郡府属吏。汉代吏员被察举后，通常会补郎官，也有直接拜县令长及丞尉者。严耕望先生在其《秦汉地方行政制度》一书中对此有专门的论述，他说汉代仕宦途径以郎吏为基点，地方小吏考绩优等察举孝廉者，又为补郎的最主要途径，这样就可以说地方小吏为达官之初阶。察举后直接被任命为地方官员的，职务一般不超过县令、长。如朱博以太常掾察举考廉后补安陵丞，薛宣以大司农斗食属的身份察举考廉后补不其县丞，袁安以县功曹身份察举孝廉后补阴平长。也有一部分在察举后被任命为中央政府的中低级官员，如萧望之以御史大夫掾属身份察举考廉后被任命为大行治礼丞，庞参以郡府掾吏身份察举孝廉后拜左校令。根据两汉官员铨选制度，吏员被察举后大量除为郎官，盖宽饶、王吉、包咸、杨仁、陈蕃等一大批人都是以地方政府属吏身份举孝廉，然后被除为郎官的。郎官尽管不像其他官员一样直接理政治民，但作为皇帝身边的侍从官员，是政府重点培养的高级官员后备队，通常升迁速度更快。

二是征召升迁。除按察举要求荐举人才外，汉代公卿守相发现掾属中的优异者，可直接向皇帝荐举。这种荐举不同于察举，不受员额、时间限制，方式比较灵活，官员随时可以向皇帝荐举人才，皇帝征召考核后即可授予官职。因此，将之视为一种征召渠道也未尝不可。《史记·酷吏列传》记载，张汤为内史宁成属吏，宁成以张汤“无害”言于“大府”，随后张汤被迁为茂陵尉。咸宣在河东郡府做属吏期间，将军卫青派他到河东买马，见咸宣“无害”，直接荐举给汉武帝，武帝征召咸宣为大厩丞。《汉书·匡衡传》记载，匡衡被车骑将军史高辟为议曹史，史高又将匡衡推荐给汉元帝，汉元帝征召匡衡为郎中。《后汉书·何休传》记载，党锢解禁后，何休被司徒府征辟，公卿大臣都认为何休是一代经学大师，应该在皇帝身边任职，因此何休被征拜为议郎。在各级吏员队伍中，公府（因不同时期官制之异，有时为三府，有时为四府，有时达到五府）属吏处于国家最高权力中枢，被荐举征召而升迁的机会远比其他机构中的吏员多，政府经常从中简拔人才，直接拜除地方行政官员或任以其他官职。两汉由公府掾属起家的官吏比比皆是，这也是汉代吏员升迁为官员的重要途径。汉制常例，侍御史之缺常由公府掾史高第者升补，严延年、羊陟、杜邺等一大批名臣都是从公府属吏直接拜侍御史的。

三是功劳升迁。吏员即使没有被察举、荐举征召的机会，通过“积功劳”也有升迁为正式官员的机会。汉代掾吏由积功劳而仕进的事例也有不少：《汉书·丙吉传》记载，丙吉从鲁狱史通过积功劳而升迁为廷尉右监；《汉书·王欣传》记载，王欣以郡县属吏积功劳而升迁为被阳县令；《汉书·尹齐传》记载，尹齐“以刀笔吏稍迁至御史”。这几人在仕进升迁过程中，没有走察举、征召等捷径。各级吏员只要恪尽职守，积以日月，即使不被荐举，也有升迁的机会。《汉书·王吉传》记载，王吉曾批评汉宣帝的用人政策：“今使俗吏得任子弟，率多骄骜，不通古今，至于积功治人，亡益于民，此伐檀所为作也。”尽管王吉是反对这种“积功治人”制度的，但却从另一个方面说明了吏员的这种仕进制度已具有相当的普遍性，否则也不会遭到王吉的批判。

四是计吏拜官。计吏拜官是察举征辟制度下吏员升迁为正式官员的一条途径。秦朝已建立起一套严格的上计制度。上计主要由地方官员来负责，吏员只作为官员的助手和随从参加上计。汉初沿袭了秦朝的上计制度，地方行政官员每年都要到京师上计。东汉以后，地方官员一般不再亲自到京师上计，而是派遣上计吏员到中央上报户口、垦田、钱粮、盗贼等方面的情况。汉代对上计工作也很重视，丞相往往亲自主持全国的上计工作，有时皇帝也亲自参与。其计吏有才能者，往往有机会获得官职。《后汉书·度尚传》记载，度尚为山阳郡上计吏，至京师上计时获得拜官机会，被拜为郎中，除上虞长。《后汉书·张堪传》记载，樊显为蜀郡计掾，在上计过程中，因应对得当，被拜为鱼复长。东汉时期计吏拜官不是个别现象，已经形成固定制度。《后汉书·孝和孝殇帝纪》记载，永元十四年（102年），“初复郡国上计补郎官”。此条资料虽然很简略，但其中包含了丰富的信息：其一，通过“复”字，我们可以认定，上计吏补郎官不是个别事例，应为一种制度或惯例；其二，“郡国上计补郎官”惯例恢复后，成为一种常态化官吏选任制度。

三、察举、征辟之效果与影响

察举、征辟是两汉时期的主要选官方式，基本适应了两汉时期国家治理与官僚政治体制发展的需要，后来在制度实践与发展过程中，弊端逐渐显露，最终被新的选举制度取代。

1. 人才选拔功效

通过察举制度，汉代建立了一套从地方到中央、自下而上发现人才、荐举人才的体系；通过征召制度，建立了自上而下发现人才、任用人才的体系；二者结合，形成了完整的官员选拔制度。在官员选任制度之下，通过辟除制度，建立了低级行政管理人员的选拔机制。察举制度与征辟制度、官员选任制度与吏员辟除制度紧密衔接在一起，构成一个严密而完整的官吏选拔体系。官吏选任是官僚制度的重要内容，汉代选任制度对官僚政治的完善发挥了重要作用，不仅为汉王朝直接选拔了大量人才，更重要的是，在汉代选任制度下，察举与征辟制度相结合，形成了官员与吏员相通、官员来源于吏员的完整选任体系。从总体情况看，汉代官员的素质之高在中国历史上是绝无仅有的，这与这种官与吏相通的官吏选任机制是密不可分的。

在秦汉察举、征辟制度下，从吏员中选任官员是基本的选官模式。尽管在高级官员选任中，更加重视“文学”，但绝大多数以“文学”见优者还是要从吏员做起。《通典·选举四》中记载，梁尚书左仆射沈约对汉代士人的仕进曾有一个概括性的描述：“学优而仕，始自乡邑，本于小吏干佐，方至文学功曹，积以岁月，乃得察举。人才秀异，始为公府所辟，迁为牧守，入作台司。”沈氏所论虽不能囊括汉代所有士人的仕进之途，却也带有相当的普遍性。裴子野与沈约有大致相同的看法，《通典·选举二》引述了裴子野对汉代士人仕宦过程的描述：“其在汉家，尚犹然矣。州郡积其功能，然后为五府所辟；五府举其掾属，而升之于朝；三公参其得失，除署，尚书奏之天子。”可见，“吏道”与“文学”并不是对立的，相反，二者相辅相成，都是汉代仕进的重要途径。从选任制度看，察举与征辟两种制度是有机衔接在一起的，士人或先“吏道”后“文学”，或先“文学”后“吏道”，通过担任掾吏而获得察举或征召的机会。

因吏与官相通，为吏是为官入仕的重要途径，无论其才华、声誉如何高，对绝大多数人来说，都要先从基层吏员干起。东汉以后，甚至还规定地方荐举、中央铨选的人才，必须有一定期限的吏员资历。这样，有效地保证了地方政府和基层政府组织的人才需求，他们不仅能有效地佐助地方官员，还往往能以身作则，造福一方、教化一方。与后世相比，汉代地方吏员队伍人才辈出，其中出现的大批循吏即充分证明了这一点，与唐宋以后的胥吏全然不同。魏晋以后，吏员升迁为官员的机会越来越少，官员与吏员之间的区别愈来愈大。唐朝以后，随着科举选官制度的确立，造成了吏员与官员的隔绝，精英人才几乎完全被科举之途所吸纳，极少有人去做胥吏，导致地方政府人才匮乏，从而降低了地方政府的行政效能。清人钱大昕看到了这一点，“汉之三老、啬夫，治行尤著者，可累擢至大官，故贤才恒出其中，郡县掾吏亦然。今虽欲重其选，而若辈本无出身之路，地方官又数凌辱之，其愿充者不过奸猾无耻之徒而已，安能佐县令之治哉"[①]。在钱大昕看来，后世地方吏员素质低下、人才匮乏，直接原因在于吏员无升迁的希望而无法吸引人才，根本原因在于选任制度设计不合理。

在吏员与官员衔接的选任制度下，吏员只要勤于职守、德才突出，就有许多"擢至大官"的机会。无论是出于利益追求，还是基于个人价值追求，都推动士人在吏员职位上认真工作、恪尽职守，这或许就是汉世多良吏的内在动因。隋唐以后，吏员"无出身之路"，社会地位大大降低，几乎完全丧失了汉代吏员那样的人生抱负与自尊自重。胥吏这一等级的人，无论如何有才有德，终生都得不到升迁，在仕进之路上，个人的努力已没有太大意义。因此，他们常极力追逐私利，"吏"往往与"利"联系在一起，胥吏沦为为士人和士大夫所不齿、为社会所诟病的一个阶层。其地位愈低，意志愈消沉，人生观愈是扭曲，愈自甘堕落，由此形成恶性循环，以致胥吏之害成为传统社会的一大痼疾。汉代亦有吏员问题，但与后世胥吏问题有很大不同，二者之间存在根本性区别：汉代的吏员之害现象，主要与个人品性相关，没有必然性；隋唐以后的胥吏之害则呈现出集体性特征，主要是由其仕进制度造成的。

两汉将吏员资历作为官员选任的重要前提，能够有效保证多数官员都能掌握基本的行政技术，熟悉行政规程，具备处理行政事务的实践经验与基层工作经历。官员们熟知国家政令、熟练掌握行政技术、了解基层社会状况，对政治组织建设具有十分重要的意义，也有助于提高官员队伍整体素质与从政能力。生于经学极盛时代的王充也不得不承认"文吏"以事见长的现实，晋朝时甚至出现了"徒三十年看儒书，不如一诣习主簿"的谚语。从今天行政学的角

① 顾炎武：《日知录集释》，黄汝诚集释，秦克诚点校，岳麓书社，1994，第284页。

度来看，这种吏员与官员相通的制度符合官员培养、管理人才的规律，对现代干部人事管理仍有一定的借鉴意义。

中国历代学者对汉制多极力推崇，其中一个重要的方面就是汉代的选任制度。其中虽有不少过誉与夸大之处，但仍不乏真知灼见，给我们很大的启发。隋唐以后，科举制成为人才选拔的基本方式。相对察举制而言，科举制最大的优势在于其在制度性、客观性与相对公平性等方面，打破了身份等先天性因素和荐举中的主观因素对官吏选拔的影响。魏晋南北朝时期形成士族门阀政治，门第出身决定官位。隋朝科举制的创立无疑是历史进步的表现，但科举制与汉代选官制相比也有其局限性的一面，其最大的弊端就是科举出身的官员实践经验不足，缺乏处理复杂行政事务的能力。尤其是明代八股取士后，科举制对国家意识形态的思想控制作用被无限夸大，完全背离了官员选举的实际需要，官员因脱离社会现实而严重缺乏实际从政能力，以致不得不将行政事务交由幕僚与胥吏处理，造成官员与幕僚共天下的局面。顾炎武在《日知录》中对此曾做过精辟的论述：

> 是汉时县令多取郡吏之尤异者，是以习其事而无不胜之患。今则一以畀之初释褐之书生，其通晓吏事者十不一二，而软弱无能者且居其八九矣。又不择其人之材，而以探筹投钩为选用之法，是以百里之命付之阘茸不材之人，既以害民，而卒至于自害。于是烦剧之区遂为官人之陷阱，而年年更代，其弊益深而不可振矣。然汉时之吏多通经术，故张敞得而举之，宣帝得而用之。今天下儒非儒，吏非吏，则吾又不识用之何从也。①

① 顾炎武：《日知录集释》，黄汝诚集释，秦克诚点校，岳麓书社，1994，第296～297页。

2. 行政运作影响

在官僚行政体制下，各级政府机关是由国家正式官员来行使职权的，但仅仅“设官”是不够的，任何行政官员都不可能事必躬亲，大量日常事务仍由各级行政长官自行辟除的掾属来完成，因此还需要“置吏”。从这种意义上来说，吏员不仅是各级行政长官的助手，也是各级行政机构得以正常运行的基本要素。在行政领域，吏员的主要职责是“职簿书”，而这些“簿书”正是国家官僚机器正常运行的基本条件之一，也是规范行政运行必不可缺的技术手段。在崇尚德行的古代，只有极少数思想家能够对这些问题进行理性分析和客观评价。有过吏员经历的王充认识到“簿书”工作对政府行政运行和国家管理的重要性，他在《论衡·别通》中说：“汉所以能制九州者，文书之力也。以文书御天下，天下之富，孰与家人之财？”卜宪群先生在其《秦汉官僚制度》一书中对此也有精辟的论述：

> 但是官僚行政运作所依赖的两种基本形式，即公文和胥吏，则是整个中国古代官僚制度须臾不可离开的，具有一定的普遍意义。汉人自称“以文书御天下”，后世官府的日常工作被形容为是“行一文书，出一告示”，均说明公文是官僚行政运作的必要措施。而无论在中央抑或地方行政机构中，由中央任命的官长行使着职权，但大量日常事物是由胥吏承担完成的。离开吏的运作，官僚机构就会瘫痪，各级官员也就寸步难行。官与吏的密切联系与合作，是官僚机构职能发挥的重要因素。官僚制度运作的这两种基本形式，均形成并发展于秦汉。①

首先，吏员是行政信息系统的终端枢纽。在传统农业社会，信

① 卜宪群：《秦汉官僚制度》，社会科学文献出版社，2002，第253页。

息是十分珍贵的行政资源，在行政运作中发挥着十分重要的作用，信息收集与传播不仅是行政决策的基础，还是上级控制下级、国家推行教化和实现社会控制的重要依据。《淮南子·主术训》说："人主深居隐处，以避燥湿……外不知山泽之形、帷幕之外，目不能见十里之前，耳不能闻百步之外，天下之物无不通者，其灌输之者大，而斟酌之者众也。"这段话是中国古代关于行政信息畅通必要性的精辟之论。在专制集权的政治体制下，统治者高高在上，要达到对天下事"无不通"的状态，实现对社会的有效控制，必须制定切合时宜的统治方针政策，建立完备的信息系统。

汉代行政信息主要来自各级官员的奏疏、郡国上计吏、刺史州牧、使者及民间上书者等，这些共同构成信息系统。在这个系统中，地方政府吏员是整个信息系统的末梢部分，也是主要的信息源。他们直接与民众交流，与基层社会接触，掌握大量的第一手材料，获取的信息更真实可靠，在整个信息系统中占有十分重要的地位。汉代政治机构极为简约，官员人数很少，许多具体的信息搜集、整理、汇报和传达工作只能交由吏员来负责。其中，上计制度是中央政府获取地方信息最重要的方式之一，通过上计吏将全国各地的耕地、户口、垦田、社会治安等状况综合汇报到中央。上计是每年政府行政官吏最大规模的聚集活动。上计吏来自全国各地，除按照国家规定完成户籍、钱粮等基本上计任务外，同时还带来更多有关各地社会状况、民风民俗等各种信息。朝廷对上计吏所带来的信息也比较重视，皇帝常亲自召见上计吏，从上计吏那里获取信息。

其次，吏员是地方行政长官的耳目。信息系统不仅是皇帝和中央政府施政的依据，也对地方各级政府具有十分重要的意义。汉朝实行流官制，且已实行了较严格的回避制，因此官员多非本地人，不熟悉当地风土人情，在信息获取方面，仅靠官员自身有很大的局限性，掾属与地方乡官部吏自然成为官员的主要耳目。汉朝已很重视各级掾属与基层吏员在行政运作中发挥的重要信息作用。《汉书·晁错传》记载，汉文帝时晁错在上疏言边县之制时特别强调了官吏要熟悉和掌握地方情况，建议“皆择其邑之贤材有护，习地形知民心者，居则习民于射法，出则教民于应敌……”。所谓“习地形知民心”，显然就是指信息资源的占有情况。《汉书·赵充国传》记载，汉宣帝时赵充国在廷议处理先零问题时，提到要“选择良吏知其俗者拊循和辑”。

地方政府吏员处于整个官僚队伍的最下层，可以将其看作整个行政信息系统的末梢，他们生活于民众之中，对社会的了解和对信息的掌握是最直接的，其本身就是最大的信息源。《汉书·魏相传》记载，魏相为丞相时，“相敕掾史案事郡国及休告从家还至府，辄白四方异闻，或有逆贼风雨灾变，郡不上，相辄奏言之”。属吏能否向长吏及时准确地提供信息，对长吏尤其是那些就任时间较短的官员，具有十分重要的意义。《后汉书·史弼传》李贤注引《谢承书》，史弼为郡功曹时，“承前太守宋欣秽浊之后，悉条诸生聚敛奸吏百余人，皆白太守，埽迹还县”。

第三，吏员是行政决策中的重要谋士。学术界通常低估吏员在行政组织中的作用，认为吏员只是作为官员的附属而存在，在行政系统中处于完全被动的地位，与行政决策无关，只是机械的执行者，协助各级行政长官办理文书之类的事务。这种观点完全否定了吏员的主观能动性。吏员为汉代仕进制度中的重要一环，在政府中的行政地位及作用与在科举制确立之后的其他封建王朝颇有不同，汉代吏员与行政决策的关系更为密切。汉代吏员除了承担分曹治事的本职工作外，往往还兼有师友及幕僚的身份，尤其是那些地位较高、才能出众及与行政长官关系亲近的掾属，经常直接参与行政长官的决策活动。有的吏员虽不直接参与决策，但对行政决策也会间接地产生影响。

汉代地方官员的权力很大，需要处理的事务很多，郡县守令不可能做到事必躬亲，许多事务的具体办理甚至决策不得不靠吏员来完成。从这个意义上讲，郡县掾属的决策权力实际上是其长吏的一种授权。《史记·汲郑列传》记载，汲黯为东海太守，“治官理民，好清静，择丞史而任之。其治，责大指而已，不苛小”。所谓“不苛小”，是指将一些无关大局的具体事务或专项工作的决断权授予属吏。《后汉书·马援传》记载，马援为陇西太守时，“任吏以职，但总大体而已”。属吏们有时谈到外面的事，马援则曰：“此丞、掾之任，何足相烦。”至于行政官员授权吏员处理政务的具体情况比较复杂，不同官员的施政理念不同、性情不同，授权的程度也不相同。授权的范围到底多大，除与官员的施政思想有关，还受掾属才能、品行及其与长吏之间的关系等多种因素制约与影响。

从现代行政学及管理学的意义看，适度地将部分决策权、治事权授予掾属，充分发挥下属的积极性、主动性，使他们参与决策过程，是符合行政管理要求的。发挥属吏作用不仅是行政管理的一般要求，也是士大夫的一种行政价值取向，即所谓的“搜才礼士，不苟自专”。《史记·酷吏列传》记载，张汤为廷尉时，每次向汉武帝奏事，总是千方百计向汉武帝推荐其下属官员与属吏中的“贤者”，所奏之事如得到皇帝认可，便说这并不是我的主意，而是手下某正、监、掾史为之；所奏之事若不能为皇帝所认可，便说某某曾为我建议如此，但我未采纳。张汤荐举下属之言行显然有夸大不实之嫌，但张汤不仅没有因此获罪，反而博得了汉武帝的信任，也为其在士大夫中博取了良好声誉。当然，我们亦不能过分夸大吏员在行政决策中的作用，吏员在决策过程中只是参与谋议，最后决断的终极权力仍在官员手中。

3. 制度弊病

无论是察举还是征辟，其基本依据都是“乡曲之誉”，关键环节是官员荐举，尽管有一定复核机制乃至考试制度，但复核、考试始终没有占据主导地位。察举征辟制度具有诸多行政理性因素，但也存在明显漏洞。察举征辟制度的本质仍是乡举里选的推荐制，带有浓厚的原始民主制色彩，制度程式简单而粗糙，在选人精准性和客观性方面存在明显不足，随着制度的施行，各种问题也暴露出来。

（1）察举制度弊病

察举制度的弊病主要体现在官员举贤和乡里声望两个方面。西汉前期，察举选官尚可大致维持清平，东汉以后则弊病日显。再好的制度，都需要通过人来执行，察举制度中的人为因素尤其突出。人的品性和才能具有很大的隐蔽性和变化性，察识人才本来就是一件十分困难的事情，三国时期的刘劭有精辟论述："盖人物之本，出乎情性。情性之理，甚微而玄，非圣人之察，其孰能究之哉？"[①] 汉代没有设置专门负责察举的政府机构及相应官员，主要是由二千石以上的高级官员负责察举工作。察举制度能否良好地贯彻执行，负责荐举的官员的德行、素质及能力至关重要。两汉时期确实涌现出不少知人善任、慧眼识英才的优秀官员，但良莠不辨、鱼目混珠的举主也大量存在。

察举制度是一种粗糙的选人用人制度，荐举人才的标准操作性不强，规范化、可操作性机制与程序缺乏，约束问责机制也不健全，官员们在荐举人才时具有很大的主观性和随意性。政治清明时期，官员们尚能严格按照察举科目的要求荐举人才，但在吏治腐败时期容易随波逐流，刘晔在《后汉书·左周黄列传》评论道："荣路既广，觖望难裁，自是窃名伪服，浸以流竞。权门贵仕，请谒繁兴。"察举中上下其手、贪贿横行的事例比比皆是。东汉时期，外戚与宦官把察举作为结党营私的重要工具。《后汉书·史弼传》记载，河东太守史弼因坚持公正察举，拒绝宦官侯览请托，被诬陷入狱，最终通过请托贿赂才"得减死罪一等，论输左校"。察举中这种营私舞弊现象不胜枚举，吏治腐败时期尤为严重，陷入恶性循环

---

① 李崇智：《〈人物志〉校笺》，巴蜀书社，2001，第15页。

泥淖，察举制沦为权贵把持选举用人的工具。

察举具有乡举里选性质，获得乡里声望是被荐举的前提条件。乡里声望如何形成、士人如何使举主关注到自己，存在众多不确定性和潜规则。尤其到东汉以后，随着世家大族势力的不断壮大，察举制创立之初的乡举里选之意已遭到彻底破坏，州郡大族垄断察举的现象层出不穷，出现了一些“家世孝廉”的有声望的族姓和“累世公卿”的世家大族，弘农杨氏、汝南袁氏就是其中的典型代表。时人仲长统在其《昌言》中，将“选士而论族姓阀阅”作为天下“三俗”之一。后世马端临在《文献通考·选举七》中对这一现象有精辟总结和评论：

> 当时之所谓孝廉必取其实行，稽诸乡评，誉望著者入选抡，而声称损者遭摈弃，故所举大概皆得其人。中叶以来，此意不存，往往多庸妄之流，以干请而得之，于是只得假试文之事以为革谬之法矣。

造成这种局面的原因，除世家大族对荐举权的把持，东汉士人品题之风也助推了声望对察举的影响。为了对抗世家大族和权贵对察举的把持，士人群体开展自我评价，成为另外一种影响和掌握声望评定的势力。东汉后期形成的品题之风与察举制度密切相关，是影响察举的重要因素。《后汉书·许劭传》记载，汝南许劭与其族兄许靖皆有高名，二人喜欢在一起品评乡党士人，其评语每月更新一次。荐举评鉴人才是地方郡守的职责，许劭兄弟显然有越位之嫌，其品评充其量不过为民间舆论，但在汝南却产生了很大影响，被称为“月旦评”。《后汉书·李膺传》记载，东汉名士李膺名望极高，是掌控士林舆论的关键人物，因此也成为士人竞相追逐的对象。士人被李膺接待后，声望会骤长，因此去李膺府上拜访，又被称为“登龙门”。

为在察举中获得优势，士人对名声的追求，有时达到几近疯狂的程度。东汉以后，一些人开始寻找和利用选举制度的缝隙投机钻营，名节成为一些人投机政治而玩弄的把戏，以孝廉、高义等为幌子而博取虚誉的事例不断增多，有些人的确因此而获得更多和更快升迁的机会。待举之士人，为了获取察举资格，千方百计钻制度漏洞，或假扮清高沽名钓誉，或弄虚作假欺世盗名，甚至形成了一套获取乡里声誉的“技术学”。据《后汉书·许荆传》记载，许荆的祖父许武就是操弄这套技术的典型代表。许武为了让两个弟弟博取声望，在分家时，自己取良田美宅与强健的奴仆，最差的给两个弟弟，他两个弟弟因此赢得了“克让”的名声而被荐举。其后，许武又把原来所分家产的三倍送给其弟，并解释他之前的行为是为了让弟弟们成名，许武也因此博得更高声望。这套博取声誉的“技术学”，摧毁了乡举里选的基础，也改变了士林风气，沽名钓誉之人比比皆是，名声与实际才能严重脱节，选举的人才名不副实者不胜枚举。范晔在《后汉书·方术列传》中对此有过精彩评论：“汉世之所谓名士者，其风流可知矣。虽弛张趣舍，时有未纯，于刻情修容，依倚道艺，以就其声价，非所能通物方，弘时务也。及征樊英、杨厚，朝廷若待神明，至竟无它异。英名最高，毁最甚。”

许武之流主要通过技术策略博取高誉，更有甚者通过弄虚作假欺世盗名。《后汉书·陈藩传》记载，青州赵宣为博取声望表面上为父守孝二十余载，但实际上根本不遵守守孝期间的行为规范，在守孝期间居然有五个儿子先后出生。这种沽名钓誉的行为骇人听闻，也成为千古笑谈。为什么会出现这种极端行为呢？无非是迎合察举要求而已。时人徐幹在其《中论·谴交》一文中，对东汉末年的选举颓坏情况进行了全面概括：“世之衰也，上无明天子，下无贤诸侯，君不识是非，臣不辨黑白。取士不由于乡党，考行不本于阀阅，多助者为贤才，寡助者为不肖，序爵听无证之论，班禄采方国之谣。”[①]

晋人葛洪在其《抱朴子·审举》中为我们留下了东汉末年社会广为流布的察举制度谚语：“举秀才，不知书；察孝廉，父别居。寒素清白浊如泥，高第良将怯如鸡。”察举的基本原则遭到彻底破坏，制度执行背离制度精神，直接导致选举制度本身之崩坏，加剧了政治腐败，加剧了东汉政局的动荡。从更深层次上看，察举制度沦为地方世家大族势力垄断政治权力的重要工具，为地方势力发展提供了极大便利，严重动摇着东汉王朝的统治基础。察举制度不可避免地走向了历史幽深之处，预示着新的选任制度即将出现。

（2）辟除制度弊病

辟除制度是低级行政管理人才选任的主要方式，也存在一些显著弊病。吏员处于整个官僚队伍的最下层，直接与民众打交道，对社会治乱、民风民俗甚至民众生计产生最直接的影响。在专制集权的官僚体制下，吏胥之害始终是一个十分突出的社会问题。纵观历代政治得失，封建帝王尽管有至高无上的权力，但无论怎么励精图治、严刑峻法，都从未根除过吏胥为害的问题，吏胥之害成为中国封建社会官僚政治不可治愈的一大痼疾。在官僚体制形成之初，便有这方面的问题显露出来，汉代吏员之弊也时有呈现。

一是贪污受贿、私自赋敛问题。在专制官僚体制下，尽管法律制度在最初就精心设计了防腐惩贪方面的机制，但由于制度上存在根本性弊端，行政权力缺乏监督与制约，贪污受贿现象层出不穷，这也是官僚体制永远无法走出的怪圈。吏员利用手中职权，进行权钱交易，横征暴敛，中饱私囊，是汉代一种比较常见的吏员为害的情形。《史记·酷吏列传》记载，王温舒为中尉时，其掾史多以权贵致富。《后汉书·王尊传》记载，安定郡五官掾张辅贪污，以至一郡之钱尽入张辅家。尽管这些说法存在夸张成分，但仍可以看

① 徐幹：《中论》，黄素标点，泰东图书局，1929，第52页。

出，掾吏通过行政权力聚敛财富的能力和空间是很大的。掾史、乡官部吏在基层社会贪婪、残暴，严重扰乱了正常社会秩序，影响民众生活，成为社会蛀虫和政府组织的一颗毒瘤。

有的吏员与地方势力狼狈为奸，谋图私利。《汉书·严延年传》记载，严延年初任涿郡太守时，郡府吏员皆畏避大姓西高氏、东高氏，称曰："宁负二千石，无负豪大家。"吏员由地方士人出任，许多吏员或出身地方豪强大族，或与地方势力勾结，形成盘根错节的关系。他们结党营私、排斥异己，把持地方政治，使地方官员权力遭到严重削蚀。《汉书·赵广汉传》记载，赵广汉为颍川太守时，"颍川豪杰大姓相与为婚姻，吏俗朋党"。这种局面不仅败坏吏俗，造成官场弊疾，而且还严重影响国家法令、政令的推行，也给地方行政官员的施政工作设置了人为障碍。

二是破坏行政运作机制，形成行政陋习。行政长官有很大的辟署自由，属吏又与官员之间存在严重人身依附关系，二者很容易形成共同的利益群体。官员与属吏狼狈为奸、共同舞弊的现象屡见不鲜。《汉书·贡禹传》记载，贡禹上书汉元帝时谈到这一问题："郡国恐伏其诛，则择便巧史书习于计簿能欺上府者，以为右职；奸轨不胜，则取勇猛能操切百姓者，以苛暴威服下者，使居大位。"这种情况严重影响着国家政令的贯彻执行，也影响着政府的有效运作，给国家政治带来很大危害。

在行政信息方面，官员与属吏之间常处于不对称状态，尤其是在地方政府中，属吏更具信息优势，直接或间接地影响行政决策。属吏在传输信息时，往往上下其手，欺瞒官员，以误导官员的决策决断，这也是官僚体制始终难以彻底解决的一个痼疾。《汉书·严延年传》讲述了一则掾吏察言观色、上下其手的生动故事。严延年初任涿郡太守时，遣掾吏赵绣纠劾涿郡大姓高氏贪赃之罪，赵绣准备了轻、重两份检举书，计划先向严延年呈上罪责轻的那份检举书，若严延年不满意，不得已再拿出那份罪责重的检举书。严延年提前知道了赵绣的计划，赵绣果然先呈上第一份检举书，严延年从赵绣怀中搜出了另一份检举书，于是将赵绣下狱。在这则故事中，严延年依靠对信息的提前了解，才免于被掾属欺瞒。然而，并不是所有官员在所有事务上都能占有信息先机，因属吏扭曲信息而影响官员决断的事情绝非偶然。更有甚者，一些“豪恶”之吏往往要挟行政长官。《汉书·尹齐传》记载，尹齐为中尉时，因“木强少文”而被掾吏轻忽，能力强的“豪恶吏”不肯配合，品行端重的“善吏”能力不足，尹齐因此无法有效施政，政务多荒废，最后尹齐也因此获罪。

吏员虽然没有对行政事务的最终裁决权，但他们通过种种方式对行政决策和行政事务所产生的影响却是不可低估的。吏员一方面承担了以行政技术和行政规范为主的职责任务；另一方面，他们熟知行政运行的潜规则，洞悉行政体制漏弊和士大夫阶层的弱点，以各种方式破坏行政规则甚至是国家律令，腐蚀政府组织机体。东汉应劭在《风俗通义·过誉》中深刻分析了这一现象，认为掾吏“好干上怵忮，以采名誉，末流论起于爱憎，政在陪隶也”。所谓“政在陪隶”，正是针对吏员在行政决策中的作用而言的。当然，我们不能片面夸大或过高估计吏员的作用，吏员的作用与其个人才能、官员的性情爱好及其对属吏的管理方式等个人因素相关，应具体情况具体分析。

三是吏员与官员形成人身依附关系。掾属对长吏要绝对忠诚，为长吏尽忠的思想在汉代社会根深蒂固。吏员与辟主不再是单纯的行政隶属关系，还存在严重的人身依附关系，影响吏员对国家和君主的效忠，客观上造成对君主和中央政府权力的侵蚀，与君主专制的思想和要求都是不相容的。汉武帝以后，官僚、贵族私养门客、宾客之风渐衰。从一定程度上可以说，辟除优异吏员可以收到与养士相同的效果。吏员忠于辟主，为了辟主的利益，甚至不惜违犯法令，身死而不顾。《后汉书·朱俊传》记载，朱俊为会稽主簿时，太守讨贼失利，按律应弃市。朱俊带着数百金至京师贿赂掌管法律条章的官吏，太守因此得以减免死刑。《后汉书·第五种传》记载，第五伦的曾孙第五种被人陷害获罪，被判徙朔方，其门下掾孙斌格杀押送之吏，第五种得以脱身。孙斌解救第五种固然是忠于其府君的表现，然而格杀押送之吏，则是对国家法制的公然践踏。吏员忠于辟主与忠于君主是一对矛盾，当时的人们是如何看待这种矛盾的呢？对长吏的忠诚体现的节义观念和变相的忠君思想在汉代为世人所大力推崇、赞誉，即使封建统治者亦予以认可，甚至加以表彰，这与封建专制逐渐走上绝对化的后期封建社会颇有不同。汉末至三国鼎立之际，各地州牧及郡守俨然成为一个个独立的政治军事实体。在这种特殊形势下，士人往往择人择地而仕，掾吏与辟主之间的君臣关系进一步强化，从而进一步助推了地方势力的发展，对中央政府权威造成巨大冲击，严重削弱了中央政府对地方的控制能力，这是东汉末年地方割据势力形成的主要原因之一。

四、察举、征辟下的官吏使用

在察举、征辟制度的基础上，汉代还建立了以待诏制度为主要形式的官员铨授制度和以上计为主要形式的官吏考课制度，构成从官吏选拔、使用到监督考核的官僚队伍建设制度体系。察举、征辟是汉代政治制度的重要组成部分，是汉代政治思想的重要体现。察举、征辟选拔人才标准深刻影响了官吏队伍形态，推进了“士道”与“吏道”的融合，实现了官僚队伍的士大夫化。

1. 官吏任用制度

汉代官员选拔主要通过征召和察举。征召是一种自上而下的选任方式，由皇帝亲自主持，通常也由皇帝亲自考核，根据考核结果直接授予官职。察举是一种自下而上荐举人才的选任方式，察举过程亦是选人过程，通过考察的人员仅是获得了做官的资格，还要经过相关部门乃至皇帝的评定才能被授予具体职务，这一过程被称为铨授。并不是所有人都能及时被授予官职，有的还要经历一个候补的过程，这一过程被称为待诏。汉代建立了完备的待诏制度。汉武帝时期，对于招徕的各种人才一时无法全部授予官职，于是便先让他们成为待诏，此后待诏成为官吏铨选的一种形式。待诏机构如公车、金马门、黄门、殿中等，直属皇帝内朝机构，待诏可为皇帝提供咨询服务，甚至可参议朝政。《汉书·元帝纪》记载，汉元帝时期，珠崖郡山南县发生叛乱，汉元帝召集公卿大臣议事，贾谊的曾孙贾捐之就是以待诏的身份参与朝议的，他的建议最后被元帝采纳了。除待诏于内朝机构，也有待诏于丞相府、御史府等外朝机构的，待诏期间，丞相府、御史府有时也会安排他们做一些临时性事务。

从理论上讲，在君主专制体制下，官吏任用权应该掌握在皇帝手中。汉代规定所有二百石以上的官员都由皇帝直接任命，被任命的官员称“命卿”或“命士”，这种称呼显然来自西周以来的世卿世禄制度。西汉初年，不仅二百石以上的官员由皇帝亲自任命，政府中的吏员也是由皇帝直接任命的，《后汉书·百官志》记载，“汉初掾史辟，皆上言之”。掾史的俸秩大多在一百石到二百石之间，虽然高级吏员的俸秩与低级官员的差不多，但他们与官员的身份还是有所区别的，不能称为“命士”，即使最高层级的吏员也仅仅是“秩比命士”。

所有官吏都由皇帝“言之”显然是不切合实际的，《后汉书·百官志》中所说的“汉初”具体时间不详，大抵指西汉统一前后，其后吏员的选任都是由各级行政长官自行辟除的。关于西汉官吏的任用调迁，根据卫宏《汉旧仪》记载，俸秩六百石以上官员由尚书负责调迁，二百石官员至四百石长相由丞相负责调迁，百石的中都官由大鸿胪负责调迁，郡国百石官员由二千石官员（具体不详）负责调迁。从这个规定看，尚书是代表中央政府负责官员铨选、调迁的主管官员。从尚书职能的演变来看，这一“旧制”显然是汉武帝以后的制度。东汉时期，官员任用权力进一步下放。《后汉书·顺帝纪》记载，阳嘉元年（132年）诏书规定，刺史及二千石官员的选任由三司负责。这里的三司，指太尉、司空、司徒。刺史是东汉最重要的地方行政长官之一，二千石官员主要指郡守、九卿之类的高级官员。这些官员的选任归三司显然是不现实的，这里的"选"只是考察推荐，最终人选仍由皇帝确定并任命。

西汉建立了官吏选任与教育培养相结合的制度，察举、征召制度所选出的部分人才并不能直接被授予官职，而是送入太学学习，成绩优异者，充博士弟子。博士弟子始设于汉武帝时期。元朔五年（公元前124年），汉武帝接受董仲舒建议，为博士官置弟子五十人，每年进行考试，根据考试成绩补文学掌故、郎中等职。汉武帝以后，博士弟子人数不断增加，博士弟子制成为汉代培养高层次官员的重要制度。汉代除通过学校教育培养官员外，还建立了完备的郎官制度。郎官是侍从官的统称，主要职责是护卫陪从君主，刚开始主要由武士担任，后来郎官中有了文官。战国时期秦国就建立了郎官制度，公孙衍、李斯等皆以郎官起家而封侯拜相。汉代郎官制度成熟于汉武帝时期，汉武帝为了加强君主专制，改革政治体制，实行内外朝制度，郎官就是作为内朝官僚队伍的一部分发展壮大起来的。郎官是皇帝身边的亲信，也是官僚候补人员和重要人才储备池。郎官制是官吏培养的重要方式，郎官升迁很快，有的补高一级的内朝卫侍官（如东方朔以常侍郎补太中大夫给事中），有的直接出任地方官员（多为县令、长一级），后世所谓"郎出宰百里"便是对郎官升迁情况的生动形象描述。

除了通过察举、征召选出人才以充实官僚队伍外，官吏队伍的升迁和罢免也是官吏选任的重要任务，其主要依据是考核结果。在官僚体制下，考课既是对各级各类政府机构的考核，同时也是对各级官员的考核。汉代考核结果实行排名制，最看重的考课等级是"最"和"殿"。最为排名最前，殿为排名末尾，最、殿分别相当于考核上等和考核下等之意，也可以理解为优秀和不合格。考核等级优异的，予以奖赏；考核等级差的，予以惩戒。奖赏主要有升迁、增秩、赐爵等方式。考课优异者或迁任重要职务，或升迁为更高一级官员。汉文帝时，河南郡守吴公政绩卓著，为全国第一，被征召为廷尉。汉宣帝时，北海太守朱邑因考核结果排名第一被任命为大司农；胶东相王成安顿流民八万余口，政绩卓越，增秩为中二千石并被赐爵为关内侯；颍川太守黄霸因考核成绩优异，增秩为中二千石，被赐爵为关内侯，并获黄金百斤。对功勋卓著者，还会给予政治上或仪式上的特殊优礼，如“入朝不趋”“剑履上殿”等。

对官员的处分包括调离、罢归、降职、降级、免职等。根据《汉书·何武传》记载，何武的仕宦沉浮与考核密切相关。何武任清河太守期间，由于所辖郡中十分之四的土地遭灾而被免职。后经大司马王根荐举重新入仕，官至京兆尹。又因接受所察举的贤良方正的答拜，被调出京师降职使用。后因有政绩治能，被调入京师，历任廷尉、御史大夫、大司空等官职。对在工作中严重失职的官员进行行政处分，甚至予以刑事处理。除贪污、诬告等一般犯罪行为外，在岗位职责上出现重大失误的，会被处以刑罚。如在对匈奴的作战中，张骞因没有如期到达预定地点而犯法当斩，后通过缴纳赎金抵罪，被免为庶人。

2. 官员考课制度

在察举征辟制度下，官员考核以上计制度最为重要。《后汉书·百官志》本注曰，“秋冬集课，上计于所属郡国”，每三年考核一次以定升黜。《汉书·丙吉传》记载，“岁竟丞相课其殿最，奉行赏罚而已”。《汉书·宣帝纪》记载，御史大夫负责察计簿，“疑非实者，按之，使真伪毋相乱”。《文献通考·职官六》记载，汉成帝以后，把文官考铨处逐渐由丞相府转入内朝尚书台，东汉以后“尚书三公曹主岁书考课，课诸州郡”。《后汉书·百官志》本注曰，武官考铨由太尉负责，太尉“掌四方兵事功课，岁尽即奏其殿最而行赏罚”；司空负责水土建筑官吏考课，“掌水土事”，“凡四方水土功课，岁尽则奏其殿最而行赏罚”。汉代考核内容很广，覆盖了官员及相应政府机构的主要职责，可概括为德行、政绩两个方面。德行主要是对官员个人的考核，是一种定性考核，考核内容与标准相对统一，主要包括忠诚清正、勤政廉政、奉公守法等。政绩考核是对官员实际施政效果的考察，考核内容较为具体，主要依据官员职责而定，通常采用定量考核方式。

上计制度是对地方官政绩的最重要考核方式，内容覆盖所辖区域的民政、财政、农政、狱政、选举等主要事务。郡县考核内容略有不同，郡一级考核内容最为全面，县级官员考核尤其强调户口、农田开垦、钱谷、社会治安等内容。两汉时期郡为最高地方行政单位，中央政府十分重视郡守一级的官员考核。《汉书·循吏传》记载，汉宣帝对新任命的郡守都亲自召见，当面观其言，事后考其行，发现言行不一的，还要进一步深入考察，必知其所以然。他经常说，“庶民所以安其田里而亡叹息愁恨之心者，政平讼理也。与我共此者，其唯良二千石乎”，要求郡国在上计时详尽汇报户口、垦田、赋税数目，在押犯人及死刑人数，治安、吏治、教育情况等，并通过监察机构进行审核。

官员考铨总的程序是先考课，根据官吏的德行和政绩确定其等级，而后铨选，决定升降以示奖惩。官吏考核实行逐级考课制：县以下各级官吏由县令长负责考课；县级主要长官，包括县令长、县丞、县尉，由郡守负责考课；郡国主要长官包括郡守、郡尉等，由州刺史和丞相、御史大夫、太尉共同负责考课；州刺史属于监察系统，由御史大夫负责考课；中央各部门官吏由主管公卿负责考课；列卿由尚书负责考课，结果要奏报皇帝审批；丞相等三公由皇帝直接考课。

除综合性考课，还有对口考课和临时考课等其他考课形式。州郡县各级地方行政业务部门，包括民政、军政、农政、工程漕运、司法刑狱、学校、礼仪等主管官员，除接受本地区行政长官考核外，还要接受中央政府主管领导机构的对口考核，如太尉对“四方兵事”、司空对“四方水土”的考课都是按职责领域进行的对口考课。临时考课是根据需要就某一事务进行专项考课，是一种非制度化的考课形式。汉宣帝因出生数月即遭受巫蛊的冤案牵连，父母、祖父母均蒙难而死，因此汉宣帝即位后十分重视断狱和囚犯生活。《汉书·宣帝纪》记载，西汉地节四年（公元前66年），汉宣帝下诏“令甲，死者不可生，刑者不可息。此先帝之所重，而吏未称。今系者或以掠辜若饥寒瘐死狱中，何用心逆人道也！朕甚痛之。其令郡国岁上系囚以掠笞若瘐死者所坐名、县、爵、里，丞相御史课殿最以闻”。这一事件在世界法制史上具有重要意义，此诏令被认为是世界历史上最早的反对虐待囚犯的法令，也是最早把是否虐待囚犯作为官员政绩考核内容的记载。汉宣帝还在五凤四年（公元前54年）下诏，针对制造冤假错案、虐待囚犯而屡教不改的地方官吏，派丞相、御史掾二十四人循行天下，平反冤狱，查办擅自制定苛刻政令又拒不纠错的官吏。

无论是年度综合考核，还是对口考核，都属于事后结果性考核，主要考核官员在一定时间段内的政绩。除结果性考核，汉代还建立了具有过程监督性质的御史制度。御史制度本质上属于监察制度，同时也兼有对官员的考核功能，与结果性考核相比，监察制度发挥的考核功能侧重过程监督。秦朝在中央设置御史大夫一职，其地位仅次于丞相，主管弹劾、纠察官员过失；在郡一级行政机构设置监御史一职，负责对所属郡县官吏进行监察。汉初承袭秦制，亦设御史大夫，位列三公，后时设时罢，但御史制度始终存在。

汉代对地方政府的监察主要通过刺史制度实行。元封五年（公元前106年），汉武帝将全国分为十三州部，每州部派遣一名刺史。汉武帝亲自颁布条规，明确规定刺史的监察职责，这就是历史上著名的“六条问事”：

一条，强宗豪右田宅逾制，以强凌弱，以众暴寡。

二条，二千石不奉诏书遵承典制，倍公向私，旁诏守利，侵渔百姓，聚敛为奸。三条，二千石不恤疑狱，风厉杀人，怒则任刑，喜则淫赏，烦扰刻暴，剥截黎元，为百姓所疾，山崩石裂，袄祥讹言。四条，二千石选署不平，苟阿所爱，蔽贤宠顽。五条，二千石子弟恃怙荣势，请托所监。六条，二千（石）违公下比，阿附豪强，通行货赂，割损政令也。[①]

汉武帝对刺史的工作有严格要求，不允许他们在“六条”以外问事，也不允许他们监察二千石以下的官吏。《汉书·朱博传》记载了这么一件事：朱博初做冀州刺史时，到他负责的监察区去巡行，在一个县里遇到一大群上访的官员和老百姓，足足有四五百人，把县衙的院子都挤满了。朱博的随从官员试探着劝朱博在这个县留下来，处理完上访的事再出发。这名随从官员说完就用眼睛看着朱博，看他如何反应。朱博命手下人赶快驱车往前行，但上访的人围住了朱博的车马。朱博只好下车，通过随从官员明确地告诉上访人：刺史不负责监察县丞、县尉这一级的官吏，如果想反映他们的问题，请到郡守那里去；如果想反映二千石郡守的问题，也不能在这里接访，请到刺史的办公地点去；如果是老百姓申冤以及遭盗窃之类的事，可以找有关人员去反映。说完，朱博就登车离去，几百名上访者也只好散去。汉武帝以后，刺史权力不断扩大，官秩不断提高，州从监察区向行政区过渡，到东汉后期形成州牧制度。

3. 吏员考核制度

吏员考核由相应长吏负责，考核内容主要包括考勤和考绩。考勤相对简单，主要是对吏员出勤情况的日常考核，是一种日常管理制度。考绩较为复杂，是对吏员业绩及贡献的考核。汉代建立了一套系统的功劳阀阅制度。

① 班固：《汉书》，中华书局，1962，第742页。

考勤是对吏员进行日常管理的一项基本制度。除正常休沐及节假日外，吏员因病或他故不能按时出勤，必须向官署请假，称休告。因吉事请假称告，因凶事请假称宁，因生病请假称移病。吏员私自外出或归家，称私归、不在署、去署或窦署等，都要记录在案。《汉书·陈遵传》记载，陈遵为公府的掾史时，经常外出酗酒误事。西曹用以前的典章制度处罚陈遵，侍曹就去告诉陈遵，陈遵因为什么事被罚。陈遵跟侍曹说，等处分满了一百次再去告诉他。按照先例，处分满一百次的官员才被免职，说明当时的处罚是很轻的。当然，由于长吏权力很大，有些长吏并不遵循这种先例，而是依个人好恶来处理，直至处死吏员。《汉书·张敞传》记载，京兆贼捕掾絮舜未请告就私自回家，京兆尹张敞竟因此事治其死罪。吏员的无故缺勤甚至还可能殃及亲属。《后汉书·郭躬传》记载，汉桓帝时，汝南陈伯敬的女婿为郡府属吏，亡匿，郡守邵夔大怒，竟处死了陈伯敬。

各级政府对吏员的管理，除日常考勤外，另一项重要的管理制度是考绩制度（或称考课、考核、考功等）。汉代对吏员的考绩主要是通过阀阅制来进行的。司马迁在《史记·高祖功臣侯者年表》中说："古者人臣功有五品，以德立宗庙定社稷曰勋，以言曰劳，用力曰功，明其等曰伐，积日曰阅。"颜师古认为，"伐，积功也"，"阅，经历也"。从司马迁的记述来看，功、劳与伐、阅各不相同，并且有等级之区分。但司马迁明确说这里的"臣功有五品"指"古者"，显然非汉制。汉代功、劳、伐、阅往往彼此不分，有时"功劳"与"阀阅"并称，有时二者实指一事。《汉书·朱博传》记载，姑幕游徼王卿十余日抓捕到五名罪犯，琅琊太守朱博移书曰："王卿忧公甚效！檄到，斋阀阅诣府。"《汉书·丙吉传》记载，丙吉"积功劳，稍迁至廷尉右监"。汉代吏员可通过"积功劳阀阅"而获得升迁的机会，史籍中这方面的事例很多。

汉代对吏员的考核除前述考勤与考功制度外，行政长官往往还有自己的考核方法和判断标准，以决定吏员在本署中的升降或荐举与否。《后汉书·栾巴传》记载，栾巴任桂阳太守时，让所有属吏都读书学习，并组织考试考核，根据考核结果决定升迁去留。栾巴之所以有此举是有特殊原因的：桂阳地处西南边陲，人民不识典训，栾巴的做法是其推行教化的手段，其中有其个人之好恶，也或许仅是一种权宜之计。我们知道，长吏对掾属有极为广泛的管理权限，甚至有生杀予夺的权力，因此在具体考核方式和考核标准上，行政长官应该会有很大的自由度，并没有什么需要严格遵循的规章制度，在很大程度上与长吏本人的好恶有关，有的喜欢文学之士，有的喜好文法之吏，有的喜欢德行修谨者，不一而足。

五、察举、征辟与士大夫政治模式的出现

官吏作为一个相对独立的社会群体，有相同的社会职能，具有共同的价值趋向、人格理想、道德规范和相对稳定的心理素质，我们将之称为“为吏之道”或“吏道”。士阶层有“为士之道”或“士道”。从一定意义上可以说，为吏之道与为士之道是对立的两个概念。

士有士道，各家各派都有自己的政治和社会理想，他们坚持道高于政治、高于君主，士人一方面以文化传承与生产为己任，一方面又力图使自己的学说在现实社会中得到应用。为了实现治国平天下的理想，使自己的学说为当政者所采纳，士人群体不得不面对出仕问题。在出仕议题上，各学派的原则立场颇不相同。在各家学说中，法家独树一帜，要求所有官吏都要严格依照国家的法令和典章制度办事，不允许有任何超出法律规范的行为存在，官吏的基本职责无非是负责国家制度、政令和法律的贯彻执行。换言之，法家主张，国家治理需要的是没有个人创建，甚至是没有独立思想和独立人格的技术性官吏队伍。与此相反，儒家则主张士道高于吏道。通过西汉前期的政治实践，吏道与士道在官僚群体中结合起来，形成

士大夫政治模式，这成为中国古代最为重要的政治特征之一。

1. 官员士大夫化

在春秋战国之际的社会大动荡、大变局中，世卿世禄制贵族政治解体，各国通过变法运动逐渐确立了与专制集权相适应的官僚政治体制，造就了大批训练有素、专事社会管理与行政管理的新型官僚队伍。士人虽然是官僚队伍的主要来源，但他们的价值观念和行为准则尚未完全政治化，士尊士道与官吏尊吏道并行不悖。坚持士道的知识分子群体并不绝对排斥吏道，但他们即使入仕，亦与一般技术性官僚有很大区别，他们始终坚守自己的士道。儒家极力维护道统高于政统的信念，当道统和政统不一致时，坚持“从道不从君”。士人即使入仕，也要与一般技术性官僚相区分，始终保持独立的人格。

法家是官僚政治最坚定的拥护者，法家尊崇的道就是“法”。他们从实用性功利主义出发，为新兴的封建国家设计了一种君主专制的官僚体制。在保证君权绝对权威的前提下，他们主张官僚队伍要分工明确；在行政运行与社会控制手段上，主张严明赏罚，一断于法；对官吏的要求也是以守法作为最终标准的。在这种原则指导下，处于官僚体制下的大小官吏，只是执行国家法令和君主意志的工具，完全遵循法律规则即可，不需要有自己的思想，亦无需保持人格之独立。秦统一全国后，继续推行以法治国方针而无所更张，士人及他们所推崇的士道失去生存空间。

汉代继承了秦朝文吏政治传统，但有所变革，采用道法家思想，在这一点上与秦政还是有很大差别的。汉初的治国方针分为上下两个层次：上层统治者主张无为而治，极力推行黄老政治，而政权的下层则主要承袭秦的文吏政治及其为吏之道。所谓下层，大致指县及县以下的低级官员和行政长官辟除的吏员。若没有这些下层文吏按照秦朝吏道行事，汉初社会就会陷入一种无政府状态，绝不可能重建社会秩序，更不可能出现所谓的文景盛世。汉武帝亲政以后，彻底扭转了汉初以来的无为政策，外事四夷，内兴法度，选任了大批文法之吏，完成了政治转型和经济改革。与此相适应，秦朝奉行的为吏之道再次显示出其优势与现实功用，在国家政治中一时居于主导地位，完全突破了汉初为吏之道仅限于低级官吏的局面。司马光在评价汉武帝时曾说："其所以异于秦始皇者无几矣。"

司马光说汉武帝"异于秦始皇者无几"，但汉武帝与秦始皇毕竟还是有"异"的。汉武帝在推行文吏政治、崇尚为吏之道的同时，也尊崇儒家学说，接受了董仲舒"罢黜百家，独尊儒术"的建议。儒家思想为汉政的变迁提供了新的契机。汉宣帝则明确提出了"霸王道杂之"的口号，使汉政沿着与秦政全然不同的道路演进。在官僚集团内部，吏道与士道并行与对立的局面亦开始转变，二者在对立的同时又相互交融，最终形成士大夫政治模式。士大夫的根本特征就在其处于士道与吏道的交叉点上，实现了士道与吏道的兼容互通，在宏观层面也有效地解决了长期以来道统与政统对立的问题。在士大夫政治模式下，一方面，士大夫以士人自居，试图坚守自己的理想信念与道德操守；另一方面，他们又明习法令，熟知行政规程，熟练掌握行政技术。官僚队伍的士大夫化不仅是汉代完成政治转型的标志，也是此后中国两千年官僚队伍的基本形态。

在士大夫政治模式下，大批吏员乃至文吏出身的官员亦开始倾心向儒，最终完成向士大夫的转化。汉代许多名臣都经历了这种转变，如丙吉起家为狱法小吏，后来转向学习诗礼，终于成为一代贤相；黄霸年少时学习律令，担任小吏，后在狱中坚持学习儒家经典，师从夏侯胜，专攻《尚书》，后亦成为西汉名臣。一些吏员出身的官吏即使做到高官后仍坚持学习儒家经典，如世代以律令传家的于定国官至廷尉后，仍然"延师受经"。另外，为了适应官僚政治要求，大批士人也开始重视并学习为吏之道和行政技术，向士大夫转化。公孙弘本是以治《公羊春秋》起家的儒生，进入官僚队伍后学习"文法吏事"，成功转化为士大夫，常被认为是中国历史上第一个官僚化的儒生。汉昭帝时，隽不疑引用《春秋》记载的事例，说服众人，逮捕了伪卫太子，轻松化解了一场政治危机，使经学的经世致用功能得到充分展示，连向来轻视儒生的霍光都为之叹服。东汉以后，士道与吏道的结合已基本完成，儒生们在稍习儒家经典之后，便开始学习为官为吏的基本技能。许多儒生甚至还学会了军事本领，如东汉时期，刘秀军事集团的君臣俱有儒者气象。东汉的著名将领中有不少出身名儒耆宿，与西汉以草莽英雄为主的开国功臣集团形成鲜明的对比。

当然，并不是所有士人都能成功完成向士大夫的转型，汉武帝时的博士狄山就是一个失败的典型。汉武帝做出主动对匈奴作战的战略决策后，狄山依然支持和亲政策，还讥讽张汤处理淮南王刘安和江都王刘建谋反案的做法，自然为汉武帝所不能容忍。汉武帝问狄山："我派你去治理一郡，你可以让匈奴不侵犯吗？"狄山说："不能。"汉武帝又问："一县呢？"狄山又说："不能。"武帝再追问："那一鄣呢？"狄山被迫回答："能。"汉武帝派狄山去治理边塞上的一个鄣，一个月后，在一次匈奴侵犯中狄山被杀。

官僚队伍的士大夫化，在一定程度上解决了吏道与士道的对立问题，这种新型的官僚政治模式与纯粹的文吏政治相比显示出明显的优势，为官僚政治注入了一股强大的活力，使其出现了一种全新的政治气象。《汉书·循吏传》中有这样一段评论："孝武之世……时少能以化治称者，惟江都相董仲舒、内史公孙弘、兒宽，居官可纪。三人皆儒者，通于世务，明习文法，以经术润饰吏事，天子器之。"在班固眼中，"明习文法"的儒者就是官吏的典范，董仲舒、兒宽、公孙弘三人是士大夫中最杰出的代表。

2. 儒生文吏、官员吏员之辩

士大夫政治模式并没有完全解决吏道与士道的对立问题，二者的对立与矛盾一直存在。《汉书》记载，汉宣帝时不断有人指斥汉宣帝重用文法吏，如盖宽饶指斥汉宣帝"以刑余为周召，以法律为诗书”，王吉则指斥汉宣帝尊为吏之道为“未可谓本务”，认为官员“其务在于期会簿书，断狱听讼而已”，无法建立“太平之基”。在这方面分析最深刻的当数王充了，《论衡》中有不少篇章论及二者的对立情况，并进行了客观的分析，其《程材》篇中的一段文字最具代表性：

> 夫文吏能破坚理烦，不能守身，身则亦不能辅将。儒生不习于职，长于匡救；将相倾侧，谏难不惧。案世间能建蹇蹇之节，成三谏之议，令将检身自敕，不敢邪曲者，率多儒生。阿意苟取容幸，将欲放失，低嘿不言者，率多文吏。文吏以事胜，以忠负；儒生以节优，以职劣。二者长短，各有所宜；世之将相，各有所取。取儒生者，必轨德立化也；取文吏者，必优事理乱者也。①

王充对儒生与文吏的基本论断是：“文吏以事胜，以忠负；儒生以节优，以职劣。”王充的观点虽然有其局限性，但大抵代表了时人的普遍观点。

儒生、文吏两大群体的差异在吏员与官员两个层面上都是存在的，但表现并不均衡。选任与评判官员的标准更倾向于以士大夫为标准，官员不仅要熟悉律令和行政规程，还要有实施教化和因时因地制宜的能力；对吏员的辟除更倾向于选择坚守为吏之道的技术官僚。在士大夫政治模式下，官员本身除作为一种为政治服务的职业官僚群体外，还兼有士人的身份，负有伦理、道义责任。对吏员的要求则相对单一，主要职责就是“处官府，职簿书”，他们只要按律令断事即可。官员与吏员的职能定位与角色差异并不是汉代特有的现象，从现代文官制度视角看，官员同时具有政务官与事务官双

---

① 黄晖：《论衡校释》，中华书局，1990，第534～535页。

重职能，而吏员则是单纯的事务官。士道与吏道之间深层次的价值冲突不是中国传统社会仅有的现象，在现代政治文明中依然存在，政治责任、政治手段与道德伦理、人文精神的冲突始终是存在的，这也是现代政治实践中依然需要处理的一对矛盾。

在现实政治实践中，官员与吏员也常表现出不同的价值取向。大抵而言，官员更倾向于士道，经常因士道突破吏道。吏员在行政中往往严格遵循各项律令，严格按照制度规程和行政经验操作，缺乏进取精神，早在西汉初年，社会上就流传着“不习为吏，视已成事”的谚语。贾彪任新息长期间，城南有盗劫害人者，城北有妇人杀子者，吏员均认为应先办城南之案，而贾彪认为贼寇害人是常有的事情，母子相残才是逆天违道的大事，所以坚持先办城北之事。按汉律，盗贼杀人之罪重于妇人杀子之罪，县府吏员坚持律法优先原则，贾彪则坚持伦理优先原则。第五访为张掖太守时发生饥荒，欲开仓赈济灾民，属吏争相反对，认为应先上报。第五访认为，按程序上报需要太长时间，是置百姓于不顾，即使违犯律法，作为太守也要以救民为先。在这里，吏员依照行政规程办事，即先上报后赈济，而作为官员的第五访则以“不弃民”为准则，遵循儒家为政之道。第五访的这种行为及价值取向，不仅得到士大夫的广泛认同，也被最高统治者认可而免于罪责。第五访的同族长辈第五伦担任会稽太守期间，会稽当地有用耕牛祭祀的习俗，第五伦认为这是一种陋俗，不利于农业生产，欲禁绝这种陋俗，但遭到吏员们的反对。通过这些事例可以看出，吏员与士大夫阶层在施政理念及施政行为中的价值取向与处事原则存在明显不同。

当然，并不是说所有吏员都唯吏道是尊，由于汉代吏员与官员之间没有不可逾越的绝对界限，大批掾吏与士大夫在价值取向上是一致的，并不唯法令是尊，也有很多重视教化、弘扬士道的事例。隋唐以后，随着科举制的推行，官员与吏员之间逐渐有了一道难以逾越的屏障，由吏员出身而为官的机会愈来愈少，吏员阶层与作为士大夫的官员阶层的差异日益强化。与此相适应，吏员的价值取向也发生了很大的转变，他们彻底放弃了对士道的尊崇，唯律令与行政规程是尊，形成了吏员阶层自己的一套价值观念与行事原则。

3. “为吏之道”评析

早在西汉初年，贾谊在《治安策》中就敏锐指出为吏之道的弊病：“夫移风易俗，使天下回心而乡道，类非俗吏之所能为也。俗吏之所务，在于刀笔筐箧，而不知大体。”贾谊认为，由于秦朝官员上下奉行为吏之道，导致“俗流失，世败坏”，这是导致秦朝灭亡的一个重要原因。在汉代士人心目中，儒家重教化的士道与吏道之间的冲突始终存在，反对以吏道选任官员的声音始终未断。《汉书·董仲舒传》记载，董仲舒在给汉武帝的对策中指斥汉武帝“今废先王德教之官，而独任执法之吏治民”的做法。汉代奉行“霸王道杂之”的治国方略，并没有因秦政之弊而去除吏道，而是将之限定在一定范围内和一定层级上。

建立在法家理论基础上的吏道虽然存在弊端，但也有适应国家治理和行政管理需要的一面，吏道蕴含的法治精神对清除贵族政治影响有积极作用。从现代政治学意义上看，法家所提倡的吏道要求大小官吏均以法令行事，杜绝各级官员及政治运行中的人为因素，力图使官员们成为非人格化的执法人员，从行政管理效能上看，有利于提高制度化建设水平和行政效率。吏道所蕴含的这些原则都是很深刻的，比其他各家学派的士道具有更多理性因素，包含着许多超越时代的思想，其中一些主张已相当接近于现代法治精神和文官制度。在政治实践中，吏道也产生了良好的社会效应。荀子入秦后极有感触，将秦国官僚比为“古之吏”“古之士大夫”，将秦国政府比为“古之朝”，对秦国尊吏道的实践成就评价极高。因此，我们可以说，吏道本身不失为一种先进的行政管理与官吏选任理念，秦之速亡并非亡于官吏选任制度，古代一些有卓识的学者早已看出了这一点，柳宗元在其《封建论》中明确提出了秦“失之在政，不在制”的论断。

由于吏道自身的合理化因素及有效的现实功用，中国历代王朝在尊儒、宣扬士道与道统的同时，始终坚持和维系吏道。当然，后世之吏道精神原则除部分地被士大夫所汲取外，主要已被限制在国家官僚队伍的下层和吏员阶层。没有吏道的维系，我们很难想象在物质技术手段相当落后的条件下，中国封建制度能维持两千年之久。在中国传统社会中，基于农业自然经济基础的社会分化程度是很低的，以宗法伦理为基础的基层社会结构根深蒂固。在当时的行政技术条件下，政府的作用被局限在一定领域，任何政府都不可能包办一切社会事务。法家思想中的吏道原则，尽管本身具备了深刻的合理性因素，但这种高度理性化的官僚体制与分化程度相对较低的中国传统社会之间存在不协调的一面。从这种意义上说，吏道又是一种早产之物，更多地带有理想主义色彩和超前性，并不能完全适应中国古代社会治理需要，从这个意义上来说，秦朝吏道的理性化是一种“片面的深刻”。

秦独尊吏道而完全排斥其他各家之说，片面强调政府职责而忽视了社会层面的问题。法家设计了一个包办一切事务的政府，过分强调律法及政府的作用，行政机制完全丧失了自我调节的功能与能力。吏道以法为基础，而最高立法权掌握在君主一人手中，官员对吏道的独尊自然会导致一种绝对的、没有任何弹性和调节机制的绝对君主专制。相对法家而言，儒家学说不是一味强调政权组织建设，而是从社会层面出发，同时关注社会原则，更能与分化程度较低的中国传统社会相协调。汉代士大夫官僚政治，将吏道与儒家思想学说有效结合在一起，同时将其限定于一定范围之内，将国家行政职能与社会自发调节机制有机融为一体，纠正了秦政之偏狭，奠定了中国传统社会国家治理方式，开创了中国传统官僚群体的士大夫模式。

第四章 九品中正制与选任文化

九品中正制在中国古代选任制度发展史上有着十分重要的地位，它上承两汉察举制度，下启隋唐科举制度。东汉末年，逐渐掌握实权的曹操在选人用人时注重乡论，在平定荆州之后开始使用九品之法选拔人才。这是九品中正制的萌芽时期，曹魏时期是九品中正制的确立时期。西晋和东晋时期，门阀士族的势力更加壮大，迎合门阀政治需要的九品中正制也不断走向成熟，甚至蜕变为维护门阀特权的政治工具。南北朝时期是九品中正制的发展变异期。南朝从刘宋开始，注重任用寒门而抵制世家大族，但是九品中正制借助门阀的力量仍在发展，并与勋品、官班密切配合，使南朝流品制度空前发达。北朝时期，九品中正制得到了延续，也产生了一些变异。隋朝建立后，九品中正制进入衰亡时期。隋朝虽然承袭了北周的九品中正制，但不断进行革新，最终确立起科举考试制度，九品中正制度也就走到了历史的尽头。

在中国古代选任制度发展史上，九品中正制的实行是一次影响较大的变革。这种变革包括人才评价体系的创新（如中正官制度）、人才评价方法的变革（如九品评第法）以及人才选任机制的变革（如中正铨选制）等多个方面。这些变革一度起到了积极的作用，特别是对曹魏时期人才的选拔、官僚体系的稳定乃至社会的发展等都起到一定的推动作用。然而，随着时间的推移，九品中正制逐渐成为门阀士族攫取更大政治利益的工具。门阀士族利用这一制度把持选举，造成“上品无寒门，下品无世族”的局面。

九品中正制对社会风俗和社会文化的影响也是显而易见的。它对社会风俗的影响主要表现在婚俗等日常生活的各个方面，如门第婚盛行、士庶不礼接、世家大族子弟讲究容服等。九品中正制对魏晋时期的社会文化也产生了深刻影响，如北方世家大族南迁改变了中国文化地域格局以及促使玄学和谱学的快速发展等。

一、九品评第的由来与实践

九品中正制创设于曹魏时期，是魏晋南北朝时期的主流官吏选任制度。东汉延康元年（220年），曹丕继王位后，命尚书陈群制定九品官人法。九品官人法是一种新兴选官制度，简单地说，就是在州郡设置中正官，由中正官把准备选任的人评定为九品，作为官吏选拔任免的依据。这种制度包括人才评价体系、人才评价方法、人才选任机制等多个方面。

九品中正制是在汉代察举制度上发展起来的，继承了汉代察举制度的基本精神，又在具体程序上进行了重大改革。两汉时期官吏选举的一个重要特征是“乡举里选”，人才选拔主要根据乡里声望确定。东汉后期，许多人为了博取乡里声誉而矫言伪行，乡里声誉与社会声望难以值得信赖，人才选拔失去真实依据。此外，察举是基于地域的人才选举制度，东汉末年以来北方战乱频仍，原来的乡里结构遭到彻底破坏，原有察举系统不复存在，失去了对士人进行乡里察举的依据。时人也将此视为创立九品官人法的原因之一。《晋书·卫瓘传》记载，卫瓘在给太尉汝南王司马亮的上疏中论及此事：“魏氏承颠覆之运，起丧乱之后，人士流移，考详无地，故立九品之制，粗且为一时选用之本耳。”

卫瓘仅仅道出了九品官人法施行的表象，施行九品官人法还有更深层次的原因。东汉后期，豪门大族在乡里评议中发挥着巨大影响力，士林清议之风一度左右士人评价，“乡曲之誉”和社会声望成为名门大族和士林领袖影响选举乃至左右政权的重要工具。特别是政治腐败时期，权门贵仕为了获取官位而四处奔走，选举中的各种舞弊现象不胜枚举。此外，汉代察举制度下二千石及以上的公卿大臣都有察人荐贤的权力，选任权力过于分散，客观上造成对皇权的侵蚀。中正官的设立，将荐举人才、评议人才的权力集中到一个小系统中，便于皇权掌控。东汉末年，曹操为了选拔真正的人才，针对察举制度的弊病，三次颁布“唯才是举”的命令。曹丕代汉后，正式创立九品官人法。

吏部尚书陈群制定九品官人法的直接目的，是为新朝拣选汉廷官员。《通典·选举二》中记载，“吏部尚书陈群以天朝选用不尽人才”，乃立“九品官人之法”。意思是说，因为汉朝对人才的选拔不够准确，所选未必皆是人才，所以才设立了九品官人法。东汉末年，朝廷选拔的人才鱼龙混杂、良莠不齐。相对而言，曹魏政权唯才是举，大批有能力的人被提拔起来。在汉魏政权更迭之际，魏不能尽数摒除汉的官员，那样会引起极大的动荡；也不能尽数吸收汉的官员，那样会降低新政权的效率，现实可行的办法就是重新评定官员。陈群制定九品官人法之后，就在州、郡、县都设置中正官，使曹魏政权统治的北方地区迅速建立起了中正组织。

1. 中正官制度与人才评价体系

九品中正制最显著的创新是中正官制度的建立，即在州、郡、县设立三级中正，分别负责对本级政府辖区人才的评定工作。每级中正都有自己的属员，主要有“访问”和“清定”两类。顾名思义，访问就是访寻察问，清定就是将访寻察问获得的材料整理得清楚明白。此外，未被纳入官僚体系的基层乡里父老系统也承担着相应任务，被视为中正组织的神经末梢，这样就自上而下组成了一个严密而封闭的人才评价荐举组织体系。

郡是最早设立中正组织的地方行政区，郡中正分大、小职。州、郡、县的中正由本级地方长官推选产生，后来这一组织隶属于司徒左长史。司徒左长史一职始设于晋武帝泰始三年（267年），《通典·职官二》记载，“而司徒加置左长史，掌差次九品，铨衡人伦，冠绶与丞相长史同”。《晋书·郑默传》记载了晋武帝司马炎与郑默的故事：司马炎即位前凭借贵公子的身份应当评定等级，但是乡里所有的人都不敢和他一起评定，于是司马氏所在河内郡的中正向州里求援，十二个郡中正一致荐举郑默。晋文帝司马昭在给郑默父亲郑袤的书信中表示：“我的儿子能和您的儿子一起被推举，是十分荣幸的事情。”司马炎后来在南郊祭天时让郑默陪同，仍提起当年荐举之事，对郑默说：“你知道为什么让你来陪同吗？就是因为当时咱们在州里一起被荐举啊。”这里有一个问题，《晋书》中所说的“十二郡中正”不够准确，“十二”是指十二个郡，还是指十二位中正官？答案应当是后者，因为曹魏时期的司州只有六个郡。《晋书·地理志》记载，司州领五郡：河南、河东、河内、弘农、平阳。清代吴增仅、杨守敬《三国郡县表附考证》认为司州领六郡。当然也有人认为是指十二个郡。西晋时司州确实曾设十二郡，但故事发生在司马炎称帝前，时间显然是曹魏时期，因此所谓“十二郡中正”应指六郡的十二位中正官，每郡大、小中正官各一人。

县中正是中正组织的基层机构。《通典·选举二》记载，“魏氏革命，州郡县俱置大小中正”。由此可见，县中正亦有大、小之职。

州中正是大中正，即最高级别的地方中正组织，掌握州中各郡的品评选举，又名州都、都士。州中正位高权重，但在地方中正组织中设置时间最晚。学术界多数人认为州中正是在司马懿掌握朝中大权的时候设置的。例如，唐长孺在《九品中正制度试释》中说，“至迟不出嘉平二年（二五〇年），至早不出正始元年（二四〇年）”[①]。“正始”与“嘉平”都是齐王曹芳的年号，说明这时是司马懿掌权之时。

九品中正制度的人才评价体系，除了上述州、郡、县三级政府组织之外，还充分发挥乡里“三老”在人才品评中的作用。三老是先秦时期基层社会系统中享有较高威望的知识分子，《墨子》和《史记》等典籍中皆有战国时间里及县设置三老的记载。汉代是三老发展最为充分的时期。汉高祖时有关于三老的明确规定：《汉书·高帝纪》载，汉二年（公元前205年），汉高祖刘邦下诏，“举民年五十以上，有修行能率众为善，置以为三老”，每乡一人，择乡三老一人为县三老。三老虽非政府组织人员，但在基层社会拥有很高的威望，他们发挥教化功能，可以就地方政事向县令、丞、尉提出各种建议。三老可免除徭役，汉代皇帝常给予三老布帛等奖赏。三老制度并不一定在历代都健全，据《晋书》《宋书》记载，当时部分县、乡沿袭旧俗，仍设三老，然无定制。虽然如此，由此形成的以乡里父老为基层社会“教化员”的传统一直延续下来。汉末魏初，中正组织体系建立之后，乡里父老则顺理成章地成为它的神经末梢。《太平御览·职官部六十三》引《曹义集·九品议》云：“一州阔远，略不相识，访不得知，会复转访本郡先达者耳。此为问州中正而实决于郡人。”也就是说，对人物的品第表面上取决于州中正，实际上由于州的管辖范围过大，或者说州中正的精力有限，不可能尽访全州，所以实际的品第仍取决于乡里“先达”。这里的先达，就是乡里三老。《太平御览·礼仪部十一》引东晋殷仲堪《合社文》云：“自丧乱流迁，旧俗隳废。今二三宗亲，思桑梓之遗风，遵先圣之明诰，洁齐牲牢。庶乎自佑以来，一日之泽。然三人之行，必有其师，故复选中正，立三老者。惟公理以御众，稽旧章以作宪。”这里把“选中正”与“立三老”并立，可见二者

① 唐长孺：《魏晋南北朝史论丛》，商务印书馆，2017，第100页。

的紧密关系。

2. 九品评第法与人才评价方法

九品中正制采用传统文化中流传已久的九品区分高下法来进行人才评价，具体做法是建立“簿”与“行状”，以此为基础概括人物“名状”并评定其“品”，具体步骤是先访问，次清定。

以“九品”评第事物的优劣，起源甚早。《尚书·夏书·禹贡》歌颂大禹披九山、通九泽、决九河、定九州的功绩，并说他按照土壤、贡赋等把疆域区分为九个等级（上上、上中、上下、中上、中中、中下、下上、下中、下下）。这种以九品区分高下的方法后来被广泛应用，西汉时期人们已用这种方法来区分人物的优劣。例如《史记·李将军列传》将李广与李蔡进行比较：“蔡为人在下中，名声出广下甚远，然广不得爵邑，官不过九卿，而蔡为列侯，位至三公。”这里的“下中”就是用九品评第法评价的。司马贞在《史记索隐》中很明确地指出了这一点：“以九品而论，在下之中，当第八。”班固把这种方法移植到《汉书·古今人表》中，把古今1054位人物按照时代先后和九个等级列入表中。

九品评第的传统对曹魏政权选拔人才起到了启发作用，《太平御览·职官部六十三》引《孙楚集·奏》曰：“九品，汉氏本无，班固著《汉书》，序先往代贤智以为九条，此盖《记鬼录》次第耳。而陈群依之，以品生人。”这里所说的“陈群依之”就是强调陈群对班固等人的继承。《三国志·吉茂传》记载：“先时国家始制九品，各使诸郡选置中正，差叙自公卿以下，至于郎吏，功德材行所任。”这里明确记载，九品评第的对象是自公卿至郎吏的现任官员。《资治通鉴·魏纪》“文帝黄初元年”条记载，陈群“立九品官人之法”，所谓九品，指上上、上中、上下、中上、中中、中下、下上、下中、下下九个评定等级。

中正组织以九品评第人才的具体做法是建立“簿”与“行状”（相当于现在的人事档案），并以此为基础概括“名状”与定“品”。

“簿”是对家族世系，特别是主要成员仕履状况的记录，又称“簿世”或“簿伐”。簿世者，强调对家族世系的记录；簿伐者，强调对家族阀阅的记录。家族的世系、阀阅是中正官评定人才的重要依据，《太平御览·职官部十二》引《晋阳秋》云：“陈群为吏部尚书，制九［品］格，登用皆由（于）中正考之簿（世）［册］，然后授任。”“行状”是指所考察之人的个人履历情况，特别是品德表现。汉代察举，即重行状，至魏晋则增加“清议”内容。《晋书·王隐传》记载，王隐有著述之志，经常“私录”晋朝大事及功臣行状。这里的行状即个人履历，王隐的私录是个人行为，仍属于清议范畴。九品中正的行状是在清议基础上的公议（当然实际上未必公允），且须“条列”清楚，以公文形式上报。《晋书·刘弘传》记载，刘弘上表举荐人才时，详细列出每个人的行状，让被荐举人的功劳和品行相互参照。

“名状”与“品”是中正组织给出的相关结论。所谓名状，按其字面的意思就是事物的状态，在九品中正制中就是对个人品德和才能的具体评价。《晋书·刘毅传》记载，刘毅上疏论九品：“夫名状以当才为清，品辈以得实为平，安危之要，不可不明。”意思是说名状符合人物的才能才可以称为清正，品评人物实事求是为公平，这是关系到国家安危的关键，不可不明察。可见，所谓名状是以评价才能为主的，刘毅所谓“名状以当才”“品辈以得实”正是建立九品中正制度的初衷。《晋书·孙楚传》记载：孙楚与王济有交情。王济任本州大中正时，寻访察问本邑士人的品行表现，访问到孙楚时，王济对他的下属说，这是一个罕见的人才，你们很难进行准确评价，于是王济亲自为孙楚作名状，语曰：“天才英博，亮拔不群。”由此可见，名状是概括性的甚至是比较抽象的一些描述，刘毅所谓“品辈以得实为平”应当是比较难实现的。

所谓品，即品类、品质，用于九品中正制，特指个人德才的等级，或用作动词，指对个人德才的评定。一般而言，中正官的评价，要以乡品为基础。乡品自东汉即已十分盛行，如《后汉书·王允传》记载，著名的乡品名家郭林宗一见王允即认为他是奇才，品之曰："王生一日千里，王佐才也。"《晋书·王戎传》记载，王戎"有人伦鉴识"，他评价山涛"如璞玉浑金"，评价王衍"如瑶林琼树"，评价陈道宁"谡谡如束长竿"，又说"裴颜拙于用长，荀勖工于用短"等。这些评价不仅为时人所称道，也对人物的仕途起到了重要作用。孙秀曾任琅琊郡的小吏，为了进一步提高在士林中的声望，他"求品于乡议"。王衍本来不答应评议他，但在王戎的劝说下他答应给孙秀品评。后来孙秀擅权，但王戎、王衍并没有遭受打击，就是孙秀对二人当时品评之事的回报。我们对于孙秀的品质不做评价，但是从这里可以看出乡品的重要性。各级中正在乡品的基础上定品，再汇总于司徒。《晋书·李重传》记载，李重在上疏中提到："司徒总御人伦，实掌邦教，当务峻准评，以一风流。"在李重看来，正是因为司徒掌握"邦教"，才决定了司徒在品议中有最高的权威。这与九品官人法重视教化的基本理念是完全一致的。

人才评价工作的步骤是先访问，次清定。从中正属员的"访问""清定"名称可以看出，他们显然都是九品品第具体事务的执行者。

访问，即有目的地去探访别人并询问有关信息，这是人才评定的必要步骤。《梁书·敬帝本纪》载，梁太平二年（557年），梁敬帝诏曰："诸州各置中正，依旧访举。不得辄承单状序官，皆须中正押上，然后量授。详依品制，务使精实。"这里的"依旧访举"就是依照旧例访问荐举的意思。访问是授官必经的程序，不能仅仅凭借"单状"就授予官位，必须由中正签押上报，然后才可以量才授官。《晋书·刘卞传》载：刘卞到洛阳后，得以进入太学，通过考试，任四品官。访问命令刘卞"写黄纸一鹿车"，刘卞不屑于这些刀笔琐事，不从，访问发怒，告于中正，贬刘卞为尚书令史。从这里的“黄纸一鹿车”可以看出当时访问的案头工作是十分繁重的。

所谓清定，字面的意思是清晰、确定。在九品中正制中，清定所负责的工作就是对人事档案的整理，需要在访问的基础上将品第的内容落实到文字上。例如，《晋书·石季龙载记》载，石季龙曰：“魏始建九品之制，三年一清定之，虽未尽弘美，亦缙绅之清律，人伦之明镜。”所谓“三年一清定”，指的是对人事档案的三年一次的大整理。《南齐书·王谌传》记载了南齐明帝时围棋州的中正官署情况：王休仁为围棋州都大中正，王谌与太子右卫率沉勃、尚书水部郎庾珪之、彭城丞王抗四人为小中正，褚思庄为清定，傅楚之为访问。

3. 中正铨选制与人才选拔机制

在基本仕进方式上，魏晋时期仍沿袭了察举、征辟等汉代仕进的基本形式，但在具体实施程序上进行了较大幅度的调整。九品中正制之下的人才选任机制大致是这样的：基层的中正组织根据访问所得，整理簿状，铨定名品；大中正核实，上报司徒左长史；司徒核定之后报尚书，供尚书选用。在九品中正制确立之后，强化了对士人声望的官方评价，各项选任必须以中正的品第为参考。据《南史·庾荜传》记载，梁州人邓元起担任益州刺史，功勋卓著，但是出身卑微，名声也不大。他很想“名挂士流”，也就是进入士族的行列。因此，他向始兴忠武王萧憺（梁文帝之子，时任州将）请求加入士籍出任州从事。萧憺就让庾荜起用邓元起，但是庾荜拒绝从命。萧憺大怒说：“邓元起已经经过我王府的同意，你为何舍不得一个州从事的职位呢？”庾荜却回答道：“王府当然是您的王府，但州却是我管理的州，必须讲究出身，先对人物进行品第。”萧憺无法让庾荜屈服，最后只好作罢。可见，贵为皇室宗亲的王爷也不能随意更改人物品第的程序。《通典·选举二》载：“若吏部选用，必下中正，征其人居及祖父官名。”说明吏部用人，须以中正系统的品第为基础。中正系统成为相对独立的系统。事实上，不论是承袭汉制的察举秀孝、公府辟召，还是肇于魏晋的吏部铨叙，都受到九品中正制的影响。

察举秀孝虽承袭汉制，但自九品中正制确立后，也必须经过中正品第。察举制度在东汉末年已滋生了种种腐败现象，当时有童谣曰："举秀才，不知书；举孝廉，父别居。"这是对东汉末年朝政黑暗、选任不公情况的讽刺。但是无论如何，魏晋时期仍承袭了这一制度。曹魏时期的察举孝廉员额数限制比东汉时期更加宽松，黄初二年（221年），魏文帝下诏，郡国户口数满十万的，每年察举孝廉一人；确实优秀的，可不受户口名额限制。晋以后仍袭用察举孝廉制度，《晋书》中有不少关于举秀才的记载。魏晋以后察举孝廉、秀才的对象常以州郡属吏为主，但同时也面向世家大族的子弟或品德优异的士人。《晋书·王祥传》记载，王祥举秀才，任温县县令，累迁至大司农。汉代察举主要依据"乡曲之誉"，魏晋时期与此不同，察举对象必须是经中正品第者，品第等级是推荐人才的资格条件。阎步克先生详细考察了魏晋时期的察举品第标准：察举秀才和孝廉，乡品须为二、三、四品；察举廉吏，乡品须为四、五、六、七品；察举贤良，乡品须为二品；察举灼然，乡品须为二品之优者。[①]

与汉代不同的是，魏晋以后，在士族门阀政治下，察举秀孝似乎不再有太大的吸引力，《晋书》中有不少这样的记载。《晋书·羊祜传》记载，州官四次征辟羊祜，五府（西晋中央五个最高权力机构的合称）也纷纷任命他，但都被他拒绝。《晋书·刘寔传》记载，郡里察举刘寔为孝廉，州里察举他为秀才，但他都不去。这种事例还有很多，无须枚举。究其原因，是因为实行九品中正制以来，世家大族子弟有了更好的晋身之阶，他们可以凭借很高

① 阎步克：《从任官及乡品看魏晋秀孝察举之地位》，《北京大学学报》（哲学社会科学版）1988年第2期，第34～35页。

的品第由吏部直接任命。相比之下，察举秀孝不仅要看中正品第，还要经过一定的考核程序，最后仕于州郡，只能通过吏道升迁。换言之，察举秀孝主要面向中低级官吏和普通士人，对那些有机会“平流进取，坐至公卿”的世家大族子弟缺乏吸引力。

与汉代一样，魏晋时期公府辟召仍是重要的选官途径。自西汉以来，朝廷设置的三公（不同时期三公所指不同）及大将军等皆可开府置属吏，即所谓公府辟召。魏晋时期公府辟召的范围进一步扩大，三公、大将军之外的大司马、诸王等皆可以开府置吏。《晋书·元帝纪》记载，司马睿为晋王时辟除掾属一百余人。除了王、公之外，西晋初年增加了可以开府的职位。《晋书·职官志》记载：“骠骑、车骑、卫将军、伏波、抚军、都护、镇军、中军、四征、四镇、龙骧、典军、上军、辅国等大将军，左右光禄、光禄三大夫，开府者皆为位从公。”不仅开府辟召的范围扩大，辟召人数与职务也比汉代大大增加，除一般诸曹掾属，府主还可自辟主簿、参军等高级属吏。

汉代，公府辟召主要靠辟主个人识才察人，辟主的权力很大。魏晋时期，公府辟召与察举秀孝一样，亦受品级影响，公府辟召的吏员必须有相应的乡品等级。《晋书·张轨传》记载，安定乌氏人张轨，少年时明敏好学，才华与姿仪都十分出众。中书监张华曾与张轨谈论经义以及政务得失，十分赏识张轨的才华，但张轨在乡品中的等级不高，张华断定这是安定中正官的失误，认为张轨的等级应为“二品之精”。张华的品论为张轨赢得了更高声誉，后来张轨被卫将军杨珧征辟为掾属。

除受品级制约，西晋以后门第也成为影响公府辟召的重要因素。《晋书·光逸传》记载，光逸有“奇才”之誉，后举孝廉，为州从事，但不久即弃官而去，投奔赏识他的胡毋辅之。胡毋辅之就把他举荐给府主司马越，但是司马越以光逸出身寒门而拒绝辟用他。后来司马越责怪胡毋辅之无所荐举，胡毋辅之说：“我曾经给您荐举过光逸，是您坚持非出身世家者不用，不是我不荐举。”于是司马越就起用了光逸。这种戏剧性的变化折射出公府征辟高门优先的事实。另外，被征辟者也十分重视府主的门第。如果府主是皇室贵戚或世家大族，被征辟者亦有荣焉，而且获得升迁的机会可能会更多。相反，则机会渺茫且脸上无光。例如，《晋书·陶侃传》记载，孙秀是亡国将领的后代，因缘际会得以拔擢为伏波将军，但家族的门望不高，中原士族都不屑于到孙秀的将军府做掾属，孙秀只好任用陶侃这样的寒门子弟。

两汉时期，士人入仕必经察举或征辟程序；魏晋以后，由于九品中正制的实行，吏部可径直依据中正系统的评级而铨选官吏，这成为世家大族子弟的一条仕进坦途。此坦途无须考试，只要经过中正品第，获得高品，即可由吏部直接铨选入仕。

两晋沿袭汉代郎官制度，一些著名世家大族如琅琊王氏、泰山羊氏、河东裴氏、颍川荀氏、陈郡谢氏等，其家族子弟多以著作郎、秘书郎、尚书郎等台省郎吏起家。能以郎吏起家者，其乡品须为上品。郎官是皇帝身边的近侍，为清要之职且晋升快，成为世家大族子弟竞逐的对象；与此相对，那些虽有才华和令誉但并非出身世家大族的人，很难担任这些清要之职。《晋书·阎缵传》载，阎缵博览典籍、精通物理，事继母谨孝，有誉于乡曲。国子监祭酒邹湛认为他的才能足以胜任著作郎一职，就向秘书监华峤推荐。华峤却说，这一职位非常清闲，俸禄却很高，权贵势要之家都去争取，根本没有机会给那些真正能够胜任的贤才。华峤道出了两晋用人之原则，最终没有采纳邹湛的建议。

二、门阀政治

曹魏九品中正制度选官改革，沿袭了曹操“唯才是举”的人才选拔精神，在曹魏时期曾产生过积极作用，正如《晋书·卫瓘传》所说：“其始造也，乡邑清议，不拘爵位，褒贬所加，足为劝励，犹有乡论余风。”作为制度改革的见证者，卫瓘的评价是客观公允的。然而，九品中正制本身就是曹魏政权与世家大族妥协的结果，同时也为世家大族掌握政权大开方便之门，很快便违背了制度设计的初衷。九品中正制的实行，使世家大族把持选举权，促进了门阀政治的形成，并且由于世家大族子弟可以“平流进取，坐至公卿”，所以他们不愿意从事艰苦的吏职，士道与吏道的分化由此产生。世家大族把持政权，占据显位，增加了叛逆和篡夺政权的扰乱，加剧了政治的黑暗和腐败。

1. 世族与选举

门阀政治的发展，与世家大族对选举权的把持互为因果。九品中正制的发展，便利了世家大族子弟入仕，使得“上品无寒门，下品无世族”。占据“要津”的世家大族又利用权势干预九品评第，进一步操纵各级选举。《梁书·武帝本纪》记载，中兴二年（502年），萧衍晋爵为王，齐和帝诏令，梁国始建，可依旧典选拔一众要职，全部按照朝廷之制。萧衍上表曰：“且闻中间立格，甲族以二十登仕，后门以过立试吏，求之愚怀，抑有未达。”出身世家大族的人二十岁就可以入仕，出身寒微门第的人三十岁以后才可以出任官吏，足见当时朝廷订立的规矩是非常不合理的。世家大族对选举权的把持，可以从甲族子弟的“起家”、次等世族的“起家”以及寒门田畯“解褐”的情况看出。

萧衍上表中所称的“甲族以二十登仕”并非虚夸之言，对甲族高门子弟而言这是普遍情形。甲族子弟出身者，多担任秘书郎、著作郎等清要之职。秘书郎，东汉置，三国时以秘书郎专管图籍，六品，晋朝沿置。著作郎，三国时魏明帝置，隶中书省，六品，在两晋南北朝时亦为清要之职。以琅琊王氏为例：王洽，弱冠，历散骑、中书郎；王彪之，初除佐著作郎、东海王文学；王羲之，起家秘书郎，被征西将军庾亮请为参军，累迁长史；王球，除佐著作郎，不拜，寻除琅琊王大司马行参军，转主簿等。秘书郎一职，例为世家大族子弟起家时选任的官职，而且选上之后就等待位次入补，短则数十日，长不过数百日即可升迁他职。《梁书》之所以记录这些当时的“常识”，是因为张缵很反常，他在担任秘书郎之后，居然不急于迁任，而是欲遍观阁内书籍。这在当时，可能算是异类，故史家记录下来。通常情况下，入选此职的世族子弟，有才学者少。当时谚语曰：“上车不落则著作，体中何如则秘书。”意思是说，登上仕途只要不落选就会被任命为著作郎，拿起笔来只要会写一般问候性的书信（“体中何如”是当时问候套语）就可以被任命为秘书郎。

甲族子弟起家者也可能任东宫官属、公府与台省的官职。《晋书·王敦传》记载，王敦尚武帝女襄城公主，拜驸马都尉，除太子舍人。《晋书·裴頠传》记载，裴頠起家为太子中庶子。两晋南北朝的东宫官属，例由甲族担任，《梁书·庾于陵传》记载，“旧事，东宫官属，通为清选，洗马掌文翰，尤其清者。近世用人，皆取甲族有才望”。意思是说，按照以前的旧例，东宫的官职都是“清选”，掌管文书的太子洗马一职，更是其中特别清要之职。近世以来，全都是从甲族门第中挑选有才气和名望的人任东宫官员。这次选庾于陵为太子洗马，当然是个例外。除了东宫官属之外，甲族子弟起家者也可任公府、台省等清要官职。仍以琅琊王氏为例：王珣，弱冠为桓温掾，转主簿；王廙，辟太傅掾，转参军；王徽之，初为大司马桓温参军，后又为车骑桓冲骑兵参军；王准之，起家为右常侍；王微，起家为司徒祭酒，转主簿；王昙首，辟琅琊王大司马属；王敬弘，起家为左常侍等。不仅琅琊王氏，《晋书》等史籍的人物传记中多有“少历清官”的记载，如何曾之孙何嵩“少历清官，领著作郎”；王导之子王荟“不竞荣利，少历清官”；温峤死后，其子温放之“嗣爵，少历清官”。

与此相对应，如果甲族子弟出任外藩，则被视为有损家门之举。例如《北齐书·崔劼传》载，和士开专权的时候，想尽办法沽名钓誉，很多大臣都趁此机会替自家子弟谋求官位，当然世家子弟谋求的大多是清要之职。然而，崔劼的两个儿子崔拱、崔㧑却都外任地方官。崔劼的弟弟崔廓之劝说他：“崔拱、崔㧑都很有才干，为何不让他们在中央担任清要之职呢？让他们出任地方官，对崔氏家族声誉有损。”当然，崔劼也是当时的特例，他回答说：“自从我任职以来，想为自己说一句晋身的话都深感耻辱。如果推荐自己的孩子，那和推荐自己也就没有什么区别了。”崔劼因此在士大夫中获得很高的声誉，“闻者莫不叹服”。从这一事例可以看出，一般情况下世家大族是以外任为耻的。

次等世族是指那些仅次于甲族的世家大族。与甲族子弟动辄以秘书郎、东宫官属或其他公府、台省官职起家相比，这些次等世家大族的子弟多以州郡的主簿功曹起家。当然，这种比较是相对而言的。例如东晋时琅琊王氏权倾朝野，罕有能匹者，但在南朝时王氏家族势力相对衰落，子弟亦多有任州郡的主簿功曹者。

《梁书·康绚传》记载，齐文帝萧长懋为雍州刺史时，所辟属吏都出身名门望族，唯独康绚是个特例，康绚因有特别出众的才华，被辟为西曹书佐。事实上，康绚这个特例也不能算是真正的寒门子弟：康绚的祖上是西域康居国的王子，在汉朝设置西域都护时作为侍子到达都护府定居，其后代即以康为姓。后来边疆动乱，康氏家族内迁。康绚的曾祖康因曾任前秦苻坚的太子詹事，其祖父康穆曾任后秦姚苌的河南尹，后来康穆带领康氏家族三千余家迁至襄阳的岘南地区。南朝宋为此设置了华山郡蓝田县，以康穆为秦梁二州刺史。康绚的伯父康元隆、父亲康元抚，都曾担任过华山郡的太守。可见，康绚家世绝非寒素。《梁书》举此为例，更加清楚地印证了州郡征辟非世家不取的惯例。

《梁书·杨公则传》载，杨公则为萧齐时的著名将领，后来跟随雍州刺史萧衍起兵。齐和帝萧宝融即位后，授杨公则湘州刺史。当初杨公则率军东下的时候，湘州各郡大多没有归顺；等他返回时，各路屯聚的队伍就四处逃散了。杨公则到任后，轻徭薄赋，很快湘州的户口就差不多恢复到原来的数量了。按照当时湘州的风俗，那些寒门小户的人家常用贿赂手段求取州县的属官之职。杨公则到任之后，完全断绝了这些人的官路。本传载："湘俗单家以赂求州职，公则至，悉断之，所辟引皆州郡著姓，高祖班下诸州以为法。"杨公则所辟召的都是州郡里有声望的大姓高门，梁高祖武皇帝萧衍布告诸州，要求以此为标准，效法此做法。

当时的人，如果门第贫寒，即使有幸被征召，也会因出身较低而自惭，常会辞而不受。《南史·孝义传》记载了吴逵拒受功曹的故事。吴逵是吴兴郡乌程县人，由于遭受长年的灾荒饥馑，加上瘟疫流行，吴逵的父母、兄弟、嫂嫂等都死去了，一家死了十三口人。吴逵也染上疾病，奄奄一息，被邻居用草席裹起来草草地埋在村子旁边。但他死里逃生，侥幸存活了下来。他白天给人帮工，夜晚伐木烧砖，亲手制作了十三口棺材，把他的亲人以体面的方式埋葬。他的孝义之举感动了乡邻，也感动了太守。太守张崇之三次以礼征他出山，太守王韶之欲擢吴逵为功曹史，吴逵以自己出身门寒，固辞不受，最后被选为孝廉。

那些门第寒微的人如果不自量力妄求州郡掾属之职，往往为时论所非。例如，《北史·冯元兴传》记载："元兴世寒，因元叉之势，托其交道，相用为州主簿，论者以为非伦。"《新唐书·儒学列传》中载有柳芳的议论，云："北齐因仍，举秀才、州主簿、郡功曹，非'四姓'不在选。"意思是说，北齐因袭北魏的选举方法，大凡举秀才、州主簿、郡功曹等职位，不是四姓的皆不得入选。那么，什么是四姓呢？南渡过江的世家大族称为"侨姓"，主要有王、谢、袁、萧；东南地区原有土著大姓为"吴姓"，主要有朱、张、顾、陆；崤山以东的称为"郡姓"，以王、崔、卢、李、郑为大姓；关中地区的也号称"郡姓"，以韦、裴、柳、薛、杨、杜为首；来自代北的叫"虏姓"，以元、长孙、宇文、于、陆、源、窦为首。这是按照地域列举的主要大姓。还有一种是按照家族势力划分的甲乙丙丁四姓。柳芳曰："尚书、领、护而上者为'甲姓'，九卿若方伯者为'乙姓'，散骑常侍、太中大夫者为'丙姓'，吏部正员郎为'丁姓'。凡得入者，谓之'四姓'。"不论是三公九卿还是散骑常侍、吏部正员郎，都是中枢机构的职位。若非士族大姓或家族中如果没有在中枢机构中任职的，其家族之人连主簿、功曹这样的地方佐吏也无资格任职。

门第影响官吏选任如此之巨，于是就兴起了一门谱牒之学。《新唐书·儒学列传》中记载了柳芳的论述：

> 魏氏立九品，置中正，尊世胄，卑寒士，权归右姓已。其州大中正、主簿，郡中正、功曹，皆取著姓士族为之，以定门胄，品藻人物。晋、宋因之，始尚姓已。然其别贵贱，分士庶，不可易也。于时有司选举，必稽谱籍，而考其真伪。故官有世胄，谱有世官，贾氏、王氏谱学出焉。

《南史·庾荜传》记载了庾荜坚拒始兴忠武王萧憺，不让已经担任益州刺史的邓元起不经品第即入士籍担任州从事的故事。他儿子的故事同样精彩。庾荜的儿子叫庾乔，后来当上了荆州别驾。当时担任荆州刺史的是萧绎（即后来的梁元帝），他任命寒门出身的范兴话做了州主簿。萧绎勒令庾乔听任范兴话到职。到了临就职的那一天，府州官员都来祝贺，庾乔却不肯入列，他解释说："庾乔忝为端右，不能与小人范兴话为雁行。"意思是说，我庾乔愧为长官，却和一个"小人"（寒门之人）范兴话在同一个队伍里。萧绎听了这话，就升了庾乔的职，并且解聘了范兴话。可怜的范兴话还没上任就被遣返回家，羞愧忧愤而死，而世人却盛赞庾乔，认为他没有败坏家风。由此可见，寒门之人即使才华出众也很难担任高官，其仕进之路何其艰难。

2. 官吏分途

两汉时期察举征辟制度下，吏道是士人由吏员而入仕的基本方式；魏晋以后尽管高门士族子弟可避开吏道而凭借门第优势直接担任高官，但吏道仍不失为一种入仕渠道，正如马端临在《文献通考·选举一》中所说："魏晋以来，虽立九品中正之法，然仕进之门则与两汉一而已。或公府辟召，或郡国荐举，或由曹掾积累而升，或由世胄承袭而用，大率不外此三四途辙。"尽管如此，在九品中正制影响下，吏道入仕还是发生了很大变化，官与吏的分途成为官僚队伍发展的基本趋势。

两汉时期吏员由行政长官自行辟除，魏晋时期对吏员选用制度进行了改革，中央政府的吏员不再由长官自行辟除，而是改为由吏部统一铨选。中央政府吏员选用制度的变化标志着吏员向"命士"过渡，其品位虽然不高（曹魏时期尚书府诸曹令史为八品），但毕竟成为官员的一部分，这是本质性改变。而且，中央政府中的吏员有很多升迁机会，因此往往是高门士族竞相追逐的职位。魏晋时期，中央政府吏员的地位有很大实质性提升，尤其是公府中的掾史成为国家行政组织体系中的核心成员，如蒋琬曾为蜀汉丞相府东曹掾、姜维曾为蜀汉丞相府仓曹掾，二人都是诸葛亮极为看重的人才。一些贵为列侯的权贵甚至也在公府中担任吏员，如京陵侯王浑就曾被大将军曹爽辟为吏员。

唐代魏玄同对魏晋时期吏员辟除制度进行了总结："汉掾史从事，悉任州郡；爰自魏、晋，始归吏部，因循迄今。"[①]魏玄同的总结并不准确。据《周书·苏绰传》记载，西魏时苏绰曾谈到地方政府吏员的情况："今刺史守令，悉有僚吏，皆佐治之人也。刺史府官则命于天朝，其州吏以下，并牧守自置。"可见，直到南北朝时，地方政府吏员仍由行政长官辟除，吏部主要负责中央政府

---

① 杨晨：《三国会要》，中华书局，1956，第290页。

吏员的铨选。与两汉相比，魏晋时期的地方政府吏员出现两极分化现象：一方面，低级吏员地位下降，甚至出现专门的“吏户”。这些吏员不仅与升迁无缘，甚至需要服吏役，其社会地位比一般民户还低。另一方面，州郡主簿及诸曹掾史等高级吏员地位显著上升。《隋书·百官志》中将功曹、主簿及其他诸曹掾史等吏员与州长史、司马、郡丞及中正等国家“命官”并称为州郡属官，可见这些高级吏员的地位提高了。在现实中，州郡高级吏员是众多士人竞逐的职位，甚至一些高门士族子弟也热衷于充任州郡高级吏员。《三国志·吴书·朱治传》记载，朱治任吴郡太守期间，公族子弟、吴地四大著姓多有出仕郡掾吏者。

魏晋以后，随着吏员辟除制度改革及吏员地位分化，吏道仕进制度也发生转变。一方面，吏道仕进之途依然存在，官与高级吏员之间的界限变得更加模糊；另一方面，地方政府中的多数低级吏员被排除在吏道升迁之外，官与低级吏官之间的区分更加严格，吏道仕进之途愈来愈窄。汉代文吏与儒生融合得较为理想的政治模式，在魏晋时代随着九品中正制的实行而逐渐被抛弃，官僚组织体系沿着官与吏分途的方向发展。

官与吏分途的直接原因是世家大族对吏道仕进方式的排斥和反对，根本原因是士人理想与严酷现实之间的矛盾。处于官僚体系底层的吏员们，就是庞大国家机器的一颗颗螺丝钉，必须紧紧地固定在自己的岗位上发挥应有的作用，这不仅与儒家“君子不器”的信条有较大距离，更与世家大族子弟对仕途的期待与理想生活方式相去甚远。低级吏员俸禄一般在百石及以下，勉强够五口之家糊口。成为吏员，对贫寒人家来说固然不失为一种维持生计的途径，但对于锦衣玉食的世家大族子弟显然没有多少吸引力。更主要的是吏员公务繁重，一颗螺丝钉有一颗螺丝钉的承重，一个吏员有一个吏员的事务，兵、刑、钱、谷，哪样都不是靠“目送归鸿，手挥五弦”的洒脱所能实现的。吏员坐署理事，甚至为长官做私役等，稍有不慎，即受笞辱。例如

《晋书·刘卞传》记载，刘卞为县小吏时，县功曹晚上喝醉了酒，如厕时让刘卞为其执烛照明。可见，小吏的地位是很低下的。这怎么是那些“不以世务婴心”的世家大族子弟所能够忍受的呢!

九品中正制造成世家大族在政治上和经济上的双重垄断。政治上，他们把持选举，垄断权位，造成士庶天隔的阶层分离局面。赵翼在《廿二史劄记》中说：“真所谓上品无寒门，下品无世族，高门华阀，有世及之荣；庶姓寒人，无寸进之路；选举之弊，至此而极。然魏晋及南北朝三四百年，莫有能改之者，盖当时执权者，即中正高品之人，各自顾其门户，固不肯变法；且习俗已久，自帝王以及士庶，皆视为固然，而无可如何也。”[①]这种士庶天隔的局面本是极大的社会不公，然而世家大族子弟却习以为常，认为是天经地义的事。《南齐书·王俭传》曰：“自是世禄之盛，习为旧准，羽仪所隆，人怀羡慕，君臣之节，徒致虚名。贵仕素资，皆由门庆，平流进取，坐至公卿，则知殉国之感无因，保家之念宜切。”

此外，九品中正制还加剧了世家大族在经济上的垄断。《晋书·食货志》详细记载了西晋的户调制度：“其官品第一至于第九，各以贵贱占田，品第一者占五十顷，第二品四十五顷，第三品四十顷，第四品三十五顷，第五品三十顷，第六品二十五顷，第七品二十顷，第八品十五顷，第九品十顷。而又各以品之高卑荫其亲属，多者及九族，少者三世。宗室、国宾、先贤之后及士人子孙亦如之。”门阀士族不仅依据官品占有数量不等的田地，还可以荫庇他们的亲属，多的可以荫庇九族，少的也可以荫庇三代直系血亲。这些特权适用于皇帝的宗室、国宾、先贤的后代以及士人的子孙等。更有甚者，晋朝还规定可以荫庇衣食客和佃客，根据官品，各有等差。这种制度造成的后果十分严重，不仅缩小了国家的税源，也强化了世家大族的经济特权，造成世家大族在经济和政治上的双

① 赵翼：《廿二史劄记》，中国书店，1987，第102页。

重垄断。

处于政治和经济双重垄断地位的世家大族子弟，手挥麈尾，信口雌黄，当然不屑于担任那些事务繁杂的小吏，但是他们依据中正给予的高品，起家往往都是那些职位清显而俸禄丰厚的官职。例如，曹魏时期，官品为二品的上军大将军曹真，其子曹爽起家为五品散骑侍郎；官职为二品的夏侯尚（任征南大将军），其子夏侯玄起家为五品散骑黄门侍郎；任太傅的钟繇（一品），其子钟毓起家为五品散骑常侍；任太傅的司马懿（一品），其子司马骏起家为五品散骑常侍……这些官居一品、二品的宗室、权臣，其子起家即登五品，且为皇帝近侍，职位清显，禄厚事简。甲族高门子弟凭借门第可以五品起家，次等士族或甲族的次等选择是州郡大吏。至于末曹小吏，则例由寒门担任，事务繁杂，且升迁困难。

官员与吏员分途始自魏晋，在隋唐时期随着科举制度的确立与发展，由吏员升迁为官员不再是仕进正途，秦汉以来形成的吏道选官制度逐渐退出历史舞台。唐朝由吏员升迁为官员的数量很少，少数人即使由吏员做到高官，这段吏员经历也被视为污点。《旧唐书·张玄素传》记载，张玄素年轻时曾为刑部令史，后来虽然官至光禄大夫（从三品），但被提起吏员出身时仍感到十分羞愧，以至于“殆不能移步，精爽顿尽，色类死灰”。与官吏选任制度相适应，官僚队伍结构和素质亦随之发生重大变化：一方面是官员队伍全面“士大夫”化；另一方面是士大夫与吏员阶层分离的情况日趋严重，形成了很严格的官吏分途格局，吏员完全走向“胥吏”化。

3. 世族与政治

杨筠如在《九品中正与六朝门阀》一书中指出，九品中正制度在政治上产生了两个方面的重要影响：一是增加了叛逆和篡夺政权的扰乱，二是养成了黑暗和腐败的政治。这种概括比较简明，下面将对这两个方面加以诠释。

一是皇权对门阀的忍让。

东晋是在世家大族支持下建立的政权，门阀政治特性表现得最为突出。东晋王朝门阀势力之大，到了可以对皇权取之予之的地步。门阀可以干预皇权，皇权不得不对门阀让步，大大削弱了政府威权。东晋初年，立国未稳，全赖世家大族特别是琅琊王氏的支持，时谚云："王与马，共天下。"当时，王导专机政，王敦总征讨，晋元帝深感畏忌，乃用刁协、戴渊、刘隗等寒门人士为心腹，欲以节制王氏，却使王敦怨愤，发动叛乱，攻入建康。王敦的叛乱，不仅没有受到世家大族的一致讨伐，相反却得到了大批世家大族的支持，晋元帝忧愤而死。当然，琅琊王氏如果取而代之，也会遭到其他世家大族的普遍反对。至晋穆帝时，桓氏势力显赫，有势倾天下之势，晋穆帝惧之，遂引殷浩为佐助，以牵制桓氏，但却导致了桓温的叛乱。东晋政权不仅艰难地维持着皇族与士族共治的平衡，还要维持着士族与士族之间的平衡。田余庆先生在其《东晋门阀政治》一书中，对琅琊王氏、颍川庾氏、龙亢桓氏、陈郡谢氏等家族与东晋政权关系的考证甚详，从中可以看出门阀对皇权的重要影响。

在这种情势之下，东晋以后的南朝政权多任用寒人，引入新的力量，平衡门阀大族权力，试图改变门阀士族垄断政权的局面。例如，宋武帝刘裕称帝后，日常事务多委任寒人办理，这样寒人就逐渐取得了掌握实权的机会，而世家大族子弟多成为门面摆设。再如，宋武帝任用寒人戴法兴为中书舍人，举凡用人、赏罚等大事，皆与戴法兴商议，尚书中事无大小，皆由戴法兴专管。戴法兴是"寒人掌机要"的一个典型例子。刘宋一代，掌实权的寒士还有蒯思、张世兴、沈攸之、宗越、吴喜、黄回等人。南朝齐国的开国皇帝萧道成出身兰陵萧氏，与出身"田舍翁"的刘裕相比，家族势力似乎要强大一些，但总体而言，其族望属于后起，因此萧道成也算是寒微之士，他称帝后喜用寒人也就不足为怪了。萧齐一代的寒人掌权者主要有张敬儿、王敬则、陈显达等。萧梁之时，寒士掌权者有陈伯之、陈应之、王琳等。对于"寒人掌机要"，世家大族并不认为是政权结构的本质变化，而是将之视为偶然现象，对那些一时大权在握的寒门人士，仅以“恩幸”视之。尽管如此，寒门士人掌权为平衡各方力量发挥了一定作用，田余庆先生在《东晋门阀政治》一书中概括了这种变化：南朝恢复了皇权政治，门阀士族中昔日的旧族门户和新出门户，都感觉受到威胁。他们共同以深沟高垒自固，看来虽是为了严士庶之别，实际上则是戒备凭借武力树立政权以及与这种政权相伴存在的次等士族与寒人。

当然，迫于门阀士族的势力、名望等，南朝诸帝仍然不得不委之以清要之职。谢澹是东晋太傅谢安的孙子，在刘裕将要接受晋室的“禅让”登上皇位的时候，有关官员建议在仪式上让侍中刘睿进献皇帝的玉玺，武帝刘裕却说，担任这个角色的应当是“人望”，也就是那些有名望的士族，所以最终让陈郡谢氏的族人谢澹来完成此项任务。出身寒门以武力取天下的刘裕尚且如此看重门阀，其后继任之君更是如此。《南史·王球传》记载，王球是司徒王谧之子，担任尚书仆射等要职，却常常赋闲在家，很少上朝。江夏王刘义恭向尚书何尚之报怨，何尚之却要他“以淡退求之”。刘义恭又当面禀告宋文帝说：“王球诚有素誉，颇以物外自许。端任要切，或非所长。”意思是说，王球确实有声望，他自己也颇以超脱世事之外而自许，专心担任重要的职务或许不是他所擅长的。宋文帝曰：“诚知如此，要是时望所归。”宋文帝也知道真实情况，但是考虑到他们家族的威望还是不得不这么做。

二是世族政治加剧了政治的腐败。

门阀世族子弟起家即为清流高品，而且平流进取，坐至公卿，但是他们往往在其位不谋其政，崇尚玄虚，望白署空，遂使时事荒怠，政局腐败。《梁书·何敬容传》记载，陈朝吏部尚书姚察曰：“魏正始及晋之中朝，时俗尚于玄虚，贵为放诞，尚书丞郎以上，簿领文案，不复经怀，皆成于令史。”姚察指出，自曹魏正始年间至西晋，士人以玄虚为高，以放诞为贵，尚书丞、郎以上官吏对于簿领文案这样的琐碎繁杂的事务，不再亲自办理，而是全由令史来承担。姚察继续指出，“逮乎江左，此道弥扇”，意思是到了东晋，这股风气比西晋时更加盛行。卞壶任尚书令时，很想综理台阁政务，阮孚却对他说：“卿常无闲暇，不乃劳乎？”南朝宋时王敬弘身居尚书省长官，却从不看公文，而是崇尚风流。这种风气影响深远。那些任高官的只是签署公文却不问具体政务，被称为“清贵”；那些恭谨勤恳任劳任怨的人，却一生都滞留在卑微的职位上。姚察感慨地说：“是使朝经废于上，职事隳于下。小人道长，抑此之由。呜呼！伤风败俗，曾莫之悟。永嘉不竞，戎马生郊，宜其然矣。”姚察认为，这样的做法使得在朝的人不讲纲常法度，下面的人不能尽职尽责，世家大族把持下的九品中正制导致官吏分途，那些望白署空的清贵官员导致风俗败坏，却并不醒悟，西晋在短暂的统一后迅速衰落，战乱频仍，这也是势所必然啊！另外，在《陈书·后主本纪》中，史臣认为，自曹魏正始年间以及西晋时期以来，大臣即使有明白治国理政道理的，也都以文学相交往，很少有涉及具体政务的。与朝章大典有关的，才参与议论；对于文书簿籍的具体工作，都交给小吏去办。这种做法逐渐成为习俗，直至陈朝。史臣又谓：“后主因循，未遑改革，故施文庆、沈客卿之徒，专掌军国要务，奸黠左道，以裒刻为功，自取身荣，不存国计，是以朝经隳废，祸生邻国。”史臣认为，陈后主亡国的主要原因正在于此，他没来得及对这种政治积弊进行改革。施文庆、沈客卿之流，专掌军国要务，但奸诈狡猾，专走旁门左道，以刻薄为功劳，追求自身的荣耀和欢乐，不考虑国家大计，因此典章败坏，祸患生于邻国。

世家大族子弟身居要位，却“罕关庶务”，这为寒门士人掌权留下了巨大空间。寒人掌握实权，实际也是自南朝刘宋以来皇帝的重要用人策略：一方面，寒人精于政务，可以弥补士族子弟不擅庶务之缺失；另一方面，寒人势单力孤，不仅不会对皇权构成威慑，还是皇帝牵制世家大族的手段。尽管如此，“寒人掌机要”并没有从根本上改变政治局面，有时甚至因矫枉过正而进一步加剧了政治的腐败。《宋书 · 恩幸传》认为，皇帝深居九重，义隔卿士，但是寒门恩幸却能陪奉朝夕，恩以幸生，信由恩固。皇帝虽然设置了百官，却不委以实权，而只是宠信那些寒门出身的幸臣。皇帝认为这些寒门出身的人身卑位薄，权势不会很重，却不知道“城狐社鼠”“狐假虎威”的道理。他们在内朝虽然没有胁迫皇帝的嫌疑，在外朝却有专权横行的实力。他们的势力足以颠覆天下，可是皇帝对此并无察觉。恩幸们相互提携，私结党羽，无恶不作，甚至为了达到“永窃国权”的目的，专立幼主，并找借口杀掉皇帝的兄弟及各诸侯王。史臣认为这是南朝刘宋覆亡的重要原因，“宝祚夙倾，实由于此”。

虽然史臣认为南朝刘宋因恩幸寒人而亡国，但后继的萧齐似乎并未接受教训。《南史 · 恩幸传》载，丹阳人刘系宗，曾任竟陵王刘诞之子刘景粹的侍书、东宫侍书等职，凭借寒门微官不断升迁才攀至高位。齐高帝萧道成对他十分信任。齐武帝萧赜曾说：“学士辈不堪经国，唯大读书耳。经国，一刘系宗足矣。沈约、王融数百人，于事何用。”齐武帝把刘系宗与沈约、王融等进行对比，认为谙熟各种官员职责的刘系宗要比那些只知死读书的学士强太多。

重用寒门士人并没有挽救南朝的颓败政治，那些以小吏起家、以恩幸上位的寒门士人，常借助皇权狐假虎威，甚至会加剧政治腐败。《南史 · 恩幸传》载，茹法亮初仕为小吏时，凭借阿谀奉承得到主官信任。后来，他在仕途上一路高歌猛进，齐高帝时官拜奉朝请，补东宫通事舍人。齐武帝即位后，他为中书通事舍人，除员外郎。茹法亮在当时可谓势倾天下，太尉王俭曾对人说：“我虽有大位，权寄岂及茹公。”王俭出身于大名鼎鼎的琅琊王氏，是东晋丞相王导的五世孙，时任太尉，犹作此语，可见寒门出身的权幸虽无威胁皇位之虞，却有凌驾世家之势。当时有个叫吕文显的，在永明年间，与茹法亮一起担任中书舍人，他们大肆收受贿赂，修建宏大的庭院，在院子里开池塘、筑假山。向吕文显行贿的地方官吏络绎不绝，四方饷遗每年达数百万之巨。茹法亮甚至恬不知耻地在大庭广众下说：“何须觅外禄，此一户内年办百万。”《南史·恩幸传》又载，南齐明帝时，綦母珍之任中书舍人，深得皇帝宠幸，所荐之事、所推之人皇帝无有不允，以致贿赂公行，上至内外要职，下至地方郡县丞尉，皆明码标价，不啻公开卖官鬻爵。皇帝曾赐给綦母珍之一座宅院，这座宅院旁边还有一所空宅，綦母珍之就将这两所宅子一并收归己有，并且命令材官马上开始营建。材官将军秘密地对丞相说，宁可拒绝皇帝的圣旨，也不敢违背舍人的命令，可见这些“城狐社鼠”的威势确实不可小觑。寒门近臣的权势都是以皇权为依凭的，虽有一时之风光，但缺乏根基，对皇权形不成根本威胁。

总之，有九品中正制保护的世家大族子弟，起家即为清流之职，望白署空，不以世务婴心，本身就是政治黑暗和腐败的表征。他们留下的空白，被小吏出身的寒门恩幸填充，这些恩幸横行无忌，寡廉鲜耻，更是加深了政治的黑暗和腐败。

三、九品中正制的社会影响

九品中正制是一种官吏选任制度，但其影响绝不限于政治领域，而是对魏晋南北朝社会的方方面面都产生了重要影响。在强化了门阀政治的同时，九品中正制还深刻影响了社会结构、社会风尚、社会生活、文化形态等各个方面。

1. 世族与生活习俗

九品中正制直接导致士族与寒门之间政治权力分配上的差别，客观上加剧了世家大族与寒门田畯间的阶级鸿沟，造成“士庶天隔”的局面。《南史·江敩传》记载，江敩位高望显，办事公正。当时中书舍人纪僧真深得武帝的宠幸，他向皇帝请求：“我本是一介小民，本县武吏出身，赶上了圣明的时代，荣耀地升到了现在的官阶，为了自己儿子的婚事，聘到了荀昭光的女儿。现在别无他求，只是乞求能成为士族的一员。”皇帝告诉他：“这事还是要由江敩来安排，我不便表明此意，你还是亲自去拜访他吧。”于是，纪僧真就去拜访江敩，刚落座，江敩就对身边的人说“移吾床让客”，即把坐具搬了，让客人离开。纪僧真很沮丧地向皇帝报告说：“士大夫故非天子所命。”《南史·江敩传》有两句评价江敩的话被后世广为流传：“时人重敩风格，不为权幸降意。”当时的人们都很尊重江敩的行事风格，认为他能够坚守士大夫的立场，不因权幸而曲意逢迎，甚至连皇帝的账都不买。以今日观点看来，纪僧真要求成为士阶层的本质是想跻身士族行列，从中可以看出士族与庶族的阶级鸿沟不仅大而且极其稳固，甚至连皇帝也不能左右。

在此鸿沟阻隔之下，士族基本上只与士族来往。《北齐书·崔瞻传》记载，崔瞻性情傲慢，因为自己既有才能，又是高门贵胄，所以坚持只和当时有名望的人交往。《陈书·蔡凝传》记载，蔡凝的年龄不大，官位也不高，但是其才气和门第都为时人所看重。他本人也很重视自己的士族身份，经常端坐于西斋之中，如果不是显贵名流人士，他一般是不会接待的。

即便是那些身居高位甚至颇受皇帝宠幸和重用的人，若出身寒门，在世家大族面前也只能收敛。《宋书·蔡兴宗传》记载，蔡兴宗（东晋司徒蔡谟玄孙、祠部尚书蔡廓之子）为人刚正，宋明帝去世之前任命他为顾命大臣。当时出身寒门的王道隆，虽任右军将军，权重一时，但在蔡兴宗面前却只能蹑手蹑脚，甚至不敢入席就座。《宋书·蔡兴宗传》中还记载了与此类似的两件事：其一，寒门出身的中书舍人秋当拜访时任太子詹事的琅琊王氏家族的王昙首，不敢入座。其二，寒门出身的中书舍人王弘（校勘记认为当是徐爰，徐爰出自寒门）拜访琅琊王氏的王球，却不受待见。王弘深得太祖宠幸，太祖对他说：“你能到甲族高门琅琊王氏的王球家坐坐，就说明你是士人了。”王弘前往王球家，王球举着扇子对王弘说：“若不得尔。”其潜台词是：“这里也是你随便坐的？”王弘回去禀报皇帝，皇帝说：“这种事我也没有什么办法啊。”士庶之间的鸿沟如此巨大，即使身为帝王也无可奈何。

在“士庶天隔”的阶级壁垒面前，如果有人不自量力，那只会遭到时人嘲讽。《宋书·张敷传》记载，张敷在中书省任职时，与秋当、周赳一同掌管机要事务。秋当和周赳商量一同拜访张敷，周赳有些担心，怕张敷因门第原因不接待他们。秋当自我安慰说：“我们都已经官至员外郎了，不必担心不能与张敷共坐了。”于是二人就前往张府。张敷先设了两张坐榻，离墙壁有三四尺远。当秋当和周赳就座后，张敷对仆人说：“把我的座席移得离客人远一点。”周赳与秋当没想到因为一个座位的事情碰了一鼻子灰，十分难堪地离开了。

《世说新语》中有《容止》一门，计三十九则，专门谈论人们的仪容服饰，特别是神情风度等。《容止》不是记述一般日常生活的普通篇章，而是专门记述士族贵族生活方式的文字，从这些描述中可以看出世家大族子弟非常讲究仪容服饰。《容止》第二则，描述何晏“何平叔美姿仪，面至白。魏明帝疑其傅粉”，何晏脸面过于白皙，以至于让魏明帝怀疑他搽了粉。《容止》第七则，“潘岳妙有姿容，好神情。少时挟弹出洛阳道，妇人遇者，莫不连手共萦之”，潘岳有美妙的姿容、绝好的风度，年轻的他走上洛阳街头，女子们不禁手拉手把他围住。《容止》第八则，“王夷甫容貌整丽，妙于谈玄。恒捉白玉柄麈尾，与手都无分别”，王衍（字夷甫）不仅容貌好，而且皮肤白，手与白玉的颜色居然没有分别。《容止》第二十六则中记载了王羲之对杜弘治的赞叹，“面如凝脂，眼如点漆，此神仙中人”，杜弘治的脸像凝脂一样嫩，眼睛像点上漆一样黑亮，这是神仙之中的人。这些描述说明了当时的人们对仪容服饰的重视。仪容服饰本身就是出身的象征，是门阀士族用于区别庶族寒门人士的生活符号。

《世说新语·容止》中的内容不是虚构出来的，而是当时士族生活的真实写照，正史中亦多有诸如美姿仪、善容止之类的描述。《南齐书·庾杲之传》记载了庾杲之的姿仪，“杲之风范和润，善音吐。……上每叹其风器之美”。《南齐书·傅琰传》专门记载了傅琰的“美姿仪”。诸如此类的记载很多，无须一一列举。颜之推在《颜氏家训·勉学》中对这种社会风气进行了细致描述：

> 梁朝全盛之时，贵游子弟……无不熏衣剃面，傅粉施朱，驾长檐车，跟高齿屐，坐棋子方褥，凭斑丝隐囊，列器玩于左右，从容出入，望若神仙。

颜之推是从批判的视角描述当时的贵族子弟的，但是当时的大多数人并不以此为非，而是将之视为一种时尚。容貌姿仪不仅体现在日常生活中，还反过来影响政治，甚至皇帝也常以貌取人。《梁书·王茂传》记载，王茂身长八尺，肤色洁白，相貌姣好。齐武帝为布衣时曾见过王茂，感叹道：“王茂年少，堂堂如此，必为公辅之器。”朝廷的一些清要官职，要刻意挑选容止优美的少年来担任。在《南齐书》中，史臣对此亦有评论：“内侍枢近，世为华选，金珰颎耀，朝之丽服，久忘儒艺，专授名家。加以简择少姿，簪貂冠冕，基荫所通，后才先貌，事同谒者，以形骸为官，斯违旧矣。”意思是说：朝廷中的中枢近臣，历来被视为美缺，穿金戴玉，享受富贵荣华。长期以来，这些职位的人选已不讲究儒术，只看重门第。再加上选拔的时候专门挑选年轻貌美的人，容貌第一，才华第二，选出来的人处事如同接待宾客的谒者。只凭外形任职，这就违背本意了。

2. 世族与婚姻风俗

婚姻的等级观念古已有之，据《左传》记载，天子家族只与诸侯王室通婚。诸侯国之间，如齐与鲁、秦与晋，皆世代通婚。虽然如此，婚姻的等级观念从未若魏晋南北朝时期之甚，究其原因，无疑与九品中正选官制度存在密切关联。九品中正制加强了世家大族的特权地位，不仅体现在政治经济领域，也体现在日常社会生活领域，深刻影响了婚姻风俗。这种影响主要表现在“门户遂隔”，即士庶不婚的风俗方面。

士族门阀政治下，婚姻无可避免地与政治权力分配相联系。《世说新语·方正》第二十四则记载：“王丞相初在江左，欲结援吴人，请婚陆太尉。对曰：‘培塿无松柏，薰莸不同器。玩虽不才，义不为乱伦之始。’”王丞相即王导，他辅佐司马睿在建康建立东晋政权。为了团结南方士民，调动一切可能的力量，他想到用通婚的方式加强与江左士人的联系，但陆玩认为自己家族地位低，如同香草和臭草不能放在同一器皿中一样，所以不能攀附王氏。当然，拒婚可能另有所想，但无论如何，门第差别是最好的理由。社会普遍认可并赞赏陆玩坚持门第悬殊则不婚的原则，所以《世说新语》的编纂者把此事列入“方正”篇。

士族之间也重视门第高低。东晋渡江之初，世家大族最有名望者为琅琊王氏和阳都诸葛氏，时有“王葛”之称。《世说新语·排调》记载了诸葛恢与王导戏争族姓排名先后之事，王导说：“何不言葛、王，而云王、葛？”王导认为人们既然以“王葛”并称，置“王”于“葛”前，就当然是自己的家族更胜一筹。诸葛恢却说：“譬言驴马，不言马驴，驴宁胜马邪？”这则故事虽为“排调”，却也说明当时诸葛家族的势力不亚于琅琊王氏。正因如此，当“新出门户”陈郡谢氏向诸葛氏求婚时，遭到了拒绝。《世说新语·方正》载，诸葛恢的长女嫁给了太尉庾亮的儿子，次女嫁给了徐州刺史羊忱的儿子，小女儿嫁给了尚书谢裒的儿子。从诸葛家族的婚姻关系网来看，不论是儿娶还是女嫁，都是非世家大族不可。当然，陈郡谢氏亦非庶族，只是与阳都诸葛氏家族相比，此时还不够显赫而已。《世说新语·简傲》中记载，陈留阮氏家族的阮裕曾经当面斥责谢安之弟谢万："你们这种新兴大族的人，忠厚诚实却不懂礼节。"只是后来谢安、谢玄皆居高位，而诸葛氏家族则相对衰落，所以谢氏家族的谢石娶到了诸葛恢的小女诸葛文熊。

不仅东晋及南朝如此，连北方少数民族建立的政权亦是如此。如，后赵石勒政权恢复魏晋旧制，"复续定九品"。北魏统治者及各世家大族也颇为重视婚姻的等级。《魏书·高宗纪》记载，北魏和平四年（463年）北魏文成帝拓跋濬下诏曰：

> 夫婚姻者，人道之始。是以夫妇之义，三纲之首，礼之重者，莫过于斯。尊卑高下，宜令区别。……今制皇族、师傅、王公侯伯及士民之家，不得与百工、技巧、卑姓为婚，犯者加罪。

诏书认为夫妇之义为三纲之首，礼仪中没有比这个更重要的，规定王公贵族及士民之家不得与工匠艺人以及卑姓通婚，有违犯者将被治罪。从这则诏书中可以看出，北方少数民族王朝也重视婚姻门第的重要性，以至于以诏书的形式颁布。北魏文成帝诏书中规定的内容不是突然出现的，而是一以贯之的政策。《魏书·高祖纪》记载，孝文帝于太和二年（478年）下诏曰：

> 又皇族贵戚及士民之家，不惟氏族，下与非类婚偶。先帝亲发明诏，为之科禁，而百姓习常，仍不肃改。朕今宪章旧典，祗案先制，著之律令，永为定准。犯者以违制论。

孝文帝认为皇族贵戚以及士族不考虑门第，向下和不同品类的人婚配，就违背了已有的旧典。孝文帝的诏书再次重申：婚姻失类者以违背君命定罪。孝文帝不仅重申旧典、制定律令，而且还身体力行，为民做表率。《资治通鉴·齐纪六》中记载了孝文帝妃的门第情况："魏主雅重门族，以范阳卢敏、清河崔宗伯、荥阳郑羲、太原王琼四姓，衣冠所推，咸纳其女以充后宫。陇西李冲以才识见任，当朝贵重，所结姻连，莫非清望；帝亦以其女为夫人。”

北朝的政权普遍仰慕中原文化，自然将魏晋以来的九品中正制视为应当遵循的制度，甚至将这种制度所带来的偏见及弊端也一并吸收。在这种情形下，北朝也出现普遍重视婚姻门第的现象。《魏书·公孙表传》记载，公孙叡和公孙邃是堂兄弟，公孙叡的才能和格局略胜一筹。公孙叡的母亲是渤海大族封氏之女，公孙叡又是清河大族崔氏之婿。公孙邃的母亲是没有名望的雁门李氏之女。因为二人母亲家族地位悬殊的缘故，社会上对他们的评价就迥然不同。当时钜鹿太守祖季真常常感慨说：“士大夫一定要选择好的婚姻，公孙叡和公孙邃为堂兄弟，就是因为婚姻门第不同，他们之间的差距居然成为士庶之间的差别。”《魏书·崔巨伦传》记载，崔巨伦有一个姐姐，聪明贤惠而且颇有文才，但是却因病有一只眼睛失明，为此，内外亲族都没有求婚的。崔家想让这姑娘下嫁低等家族。崔巨伦的姑妈是赵国李叔胤的妻子，听说此事后，十分悲伤，感慨道：“吾兄盛德，不幸早逝，岂令此女屈事卑族！”她认为以其兄长的“盛德”，不应让自己的侄女受委屈下嫁给地位卑微的寒族。于是，她就自己做主，让自己的儿子李翼娶了这位姑娘，“时人叹其义”。可见，这种做法受到当时人们的普遍赞赏。

在重视门第观念的影响之下，甚至出现女子“为门户计”而自愿为妾的情况。《晋书·列女传》载《周顗母李氏》云：周顗的母亲李氏，字络秀，汝南人。周顗的父亲周浚时任安东将军（《晋书》作“安东将军”，误，应为折冲将军），路经汝南，遇大雨，就到李络秀家避雨。适逢李络秀的父兄皆不在家，李络秀就与婢女一起为客人准备了丰盛的酒食。周浚只见精美的菜肴一道道准备停当，却听不见人的声音，就向室内窥视，发现李氏容貌甚美。伺其父兄还，周浚即请求纳李络秀为妾。父兄不愿李络秀受委屈，就没有答应。李络秀却说：“我们的门户不高，为何要珍惜一个女儿呢！若能与周家这样的贵族联姻，将来说不定大有益处。”父兄就答应了这门亲事。李络秀嫁给周浚后，生子周顗、周嵩、周谟，皆有名望，李家也因此成为一方望族。汝南李氏本是乡间殷实人家，在周家提携之下，跻身士族之列。李氏“为门户计”而自愿屈节为妾之事，不仅载入史册，也引起后人感慨。明代著名思想家李贽曾赞叹：“有好女子便立家，何必男儿！”

3. 世族与玄学

门阀士族凭借着雄厚的经济基础以及在政治上的垄断地位，在文化上也发挥了重要作用。或者说文化与经济和政治一样，是保证世家大族瓜瓞绵绵势力不衰的条件之一。如果说九品中正制使世家大族进一步享受到政治特权，那么这些享有政治特权的世家大族又进一步推动了文化的变迁。这种推动是多方面的，其中，以玄学最具代表性。

玄学是道家思想和儒家思想相融合的产物，是魏晋时期独特的思想形态。它把《周易》《老子》《庄子》奉为“三玄”，对有无、本末、体用、动静等哲学概念进行了深入的讨论，提升了中国哲学的思辨水平。

这一时期玄学兴起的主要原因有二：一是政治的黑暗，二是汉代以来儒学的衰敝。政治的黑暗自不必多言，东汉中期以后就形成了宦官和外戚交替专权的黑暗局面，东汉末年政治与社会危机加剧的同时，在意识形态上居于官方支配地位的儒家名教伦理无法解释更无法挽救社会危机，遭到广泛质疑，崇尚“自然”“无为”的老庄思想成为最好的精神安慰剂，再次受到士人追捧。东汉后期的清谈进一步发展，推动了玄学的产生与发展。至曹魏，司马氏与曹氏争权夺势，势同水火，传统儒学已经衰敝不堪，不仅汉代以来的烦琐考经让世人厌弃，即便是被儒家视为根本的名教礼法也不堪一击，魏晋时期世家大族的文化趋向促进了玄学的发展。在九品中正制下，世家大族没有“学成文武艺，货与帝王家”的仕进压力，率性自然的老庄思想更有了发展的土壤。论者认为是魏文帝的“慕通达”助成此风，例如顾炎武《日知录·两汉风俗》引清代学者家阎若璩按曰：

> 按晋世祖泰始元年乙酉，以傅玄为谏官，上疏曰：“近者魏武好法术，而天下贵刑名；魏文慕通达，而天下贱守节。其后纲维不摄，放诞盈朝，遂使天下无复清议。”是致毁方败常之俗魏文，非魏武也。清谈之风一盛于王、何，再盛于嵇、阮，三盛于王、乐，而晋亡矣。然其端则自文帝始，此亦论世者之不可不考也。①

魏文帝曹丕既是曹魏的皇帝，又是当时的文坛领袖，其对学风世风的影响自然巨大，但将玄学之兴完全归于魏文帝个人，则失之偏颇。不过，确实是从曹魏时期开始，玄学成为学术主题和思想文化风向标。

自正始年间（240～249年）开始，清谈成为士人风尚，玄学在“清谈”之风与“游宴”之乐中走向繁荣，走向深刻。阎若璩指出了玄学的代表人物。“一盛于王、何”，指的是曹魏时的王弼和何晏。他们提出“以无为本”“圣人体无”“得意忘象”等诸多有价值的命题。“再盛于嵇、阮”，指的是嵇康、阮籍等人。据《世说新语·容止》第五则载，“嵇康身长七尺八寸，风姿特秀”，有“岩岩若孤松之独立”之喻。嵇康提出“矜尚不存乎心，故能越名教而任自然；情不系于所欲，故能审贵贱而通物情”②的主张，并把这种主张变成一种生活方式。他的《四言赠兄秀才入军》诗云：“息徒兰圃，秣马华山。流磻平皋，垂纶长川。目送归鸿，手挥五

① 顾炎武：《日知录集释》，黄汝诚集释，秦克诚点校，岳麓书社，1994，第469～470页。

② 戴明扬校注：《嵇康集校注》，人民文学出版社，1962，第234页。

弦。俯仰自得，游心太玄。”[①]嵇康把军旅生活描写得如同郊游野炊般闲逸。“三盛于王、乐”，指的是王衍、乐广等人。王衍字夷甫，是名列竹林七贤之一王戎的从弟，《晋书·王衍传》称：“衍既有盛才美貌，明悟若神，常自比子贡。兼声名藉甚，倾动当世。妙善玄言，唯谈老庄为事。”乐广也是以善谈玄理、风流潇洒著称的名士，《晋书·乐广传》载：“尤善谈论，每以约言析理，以厌人之心，其所不知，默如也。”《世说新语·德行》第二十三则记载，当时王澄、胡毋辅之等人，都把放荡不羁当作通达，甚至有人赤身裸体。乐广笑曰：“名教中自有乐地，何为乃尔也？”《世说新语·赏誉》第二十三则记载，卫瓘担任尚书令时，见到乐广与诸名士清谈，感慨说：“自昔诸人没已来，常恐微言将绝，今乃复闻斯言于君矣！”并且命令自己的子弟去拜访乐广，认为乐广是“人之水镜”，见到了他就如同拨开云雾见到了青天。当时所谓“王乐风流”，就是指王衍、乐广之流善于清谈。

清谈之风与九品中正制之间是相辅相成的，二者火借风势、风助火威。士族借清谈不仅可以博取声望，还更容易被列入高品。同时，清谈还是高门士族把自己与普通寒门士人区别开来的行为特征。在九品评第制度下，高门士族可以以清流之官起家，不以世务婴心，更从容地清谈玄理。玄学的盛行固然在一定程度上促进了文化的发展，也为当时士人思想解放提供了一方天地，但对政治造成了巨大危害。阎若璩在历数玄学名家后随之感慨的“而晋亡矣”，指的就是清谈之风对当时政治的危害。如果清谈仅限于学术讨论或者生活雅趣层面，那也未尝不可。然而在九品评第制度下，士族出身的大批官僚一方面把持重权，一方面又以清谈玄理为高，不以世务婴心。受此风向影响，部分士族官僚辟召的掾属也以清谈玄理为乐，必然使政局日渐倾颓。《晋书·孝愍帝纪》中，史臣总论历代

① 逯钦立辑校：《先秦汉魏晋南北朝诗》，中华书局，1983，第483页。

得失，谓有晋一代“学者以老庄为宗而黜六经，谈者以虚荡为辨而贱名检”。这种风气波及官场，官员把不问政务当作清高的表现，那些勤勤恳恳做事的官员受到耻笑，被称作俗吏，那些崇尚虚空、依凭无为的人却名重海内。《世说新语·轻诋》第十一则记载，桓温进军洛阳，渡过淮河和泗水时，他和僚属登上船楼，眺望中原，感慨地说：“遂使神州陆沉，百年丘墟，王夷甫诸人不得不任其责！”桓温认为，王衍等人不务正业，只顾清谈玄理，不能不对国土沦丧的严酷事实承担责任。

南朝时期玄学风气有进一步盛行之势。《宋书·何尚之传》记载，南朝宋文帝元嘉十三年（436年），何尚之被任命为丹阳尹，兴办了专门传授玄学的学校。他在丹阳城南郊建设校舍，招聚大批生徒，专门研习玄学。何尚之的玄学产生了很大影响，东海郡的徐秀，庐江郡的何昙、黄回，颍川郡的荀子华，太原郡的孙宗昌、王延秀，鲁郡的孔惠宣等人，都仰慕何尚之的学问，来此游学。因研习玄学的地方在丹阳城南郊，所以世人称之为“南学”。在这种风气影响之下，能够清谈玄理自是世家大族子弟的荣耀。《梁书·到洽传》记载，到洽“少知名，清警有才学士行”。任昉“有知人之鉴”，曾称赞到洽在京师无人能及。天监初年，到洽的两位哥哥到沼和到溉都得到了提拔，他们的堂弟到沆也声名鹊起。高祖萧衍曾经问待诏丘迟：“到洽何如沆、溉？”丘迟回答：“正清过于沆，文章不减溉；加以清言，殆将难及。”意思是说到洽的正直清廉要超过到沆，文章不比到溉差，如果加上清谈这一项，其他人恐怕难以比得上到洽。萧衍听了，当即征召到洽为太子舍人。可见，“能清言”是当时很被看重的才能。《梁书》中不乏类似的记载：《谢举传》记载，中书令谢览的弟弟谢举“幼好学，能清言”；《张嵊传》记载，镇北将军张稷之子张嵊“少方雅，有志操，能清言”；《何子朗传》记载，何子朗“早有才思，工清言，周舍每与共谈，服其精理”，当时流传着“人中爽爽何子朗”之语；《萧眎素传》记载，萧眎素“性静退，少嗜欲，好学，能清言”；如此等等，不遑枚举，足见当时人们对清言的重视与推崇。

4. 世族与谱学的发达

九品中正制在实施过程中，从对士人进行德才评价转向以门第出身为主要依据进行品级评判。在评判过程中，各级中正官往往需要借助世家大族的谱牒来进行。只有谙熟百家之谱，才能判定士人之品状，维护士族门阀利益。各地士族修撰本族谱牒，将士族从一般地主中区分出来，更有利于家族人物的品第和入仕。从一定意义上说，九品选任之法客观上助推了重出身、重门第之风的发展。《新唐书·柳冲传》中载有柳芳关于谱学发展的议论：

> 晋太元中，散骑常侍河东贾弼撰《姓氏簿状》，十八州百十六郡，合七百一十二篇，甄析士庶无所遗。宋王弘、刘湛好其书。弘每日对千客，可不犯一人讳。湛为选曹，撰《百家谱》以助铨序，文伤寡省，王俭又广之，王僧孺演益为十八篇，东南诸族自为一篇，不入百家数。弼传子匪之，匪之传子希镜，希镜撰《姓氏要状》十五篇，尤所谙究。希镜传子执，执更作《姓氏英贤》一百篇，又著《百家谱》，广两王所记。执传其孙冠，冠撰《梁国亲皇太子序亲簿》四篇。王氏之学，本于贾氏。……初，汉有邓氏《官谱》，应劭有《氏族》一篇，王符《潜夫论》亦有《姓氏》一篇。宋何承天有《姓苑》二篇。谱学大抵具此。

将这段文字大体梳理一下，其大意如下：东晋孝武帝太元年间，散骑常侍河东贾弼撰写了一本《姓氏簿状》，涉及十八州一百一十六郡，合计七百一十二篇，甄别士庶无所遗漏。南朝刘宋的王弘、刘湛很喜欢这本书。王弘每日应对宾客上千人，但是可以做到不犯一个人的名讳。刘湛在吏部任官时，著《百家谱》一书以便评选人才。因为文字过于简略，王俭又对其加以补充；王僧孺将其扩充为十八篇，东南诸族自成一篇，不算在百家之内。贾弼将这套学问传授给他的儿子贾匪，贾匪又传授给他的儿子贾希镜。贾希镜撰写《姓氏要状》十五篇，研究更加深入。贾希镜又将学问传授给他的儿子贾执，贾执作《姓氏英贤》一百篇，还著有《百家谱》，丰富了王俭和王僧孺的记载。后来贾执又把这套学问传授给他的孙子贾冠，贾冠著有《梁国亲皇太子序亲簿》四篇。王氏的谱牒之学，来自贾氏……汉代有邓氏的《官谱》，应劭撰有《氏族》一篇，王符的《潜夫论》中有《姓氏》一篇。南朝宋的何承天撰《姓苑》二篇，谱学著作大体就是这些。

谱学虽然由来已久，但魏晋南北朝时期谱学的发达与九品中正制的施行密切相关。谱牒之学一度成为中正官的必备知识。只有谙熟谱牒，才可以兼顾各方面利益，而不熟悉谱牒之人，就不能担此重任。《陈书·孔奂传》记载，孔奂是南朝时期的名臣，曾任陈朝侍中。本传云："加以鉴识人物，详练百氏，凡所甄拔，衣冠缙绅，莫不悦伏。"这里的"详练百氏"即指谙熟谱牒之学。意思是说孔奂善于鉴别人才，熟悉众多氏族谱系，凡是经他甄别的人才，世家大族没有不心悦诚服的。《陈书·姚察传》记载，姚察自幼好学，历仕梁、陈，颇受器重。陈后主时，姚察任秘书监，领著作。后来调任吏部尚书，领著作职不变。本传云："（姚）察既博极坟素，尤善人物，至于姓氏所起，枝叶所分，官职姻娶，兴衰高下，举而论之，无所遗失。"意思是说，姚察遍览典籍，知识渊博，又特别擅长人物评价，甚至与人物有关的姓氏来历、宗族分支，以及官职履历、婚丧嫁娶、兴亡盛衰、门第高下等，全都没有一丝错漏。当时人们称他为"梓匠"，他调任吏部，可谓众望所归。当初江总等人推荐他，皇帝答复说："姚察非唯学艺优博，亦是操行清修，典选难才，今得之矣。"皇帝认为能够胜任典选之职的人才十分难得，而姚察就是这样难得的人才。其关键，不仅是博学，更在于对谱牒之学的熟悉。

相反，如果不能谙熟谱牒、详练百氏，则不能胜任典选之职。反面的例子可以兰陵萧氏家族的萧鸾为代表。《南史·王晏传》记载，王晏是齐武帝萧赜时的重臣，他曾亲笔给齐武帝写了很多奏书。永明年间，齐武帝想任用萧鸾代替王晏掌管官吏任免之事，王晏上书说："鸾清干有余，然不谙百氏，恐不可居此职。"意思是说，萧鸾清廉干练的才能是绰绰有余的，然而他不熟悉谱牒之学，不谙达天下士族，恐怕不能胜任这一职务。最终，齐武帝采纳了王晏的建议，不再让萧鸾担任此职。可见，熟悉谱牒并不是官场练达的灰色技巧，而是现实政治需要。

不仅南朝有重视谱牒之风，北朝也深受此风气的影响。《魏书·李神俊传》记载，李神俊风韵超逸，博学多闻，基本上能够熟记当时的典章以及氏族谱系。李神俊曾任中书监、吏部尚书，后来升任骠骑大将军、左光禄大夫、仪同三司。他能够长期胜任典选之职，与其谙熟旧章及氏族谱系是密不可分的。

总之，九品中正制度是中国历史上重要的选任制度。它上承两汉的察举制度，下启隋唐的科举制度，是中国选任制度史上的一次重要变革。这种变革体现在人才评价体系、人才评价方法、人才选任机制等多个方面，对当时的政治生态和政治文化产生了重要影响。这些影响有正面的，也有负面的。随着历史的发展，九品中正制的负面效应越来越明显，隋朝以后，九品中正制逐渐退出历史舞台。

第五章 科举制度与选任文化

科举制度是在世卿世禄制度、察举征辟制度、九品中正制度等制度的基础上经过漫长的历史发展演化而来的。中国历史自大禹传位于启，便进入了奴隶制社会。夏、商、周三代，奴隶主阶级按照亲贵合一的原则选人用人。各级贵族，父子相传，世代接替，形成世卿世禄制度。进入春秋战国时期，世卿世禄制度遭到了破坏，各诸侯国纷纷采用养士、客卿及军功爵等新兴官吏选任制度。汉朝的选任制度主要是察举征辟制度。东汉中期以后，外戚和宦官交替执政的局面愈演愈烈，政治日益腐败，官吏选任弊窦丛生，察举征辟制度遭到严重破坏。三国时期，曹丕采纳陈群的建议，实行九品中正制度。在制度创建之初，自有其积极意义，但随着时间的推移，其弊端越来越严重，出现“上品无寒门，下品无世族”的局面。

创始于隋朝、确立于唐朝的科举制度，是一种以公开考试、公平竞争、择优录取为基本原则的选任制度。科举制度的实施无疑是中国选任制度史上一个巨大的进步。当然，通过考试选拔人才的制度由来已久，汉代察举制度下就设有考试制度。隋朝开创的科举制度很大程度上是对察举制度的恢复和改进，与后世科举制度还是有很大差异的。不少学者认为科举制度真正创立的时间是唐朝。科举制度与察举制度之间关系密切，但也存在根本区别，至少体现在两个方面：一是考选程序的区别。察举制度的选人程序是先选后考，选是前提也是制度关键所在，士人首先通过察举之选才有机会参加后面的考。科举制度恰恰相反，是先考后选，考试是制度关键所在。不仅如此，科举制度废除了对考的限制，考试资格面向全社会开放，符合条件的士人“怀牒自投”即可参加考试，无需经过察举程序荐举。这也是科举制度与察举制度最本质的区别。二是人才选拔依据的差别。察举制度下荐举是选拔人才的根本依据，考试并非必须环节。即使需要考试，考试层级都很高，一般由皇帝或三公主持。进入考试环节的人数很少，考核程序和规制都很简单。而且，考试成绩也不是选任官吏的唯一依据。从一定意义上可以说，察举制度下的考试，其仪式性大于考试本身。而科举制度下，参加考试的人数众多，考试规模宏大，考试成为人才选拔中最重要的环节，考试环节是历代科举制度改革重要的内容之一。而且，考试成绩在人才选拔中越来越成为决定性因素。

一、科举制度的演进

隋唐以后，科举制度作为基本选官制度，前后绵延一千三百余年，在中国古代社会政治、思想文化和教育等领域都产生了重大而深刻的影响。从具体历史演进过程看，科举制度起始于隋代，成型于唐代，完备于两宋，在明清时期达到鼎盛。在中国现代化进程中，科举制度难以适应社会发展需要，在清朝末年的资产阶级改良运动中，最终退出历史舞台。

1. 隋唐时期科举制度的创立

科举制度创立于隋代，全面实施于唐代。隋文帝时即实行开科考试，但是严格意义上的科举是以进士科的出现作为标志的。进士科的设置是在隋炀帝大业二年（606年）。初唐时，科举制度逐渐规范；盛唐时，又有所改革，权归礼部；中晚唐时，科举制度在动荡中发展。

隋文帝开皇年间，在国家体制和典章制度方面都有重大变革。为了加强中央集权、巩固王朝统治，隋文帝废止了强化门阀制度却削弱中央集权的九品中正制度，取消了各地豪门大族荐举入仕的垄断特权，创立了三省六部制度。此外，隋文帝的另一个伟大创举就是改革取士用人制度，实行科举制。《隋书·高祖纪》记载，开皇七年（587年），隋文帝命每个州每年贡举三人。有的学者将之作为科举制度的开始，这是站不住脚的，倒不如说这是一种向察举制度的回归。隋开皇十五年（595年），隋文帝正式废除了九品中正制。隋开皇十八年（598年），隋文帝诏令“京官五品以上、总管、刺史，以志行修谨、清平干济二科举人”。据史籍记载，韦云起在开皇年间应明经科考试及第，李宝、王贞、杜正玄、杜正藏等人应秀才科考试及第。这说明开皇年间至少已经开设了秀才、明经、志行修谨、清平干济等考试科目。秀才科来源于汉代察举中的秀才科，也是最早由察举制向科举制转变的科目之一。隋文帝的创举，打开了中下层士人的晋升之路，也打破了门阀士族对政治权力的垄断，把官吏的选拔权收归中央。隋代还废除了两汉以来各级官员自行辟除掾属的制度，规定所有官员由吏部铨选，对各地选送的人才进行统一考试，区分优劣，由吏部统一分配和任命。

科举制到隋炀帝时有了进一步的发展，隋炀帝有“二科举人”“四科举人”“十科举人”等诏书。由此可以看出，一方面考试科目有增多之势，另一方面也说明科举考试尚未形成定式。隋大业二年（606年），隋炀帝设置“进士”科，“进士”即可以进授爵禄之士。这个以试策取士的进士科，在唐朝经过不断改革，到唐玄宗时成为选拔官员的最重要途径。许多学者将进士科的出现作为中国科举制度正式建立的标志。

科举制度的正式建立具有重要意义，也产生了极为深远的影响。科举制度突破了以往的察举制度和九品中正制度的局限，以考试成绩作为选拔人才的基本依据，具备了现代文官选拔制度的一些元素。由于不限制应考者的身份，这就打破了魏晋以来世家大族凭门第出身把持仕途的局面，激励庶族士人进入政权。自由报名、公开考试、公平竞争、择优录取的制度使一大批具有真才实学的人进入了各级政权。

从唐高祖到唐睿宗时期，科举制度从草创逐步规范，奠定了有唐一代科举考试的大致格局。唐代的科举主要有常举和制举。常举是每年定期举行的考试。常举科目主要有明经科、进士科、明法书算等，最重要的是明经科和进士科。明经科，顾名思义就是要明晓经典，主要是指儒家经典。进士科是科举考试最重要的科目。明法、明书、明算是唐代新增的专门性科举。明法科旨在为唐王朝选拔法律人才，属于专业性的科目；明书科又称明字科，旨在选拔在书法、文字方面有专长的人；明算科属于数学科。制举，即“制诏举人”，是皇帝为了选拔专业人才和奇能异士，在常科之外面向中下层官吏和士人临时设置的选拔考试。制举考试的日期和项目都由皇帝临时决定。唐朝制举名目很多，常见的有贤良方正、直言极谏、博通坟典、达于教化、军谋宏远、堪任将帅、详明政术等科目。据《困学纪闻》记载，“唐制举之名多至八十有六，凡七十六科”。制举科目的应试者来源十分广泛，平民和官员都可以参加。官员应举，由地方长官或者中央五品以上官员荐举，平民则听任“自举”。制举考试因时因事而举行，考试形式与标准十分灵活，科目设置往往具有很强的针对性，考试程序亦相对简化，可以因事而变、特事特办。由于常举和制举选拔人才的目的不同，因此在考试内容、考生来源、考试方法等方面有很大区别。

唐高祖李渊参照隋朝的做法开科取士，据《唐摭言》卷一《统序科第》记载，唐武德四年（621年），唐高祖“敕诸州学士及早有明经及秀才、俊士、进士，明于理体，为乡里所称者，委本县考试，州长重覆，取其合格，每年十月随物入贡”①。这里的“诸州

① 王定保：《唐摭言》，中华书局，1959，第1页。

学士”是指在学馆读书的学生。《唐摭言》又载：“至五年十月，诸州共贡明经一百四十三人，秀才六人，俊士三十九人，进士三十人。”[①]也就是说，到唐高祖武德五年（622年），各州已经成批量地向中央输送人才。是年十一月经过尚书省考试，十二月经过吏部考试，录取秀才一人，进士四人。孙伏伽成为这次科举考试的头名，是中国历史上第一位有姓名可考的状元。

值得强调的是，在唐高祖武德五年（622年）的科举考试中，明确规定了士子可以“投牒自举”，也就是自己以书面的形式提出申请，由州县选送参加考试。《唐大诏令集》记载，唐高祖的诏书曾批评官府往往举非其人，而广大寒士“岩穴幽居，草莱僻陋，被褐怀珠，无因自达”，因此要求未得到荐举者“亦听自举”，“洁己登朝，无嫌自进”。自此从法律上确立了士人自举、自进的制度。这一改革举措具有重大意义，取得了良好的实践效果。唐太宗曾在放榜的当天到现场去观察，高兴地对身边侍臣说：“天下英雄，入吾彀中矣！”[②]这种慨叹包含两方面思想：一是选人范围扩大，打破了士族垄断的局面（唐太宗时每科取士的人数是唐高祖时的两倍多）；二是杜绝了察举制下的荐主或举主的影响，消除了横亘在皇权与士人之间的选举中介因素。广大士人也乐为所用，孜孜矻矻于科场之中，时人以诗歌的方式发出感叹：“太宗皇帝真长策，赚得英雄尽白头！”[③]

唐高宗时期对科举考试制度进行了重大改革。首先，将制举之法制度化。唐高宗显庆三年（658年）设制科，诗人韩思彦就是当年及第者之一。其次，除了设置制科，唐高宗还规定明经和进士科都要加试帖经，进士科还要加试杂文，提高了科举考试的难度。加

① 王定保：《唐摭言》，中华书局，1959，第159页。
② 王定保：《唐摭言》，中华书局，1959，第159页。
③ 王定保：《唐摭言》，中华书局，1959，第5页。

试帖经是为了让士子真正做到学业赅深，加试杂文（包括箴、铭、论、表、诗、赋等）是为了考察士子的临场创造力。由于经文依靠背诵即可能取得好的成绩，而诗赋不得不临场发挥，因此，唐代科举考试中，中明经相对容易，中进士则相对困难，时人有“三十老明经，五十少进士”的说法。唐高宗在位期间还停罢秀才科。秀才科在汉代即有，于隋朝时正式确立，旨在选拔治国理政的高级人才，要求写作策论五篇，考生须具备全局能力，而且及第的机会很少。秀才科的录取名额十分有限，据《文献通考》所载《唐登科记总目》，武德与贞观年间，一般每科选拔秀才一人，二人已是少见，三人更是罕见，仅唐贞观十九年（645年）选拔过三人。唐太宗时共举行过二十一科考试，总计取秀才仅二十二人。如果被荐举者未被录取，所在州的长官要受到处分，因此为了稳妥很多州宁愿不推荐，被荐举参加考试的人也就越来越少。唐永徽二年（651年），唐高宗废除秀才科。唐神龙元年（705年），唐中宗确立了进士科考三场的考试制度，即先帖经，次杂文，再试策。这种考试制度一直保持到科举制度终结之时。

武则天称帝之后，于载初元年（690年）亲自策问贡士。人们通常认为这是殿试的开始，杜佑即持此观点，《通典》卷十五《选举三》称“殿前试人自此始”。当然后世的殿试通常在省试之后举行，武则天的“策问贡士”还不是省试之后的考试，但毕竟有一定的先导意义。武则天还创立了武举制度。《旧唐书·礼仪志》载：“则天长安三年，令天下诸州宜教人武艺，每年准明经进士例申奏。”武举由兵部组织考试，分为平射、武举两科，主要考举重、骑射、步射、马枪等技能。

盛唐时期，经济繁荣，社会稳定，科举也进入成熟时期。科举选官制度不仅彻底打破了门阀士族对政治的垄断，也清除了士人仕进的“他荐”障碍。对广大士人而言，机会是平等的，人人都可以凭借自己的才华跃入龙门。科举制度消除了从读书到做官之间的一切中介因素，产生了深刻的社会影响。杜佑在《通典》卷十五《选举三》中引用沈既济《词科论》中的话，形象描述了这种社会现象：

> 以至于开元、天宝之中……故太平君子唯门调户选，征文射策，以取禄位，此行己立身之美者也。父教其子，兄教其弟，无所易业，大者登台阁，小者仕郡县，资身奉家，各得其足，五尺童子，耻不言文墨焉。是以进士为士林华选，四方观听，希其风采，每岁得第之人，不浃辰而周闻天下。

盛唐时期，统治者对科举制度不断进行改进。唐开元二十四年（736年），唐玄宗对科举制度进行了重大改革，将科举考试的管理权移于礼部。在此之前，其管理权由考功员外郎掌管（隶属尚书省吏部考功司），开元二十三年（735年）的一起科场案改变了这种情况。时任考功员外郎的李昂对请托之风深恶痛绝，当众数落考生李权。李权遂以李昂诗文之小疵反唇羞辱李昂。此后，李昂以李权狂妄无礼，向宰相告发。李权被拘押。朝廷官员们讨论后一致认为，考功员外郎"位轻不足以临多士"，于是将科举考试的管理权交给了礼部侍郎掌管。这件事从表面上看仅仅是偶然事件，其背后却隐含着官吏选任制度的重大问题。在此之前，科举制度沿袭察举制度传统，人才选拔与官吏任命同属于一个系统，选人与任官是合一的，缺乏区分。而将科举考试之职归于礼部，就使选人与任官区分开来，这一制度延续了一千多年，直到科举制度废止。唐开元二十四年（736年），礼部侍郎姚奕掌管科举考试之后，马上进行了一系列改革，例如建立科举专用的考场——贡院、改革考试内容等。在此之前，科举考试没有专用场所，一般在尚书省都堂进行，自此之后的千余年间，历代科举考试都在贡院中进行。贡院的创设，不仅增加了科举考试的物理场所，还强化了科举考试的严密性和严肃性，是选举系统成熟的重要标志。

中晚唐时期，盛唐气象不复存在，社会动荡不安，局势风云变幻，科举制度受到很大冲击。唐至德二载（757年），科举考试不得不分在四地举行（玄宗所在的成都、肃宗所在的凤翔以及江淮、江东两地）。在政权风雨飘摇的时局下，科举制度是否还有必要存在，引起很大争议。唐德宗时期，议论废除科举者甚众，礼部员外郎沈既济在其《选举论》中详细列举了科举的种种弊端。除要求废除科举制度这种极端意见外，还有一种折中的意见，即在保留科举制度的前提下降低其地位。唐武宗时，李德裕为宰相，他以门荫入仕，素不喜进士科，便于唐会昌三年（843年）奏请，要求今后礼部侍郎不必在放榜前将拟录取名单向宰相“呈榜”。李德裕的目的不是取消科举，而在于降低进士科的权威性。

对科举制度的批判与议论都没导致科举的废除，一方面是由于科举制度的惯性很大；另一方面也是因为这一制度本身包含诸多合理性因素，一时无法找到更好的替代方案；再一方面，科举制度在稳定政治局面、笼络人心方面也发挥了十分重要的作用。唐宣宗十分重视科举考试，《旧唐书·宣宗本纪》记载，“帝雅好儒士，留心贡举。有时微行人间，采听舆论，以观选士之得失”。唐宣宗进一步强化了科举制度的地位，将轻视科举考试的李德裕一贬再贬，恢复了放榜后的曲江宴集、杏园探花等庆祝仪式，以彰显重视科举之意。唐宣宗还规定放榜后将及第诸人姓名及所试诗赋题目记载下来，然后逐年编撰起来，以备日后查阅。这是中国科举史上第一次由官方编纂的登科录。唐昭宗时，李唐王朝已处于风雨飘摇之中，但唐昭宗仍然重视科举考试，他亲自命题，并亲自阅卷。尽管大唐王朝气数已尽，但科举制度并没有因政权衰落而式微。

2. 宋元时期科举制度的发展

两宋是科举制度演进过程中的重要历史阶段，制定了许多行之有效的改革措施，科举制度更加成熟。两宋都十分尊崇儒学，重视科举。与宋并立的辽、金等少数民族政权及后来的元朝，尽管都有维护本族利益的狭隘性，但都仿效汉族政权进行科举选士。

宋代在对唐朝科举制度承继沿袭的基础上多有改进，如在荐举制度、考试科目、考试程序和考试制度等各方面均有改进，科举制度进一步发展完善。在荐举制度上，废除了官员荐举环节，实行彻底的“投牒自进”；在考试科目上，逐渐减少科举科目，进士科成为单一科举科目；在考试程序上，进一步完善了科举考试程序，使殿试程序常态化、制度化，形成州试、省试、殿试三级考试制度，为元、明、清各代科举所借鉴和沿袭；在考试制度上，于省试考试中创立了锁院制度、别头试制度、上请制度、禁止继烛制度、弥封和誊录制度等，最大程度地提升考试的公平性和公正性。

唐朝科举考试的“投牒自进”是不彻底的，知贡举官与及第考生结成“座主”与“门生”关系的做法一直存在，我们可以将其视为察举、荐举的遗留。宋太祖认为科举是天下公器，目的是为官府选拔人才，而不是为某位主考官选拔门生，因此称呼主考官为“恩门”“师门”或自称“门生”的做法是不合适的。宋建隆三年（962年），宋太祖下诏，科举考试及第者不准对考官称“师门”或是自称“门生”。宋太祖此举的目的是斩断知贡举官与及第考生之间的私人纽带关系，强调科举考试乃是为国选才，选拔的人才只能忠于皇帝，不能忠于其他任何人。宋乾德元年（963年），宋太祖又下诏废除了通榜公荐法。通榜公荐法是唐代科举制度中通行的推荐考生的办法，即大臣可以向考官推荐自己所了解的具有才艺的举子。这种荐举办法对推荐人才有一定积极作用，但是实际操作过程中，“公荐”很容易变成“私荐”，成为权贵世家培养私人势力的温床，因此宋太祖下诏：“朝臣无得公荐贡举人。”[①]从考试程序看，废除通榜公荐法，尽可能排除人为干扰的因素，有利于科举考试的

---

① 毕沅编著：《续资治通鉴》，中华书局，1957，第68页。

严密化和客观化。

宋开宝六年（973年），宋太祖增加了由皇帝亲自主持的殿试。是年，由翰林学士李昉知贡举，录取进士十一人。宋太祖亲自召见，发现李昉的同乡武济川根本没有才华，甚至不能流利对答，遂心生怀疑。恰在此时，落第举子徐士廉心怀不满，击鼓求见。宋太祖当晚召见徐士廉，徐士廉提出了加强殿试制度的建议："惟岁取儒为吏，官下百数，常常赘戾，以其受于人而不自决致也。为国家天下，止文与武二柄取士耳，无为其下鬻恩也。"[①]徐士廉"受于人而不自决"的话击中了宋太祖的心坎，选人任官是维系皇权的关键，绝不可委任他人，于是宋太祖下令从落第的三百六十人中选出一百九十五人，别试诗赋。他亲阅考卷，最终录取了进士二十六人、三礼三十八人、三传二十六人等，皆赐及第，并举办庆祝宴会。从此之后，殿试成为科举最高级别的考试，也成为科举制式。殿试制度在一定程度上防止和减少了舞弊行为，也强化和健全了科举出身的官员成为"天子门生"的仪式。据《宋史·选举志》记载，宋太祖对自己的这项改革十分满意，对身边的近臣说："昔者，科名多为势家所取，朕亲临试，尽革其弊矣。"

北宋不仅将最高层级考试权限收归皇帝直接掌握，还从技术环节上完善了科举考试制度，提高了考试程序的严密性和考试制度的严肃性。宋雍熙二年（985年），宋太宗实行"别头试"制度，如果举子与考官有亲戚关系即应当另置考场应试。这种制度本质上是一种回避制度。回避制度在唐代曾经偶尔实行，但未成定制，到了宋代，宋太宗将之作为一种制度固化下来。宋淳化三年（992年），宋太宗采纳了陈靖的建议，在科举考试中实行"封弥"制度。"封弥"又名"糊名"，即由封弥官将考生试卷中的姓名进行封弥，避免阅卷人员从中舞弊。"糊名"之法在唐及五代的科举考试中都有采用，但未成定

① 柳开：《河东集·与郑景宗书》，《四部丛刊》影印旧抄本。

制，宋太宗后“封弥”成为殿试定例，以后又逐步推行到各级常科考试中去。

宋真宗时期进一步强化了对阅卷环节的控制。宋景德二年（1005年），宋真宗亲自主考并首次实行“誊录”法。在实行“封弥”制度后，阅卷考官虽然不能看到考生姓名，但仍然有可能通过笔迹识认亲友或请托之人的答卷，而誊录可以杜绝此弊。封弥加誊录，杜绝了阅卷考官主观上的舞弊。为了进一步提高科举考试的公正公平性，宋真宗还创立了“双重定等第”法，减少了阅卷考官在判断成绩上的主观随意性。“双重定等第”法首次运用于宋天禧三年（1019年）的殿试中：收起考卷之后，先交给编排官在试卷上标明号码，再交给封弥官把考生的个人信息封弥起来，然后由誊录人员进行誊录，之后送给阅卷的考官。第一位考官阅卷之后，先将给出的评定封弥起来，再交给复考官评阅，然后由详定官根据两位考官给出的等次，权衡之后确定最终名次。

经过唐朝和北宋的不断改革，科举制度日益完善，然而通过科举考试进入仕途的人数比起读书的士人人数来说仍微不足道。宋太宗即位之后，“思振淹滞”，试图广揽人才，增加了进士的录取名额。唐代科举一般每榜录取进士三十人左右，宋太祖时开科十五次，平均起来每科仅取十三人。宋太宗即位的第二年，一科就录取了进士一百零九人，又录取了“特奏名进士、诸科”，合计达五百人，仅此一榜就比宋太祖十五次开科录取的总人数还多。宋雍熙二年（985年）以及宋端拱元年（988年），宋太宗在礼部录取完之后，又补录了数百人，雍熙二年（985年）共取士九百五十九人，端拱元年（988年）共取士九百七十一人。据《宋史·选举志》记载，宋太宗曾对身边的近臣说：“朕亲选多士，殆忘饥渴，召见临问，观其才技而用之，庶使田野无遗逸，而朝廷多君子尔。”宋太宗开此先例，使宋朝成为中国科举史上录取进士最多的一个朝代。

宋初以来，虽然大规模增加殿试录取进士的名额，但是参加殿试之后仍然有黜落者，黜落的比例不固定。士子们参加乡试和省试，过关斩将非常艰难，到殿试时却名落孙山，多年努力化为泡影，因此难免心生怨恨，有的甚至做出极端举动，多次发生聚众闹事、投河自尽等事件，与天子爱惜人才之意相违背。更有甚者，宋仁宗时发生了落第举子投敌事件。宋宝元元年（1038年），西夏王李元昊正式称帝，一些屡试不第的人愤而投奔西夏，为之出谋划策。其中有一位叫张元的举子，殿试时屡次黜落，于是心怀怨恨，投奔西夏之后成为西夏的谋士。由于他对北宋的情况十分了解，因此所贡献的计谋起到了巨大的破坏作用，致使边境不稳，宋室不宁。大臣们议论祸由，皆归咎于殿试黜落之制。宋嘉祐二年（1057年），宋仁宗对参加殿试的举人亲自面试，所有参加殿试者无一落选。从此，殿试只涉及名次而不关乎黜落，成为中国科举考试的定制。没有黜落，殿试似乎没有了意义。但是，因为排名关系到授官和将来的升迁，所以殿试仍然受到高度重视。此外，为了照顾科举士人的利益，宋仁宗受《周礼》“三年大比”的启发，开始将科举周期固定下来，定为每隔一年举行一次科考；宋治平三年（1066年），宋英宗又将其改为三年一贡举，此后成为定制。

辽和金都是少数民族政权，为了治国安邦，都推行科举制度。立国初期，辽选拔人才主要靠世选制，后来随着疆域的扩大，出于统治北方汉族的需要，开始设立科举制度。因为石敬瑭献出幽云十六州，辽急需大批汉人官吏来安抚汉族民众，所谓“以汉制待汉人”，于是开科取士，但未形成定制。辽统和六年（988年），辽圣宗耶律隆绪下诏开贡举，标志着辽代科举制度正式确立。金代的科举考试承袭辽代，兼采唐宋，有着自己独特的风格。统治者鉴于地域有别，教育有异，遂实行“南北选”。“南选”是针对黄河流域的原来属于宋朝的士子开设的科举，“北选”是针对北方区域所开设的科举。根据不同地区不同民族文化的差异，金代统治者采取不同的考试标准，是符合当时情况的，有利于选拔人才和稳定统治。为了培养女真族的知识分子，金大定十一年（1171年），金世宗还专门设立了程序和内容都相对简单的“女真进士科”。为了保持本民族的统治优势，辽和金在科举制度中都采取了一些特殊措施。为了保持契丹人骁勇善战的传统，辽限制甚至禁止契丹人参加科举考试。金代统治者还规定了文举试射，在中国科举史上是比较少见的。

蒙古帝国建立初期，对科举考试采取排斥态度。但是随着领土的扩张，元代的政权建设亟需完善，统治者逐渐认识到笼络汉族知识分子的重要性。元太宗时，中书令耶律楚材建议实行科举制度，窝阔台于太宗九年（1237年）下诏对“儒人被俘为奴者”进行考试。第二年，蒙古按照上一年的诏令举行了考试。因为这一年为戊戌年，历史上称这次考试为“戊戌选试”。虽然，这并不是一次严格意义上的科举考试，只是解除了考试通过者的奴隶身份，但仍起到安抚汉人的一定作用。元世祖忽必烈统一中国后不久，即下诏要求各路每年贡举儒、吏各一人，并在大都建立起国子学。元世祖曾经多次酝酿实行科举考试，至元四年（1267年），他下令“议立程式”，但这一诏令没有得到贯彻执行。为了整顿吏治、选拔人才，元仁宗决定实行科举考试制度。皇庆二年（1313年），元仁宗下诏恢复科举，对笼络汉族知识分子发挥了重要作用。元延祐二年（1315年），元朝举行首届科举会试，正式录取进士五十六人，标志着元代科举制度的正式建立。元代的科举每三年举行一次，分为乡试、会试、殿试三级。乡试与会试的录取结果分左右榜公布，录取的蒙古人、色目人名列右榜，录取的汉人、南人名列左榜，这就是所谓的左右榜制度。因为蒙古人和色目人占全国人口的比例很小，很难与汉人、南人均分录取名额，所以为了维持平衡，便让左右榜名额同时空缺，汉人、南人实际所能得到的名额就更少了。

3. 明及清代中前期科举制度的完备

科举制度在明代及清代中期前处于鼎盛阶段。明朝推翻了元朝之后，统治者在借鉴前代经验的基础上，制定了更加完备的科举考试制度，将八股文作为一种考试文体固定下来，并且在南北榜的基础上形成了按地区分配名额取士的格局。这些改革措施进一步提高了科举考试的制度化、程序化水平。清朝在顺治三年（1646年）举行了首届科举，其制度基本沿用明制，没有大的变化。清代以科举为国家抡才大典。

明朝建立后亟需大批文职官员，明太祖朱元璋深知人才的重要性，对通过科举制度拔擢人才寄予厚望。早在明洪武元年（1368年），朱元璋就下令“品官子弟”以及平民“俊秀通文义者”入官学学习；第二年又下令天下府县建立学校，为开科取士储备人才。洪武三年（1370年）五月，朱元璋下诏开科取士，并将科举考试作为选任官吏的唯一途径。明洪武四年（1371年），朱元璋再次敕谕中书省，要求各行省连续三年举行科举考试。但是连试三年之后，朱元璋对科举制度十分失望，发现所取之士多是长于文辞而少有实才的后生少年，于是决定废弃科举，再次采用荐举。荐举制度持续十年之久，但其弊端亦十分明显，朱元璋再次认真比较了荐举和科举的利弊，认为科举考试选拔人才尽管有弊端，但至少比荐举更为有效。明洪武十五年（1382年），朱元璋宣布复设科举考试；明洪武十七年（1384），又颁布了《科举定式》，使其成为之后明朝二百五十多年间的科举成文法规。

明朝基本沿袭了宋朝的科举制度，严密程度比宋有过之而无不及，其中改革幅度最大的主要体现在考试层级、南北榜制度、考试内容及文体等方面。

在宋代州试、省试、殿试三级考试制度基础上，明清两朝实行童试、院试、乡试、会试、殿试五级考试制度。童试是最初级的地方县、府考试，也叫小试，是取得生员资格的入学考试，凡通过者皆称童生。院试是国家科举考试的最初一级，一般在府城举行。乡试是以行省为单位的考试。院试与乡试都是地方考试，相当于宋代州试。院试的基本任务是从童生中选拔秀才，童生考取生员（秀才），即为“进学”，也就脱离了平民阶层，进入士的行列。乡试是地方最高层级的考试，通过乡试者被称为举人，意即获得向皇帝荐举的资格，不仅可以参加全国性科举考试——会试，也具备了做官的资格。会试是由礼部主持的全国性考试，参加者为全国新旧举人，会试通过者被称为贡士。殿试又称廷试，是由皇帝亲自主持的对会试中式者进行的考试。殿试结果只排名次，没有黜落，排名分三甲：一甲赐进士及第（共三名：第一名状元、第二名榜眼、第三名探花），二甲赐进士出身，三甲赐同进士出身。一、二、三甲统称进士。礼部张挂用黄纸书写的榜单，称黄甲，也称金榜，金榜题名之后就进入官职铨授阶段。

明洪武三十年（1397年）发生了著名的明朝科举南北榜事件，促成了科举考试分地域录取制度的建立。在此之前，明代的会试并未如乡试一样分地域录取。在洪武三十年（1397年）二月的会试中，刘三吾和白信蹈等为主考官，录取的五十余名进士全为南方人，北方人全部落第。这引起北方考生的普遍不满，他们认为主考官偏袒南方人（主考官刘三吾系湖南茶陵人）。朱元璋命人在落第试卷中择卷复阅。复阅的结果显示主考官并未作弊。北方考生继续上告，说刘三吾等故意以陋卷进呈，肆意欺骗。朱元璋因此大怒，严加审讯，最终处死了白信蹈等人，以刘三吾年老（85岁）免死，革职充军。朱元璋亲自策问，录取了六十一名进士。这一事件被称为南北榜事件，又称春夏榜事件。但是朱元璋未来得及做出改革即于次年去世。明成祖时，南方士子在会试中仍然占有绝对优势。明洪熙元年（1425年），明仁宗命杨士奇等确定取士名额，最终确定录取南人十六名、北人十四名。此外，明仁宗还采纳了杨士奇的建议，着手制定南北卷制度，但是尚未来得及落实，明仁宗就去世了。明宣宗即位后，更定科举法，确定了各地的取士名额。宣德、正统年间，杨士奇的分卷建议终于得以实施，考卷分为南、北、中三种，南卷录取率为55%，北卷录取率为35%，中卷录取率为10%。

分区取士的制度似乎有悖于科举考试公平竞争、量才录用的原则，但是却照顾到了各地区经济文化的发展水平差异以及平衡统治集团内部势力的需要。此后这一制度得到延续，并且分区取士的配额越分越细。

与唐宋时期相比，明朝将科举考试的范围及内容进行了缩小和限制。根据《明史·选举志》记载，明初科举考试内容除四书五经外，还有“骑、射、书、算、律五事”。明洪武十七年（1384年）颁行《科举定式》后，考试范围仅限于四书五经，甚至还详细规定了这些书目的版本：《四书》主朱子《集注》，《易》主程《传》、朱子《本义》，《书》主蔡氏《传》及古注疏，《诗》主朱子《集传》，《春秋》主《左氏》《公羊》《穀梁》三传及胡安国、张洽《传》，《礼记》主古注疏。明永乐年间（1403～1424年），朝廷重新厘定了考试书目的版本，颁布了《四书五经大全》，废注疏不用。从明朝科举考试科目及内容的变化看，强化了以儒家经典为核心的意识形态内容，重视文学能力，不再重视与行政能力相关的其他能力。在这方面，清朝完全沿袭了明朝传统。

明朝的科举考试不仅内容被限制在极小的范围内，在文体上也走向程式化，这就是我们十分熟悉的八股文。八股文起源的具体时间历来存在争议。《明史·选举志》记载：“盖太祖与刘基所定。其文略仿宋经义，然代古人语气为之，体用排偶，谓之八股，通谓之制义。”刘基于明洪武八年（1375年）就去世了，此时恰逢科举停罢，所以不可能与太祖共定八股之法。顾炎武认为八股文格式的形成是在成化年间。任何一种文体的出现都是渐进演化的，八股文也不例外。唐代的八韵试帖诗，结构与八股文有类似之处。北宋王安石改革科举时出现的经义呈文，被认为是八股文的源头。例如清初杰出学者王士禛说，“以八股制艺始于宋王安石”[①]。元代的

① 王士禛：《池北偶谈》，齐鲁书社，2007，第46页。

科举制度对八股文的形成也产生了重要的影响。元代将科举考试的内容限定在四书五经和程朱集注的范围之内，并且规定文章的字数在三百字到五百字之间。因此晚清经学大家皮锡瑞曾说："明用时文，沿元人经疑之式。名为新义，实袭旧文。"[①]当然八股文的真正定型还是在明代，特别是成化之后，束缚更严，故有"制艺始于成化"之说。

八股文有固定的格式，由破题、承题、起讲、入手、起股、中股、后股、束股这八个固定段落组成。破题，即点明题意。承题，即补充阐发主题。起讲，是模仿古人语气，代圣贤立言。入手，是用三四句引入本题，之后就是文章的主体部分了。起股、中股、后股、束股又各有两股，对仗成文，合称八股。金克木先生总结说："八股有特色。一是命题作文。二是对上说话。三是全部代言。四是体式固定。就体式说，又可有四句。一语破的。二水分流。起承转合。抑扬顿挫。"[②]

清朝基本沿袭明制，清军甫一入关，即仿照明朝开科取士，以笼络天下士人。清顺治二年（1645年），清朝即举行乡试；次年，举行会试；以后子、卯、午、酉年举行乡试，丑、辰、未、戌年举行会试，并且在明代科举制度的基础上形成了更加完备的常科、制科、八旗科并行的考试制度。科举制虽然在清朝走向暮年，但在清中期以前仍发挥着重要作用，清朝一共开科一百一十二次，共取进士二万六千八百四十九人。清代的制科，如博学鸿儒、孝廉方正等，也选拔出了一大批学问渊博、道德可嘉的人才，对维持国家机器运转起到了重要作用，这也是中国最后一个封建盛世的重要基础。《清史稿·选举志》的评论大抵是公允的："有清以科举为抡才大典，虽初制多沿明旧，而慎重科名，严防弊窦，立法之周，得人之盛，远轶前

① 皮锡瑞：《皮锡瑞集》，岳麓书社，2012，第1181页。
② 金克木：《八股新论》，生活·读书·新知三联书店，2017，第106页。

代。”科举制度到清朝时各种弊端已经显露无遗，越来越显示出迟暮之象，嘉庆以后，科举制的弊端全然暴露无遗。

4. 晚清时期科举制度的废止

晚清时期，随着西方资本主义的崛起，现代化进程向全球扩展，中国社会面临全面危机，科举制度面临制度本身崩坏与现代化转型的双重危机，其弊端越来越显露，尤其是西方资本主义制度给予了科举制度最后的猛击。在内忧外困的窘境中，科举制度走到了它的尽头。

鸦片战争的炮声惊醒了天朝上国的迷梦，清朝统治者意识到不仅坚船利炮不如西方，教育和官吏选任制度也大大地落后了。外语翻译人才、制造坚船利炮的应用型人才都极为短缺，而中国的知识阶层却依旧沉浸在四书五经之中。改良主义的先驱者龚自珍主张科举考试应当废除经义，改考与现实密切相关的策论。魏源是晚清“睁眼看世界”的第一批知识分子，他提出“师夷长技以制夷”的思想，主张经世致用、兴利除弊。在《盛世危言》中，龚自珍尖锐地指出，“今世科场之文，万喙相因，词可猎而取，貌可拟而肖，坊间刻本，如山如海。四书文禄士，五百年矣；士禄于四书文，数万辈矣；既穷既极”[①]。龚自珍还以文学手法写出了《病梅馆记》，借物抒情，托梅议政，揭露了不合理的制度对人才的扭曲和摧残。他的《己亥杂诗》中的诗句“九州生气恃风雷，万马齐喑究可哀。我劝天公重抖擞，不拘一格降人才”，更是家喻户晓。

龚自珍与魏源的主张未受到清政府的重视，但越来越多的有识之士都认识到科举考试的内容和形式已经不能适应形势的需要，变革科举考试的呼声越来越强烈。无论是站在传统立场上的封建洋务派，还是站在资产阶级立场上的改良者，在批判科举制度的态度上是一致的。在内忧外患日益严重的背景下，清朝统治者也认识到西

---

① 龚自珍：《龚自珍全集》，上海人民出版社，1975，第344页。

方技术的巨大威力，学习西方先进技术成为不可避免的选择。清同治元年（1862年），议政王奕䜣上奏，请立同文馆。此事无涉科举制度本身，却被保守派认为有损“科甲正途”而遭到强烈反对，可见变革之难。清同治三年（1864年），洋务派领袖李鸿章向朝廷提出了变革科举考试内容的请求，主张把科学技术纳入考试范围，但依然没有被清政府采纳。

晚清思想家冯桂芬是改良主义的先驱人物，他在《变科举议》一文中，尖锐地批判了科举考试的弊端：“所试者经义，聪明智巧即用之经义；所试者词赋，聪明智巧即用之词赋，故法异而所得仍同。”[①]冯桂芬认为，陈旧的考试内容不能选拔出真正的人才，但他并不主张废除科举，也不否认四书五经的地位，只是提倡在重视纲常名教的同时，要重视经世致用的学问。在《制洋器议》一文中，冯桂芬提出特设制洋器一科，并建议对学有所成者赏以举人、进士之名。思想家王韬在《变法自强中》里，主张扩大考试范围，把经学、史学、掌故之学、词章之学、舆图、格致、天算、律例、辩论时事、直言极谏等皆纳入科举考试范围，“不论何途以进，皆得取之为士，试之以官”[②]。思想家郑观应在其《盛世危言》中也猛烈抨击了八股取士的科举制度：“虽豪杰之士亦不得不以有用之心力，消磨于无用之时文。即使字字精工，句句纯熟，试问能以之义安国家乎？不能也。能以之怀柔远人乎？不能也。”[③]在批判科举考试“所学非所用，所用非所学”的同时，郑观应盛赞西方的考试制度：“泰西取士之法设有数科，无不先通文理算学，而后听其所好，各专一艺。”[④]鉴于科举考试已经深入人心，郑观应并不主张废除这种制度，而是设计了改良主义方案，主张在考试中增设新科

① 冯桂芬：《校邠庐抗议》，上海书店出版社，2002，第38页。
② 王韬：《弢园文录外编》，上海书店出版社，2002，第31页。
③ 夏东元编：《郑观应集》（上册），上海人民出版社，1982，第291页。
④ 夏东元编：《郑观应集》（上册），上海人民出版社，1982，第291页。

目——文学科、政事科、言语科、格致科、艺学科、杂学科等，而有些科目“至于登进之阶级如秀才、举人、进士、翰林之类一仍旧称”①。郑观应认为，在名称不变、制度不更的前提下，增设科目可以扭转从前“空疏无补”的传统科举积弊的局面。

与改良主义不同，资产阶级启蒙思想家严复主张完全废除八股取士，他在《救亡决论》一文中说：“天下之理最明而势所必至者，如今日中国不变法则必亡是已。然则变将何先？曰：莫亟于废八股。”②严复列举了八股文的三条罪状——锢智慧、坏心术、滋游手，主张向西方学习科学技术。中国近代史上著名的启蒙思想家、史学家梁启超在《变法通议》一文中指出，欲兴学校养人才以强中国，唯变科举为第一义。他还为“变”设置了具体的上、中、下三策。梁启超的议论，体现了崇尚实学的理念。

甲午中日战争的失败及《马关条约》的签订震惊全国，资产阶级改良派与封建士大夫中的少数有识之士联合发起了维新变法运动，科举制度改革是其中一项重要议题。清光绪二十三年（1897年），贵州省学政严修上《奏请设经济专科折》，请求开设“经济特科”：“词科之目，稽古为荣，而目前所需，则尤以通今为切要。或周知天下郡国利病，或熟谙中外交涉事宜，或算学译学擅绝专门，或格致制造能创新法，或堪游历之选，或工测绘之长，统立经济之名，以别旧时之科举。”③总理衙门会同礼部讨论，同意了严修的奏请。改革科举考试内容的呼吁，经过了长期的曲折，终于有了转机。清光绪二十四年（1898年），光绪帝实行变法，史称“戊戌变法”。光绪帝的诏书中指出了以八股文为主要内容的科举考试的弊端，提倡博采西学，但并没有规定具体的措施。戊戌变法的领

① 夏东元编：《郑观应集》（上册），上海人民出版社，1982，第300页。

② 王栻主编：《严复集》（第一册），中华书局，1986，第40页。

③ 严修自订，高凌雯补，严仁曾增编：《严修年谱》，齐鲁书社，1990，第102页。

袖康有为面见光绪帝，痛陈八股取士的危害，强调八股取士是清朝衰落的根本原因，请求尽快发布废除八股取士的谕令。在康有为、梁启超等人的大力推动之下，改革科举考试制度的建议被采纳，清政府相继颁布了八道有关改革科举的上谕。

戊戌维新时期对科举制度做出了一些改革的尝试，但是这些改革仍然不能适应形势的发展。即便如此，科举制度改革仍遭到顽固派反对而最终失败。慈禧太后发动政变后立即终止了变法中的几乎所有改革，谕令："嗣后乡试、会试及岁考、科考等，悉照旧制，仍以四书文、试帖、经文、策问等项分别考试。经济特科易滋流弊，并著即行停罢……"①

清光绪二十六年（1900年），八国联军入侵北京，慈禧太后与光绪帝仓皇出逃，清朝政府的统治危机进一步加深。清光绪二十七年（1901年），八国联军以武力要挟清政府签订了《辛丑条约》。在条约的第二款中规定，将诸国人民遇害、被虐之城镇，停止文武各等考试五年。饱受屈辱的慈禧太后意识到，不变革图强就不能改变被动的局面，于是将曾经否定的变法事项又付诸实施，包括改革科举制度、恢复经济特科等，规定次年的乡试、会试，头场试中国政治史事论，二场试各国政治艺学策，三场试四书五经义，以上一切考试均不准用八股文程式，实行五百余年的八股取士终于被废除。

科举制度本身的废除已经是大势所趋，科举考试无论如何改革，都与当时蓬勃发展的新式学堂格格不入。清光绪二十九年（1903年），张之洞、袁世凯上疏，要求废除科举，理由是科举妨碍了新式学堂的发展。同时，张之洞还提出了一个折中的建议，若不能马上将科举制废除，可采用"分科递减"的改革方案，但奏折朱批之后交政务处议奏在案即无下文。1904年日俄战争爆发，战火在中国东北的大地上燃起，软弱的清朝政府居然宣布"中立"。日

① 余音：《近世师表孙家鼐》，山西人民出版社，2019，第158页。

本战胜俄国之后，趁机侵略东北，中国主权再次受到严重损害，各地起义不断，学潮风起云涌。光绪三十一年（1905年），袁世凯、赵尔巽、张之洞等上疏，请求立即停止科举，内阁同意了奏请。清廷发布上谕："着即自丙午科为始，所有乡会试一律停止，各省岁科考试亦即停止，其以前举贡生员，分别量予出路，及其余各条，均着照所请办理。"[①]这道上谕正式宣告了中国历史上实行一千三百年之久的科举制度的终结。

废除科举是中国政治和教育史上的一件大事，宣告了传统士大夫政治的终结，在中国社会现代化转型过程中具有划时代的意义。严复在1906年所作的《论教育与国家之关系》演讲中说，此事乃吾国数千年中莫大之举动，言其重要，直无异古者之废封建、开阡陌。美国学者罗兹曼在《中国的现代化》一书中指出，1905年废除科举制度实际上是新旧中国的分水岭，其划时代的意义甚至超过了辛亥革命。

二、科考内容与选任取向

科举考试内容是人才选拔标准的直接体现，不仅与历代王朝的政治思想乃至治国方针密切相关，也是影响文化发展的重要因素。从隋朝创立科举取士制度开始，考试内容始终是科举考试改革中的核心问题和关注焦点，其中考试的知识范围和能力标准评判是两个最为重要的方面。从总体上看，科举考试的知识考核范围主要是儒家典籍，能力考核主要考文学能力。唐代科举考试的内容较为广泛，除儒家典籍外，有时还将道家典籍列入考试内容。此外，法律、书学、算学等应用知识也常被列入科举科目。宋代以后，科举考试的内容逐渐局限于儒学典籍，元朝以后不仅典籍范围进一步缩小，还将知识聚焦于理学。从能力考核看，从政能力是科举选拔人

① 王炜编校：《〈清实录〉科举史料汇编》，武汉大学出版社，2009，第1109页。

才的根本标准，但在如何评判从政能力上始终存在分歧，最终将从政能力考核聚焦于文学。明清以前，对文学能力的考核主要围绕诗赋、散文与策论等不同文体进行改革，明清时期采用统一规范的标准化文体——八股文。

1. 基本考试内容

唐代明经科主要考查对经义的掌握程度，最重要的是帖经和墨义。所谓帖经，就是遮住经典的部分内容，让被试者再填写，考验被试者对经典的熟悉程度。具体做法是考官任取经书的一页，将左右两边遮盖住，只露出中部一行，裁纸为帖，贴住此行的二三字，要求被试者将所帖之字填写出来。这种考试的做法比较机械刻板，优点是便于考查考生对经文的熟悉程度，缺点是内容相对固定，很难有区别度。所谓墨义，是考经文及注疏。初为口试，即“案问大义十条”，口头提问口头回答，简称“口义”；后因容易作弊，且因没有文字记录，举人落第后多喧竞不服，遂改口义为笔试，考生将需要回答的内容以墨书写于纸上，故名“墨义”。不论墨义还是口义，都比较机械，注重对儒家经典的记诵，不重个人的见解发挥，有些考生把经书及注解背熟即可应试，对经书大义却并不深究。明经科可操作性强，在唐代常举各项科目中取士最多。

唐代进士科的考试内容最初与明经科差别不大，亦有试策、贴经、杂文（诗赋）等。试策，唐初所试为时务策，针对时政而发，不失为一种选拔治国理政人才的良法。但行之既久，题目陈陈相因，遂有投机取巧者收集“策文集”之类，许多应试者并无治国之才，死记硬背“策文集”亦可胜出。进士科的帖经考试与明经科大致相同，但难度低于明经科。唐朝初年进士科考试并不试杂文，至迟在唐永隆二年（681年），科举考试有了“试文两篇”的要求，并成为进士科考试最关键的一场。“文”泛指诗、赋、铭、表、赞之类，唐玄宗开元年间明确要求考诗、赋各一首。诗赋便于区分应试者的文学才华，成为具有决定性的考试内容，时人也把进士科称为

"词科"。

明法、书学、算学都是针对行政管理实用知识的专门考试科目。明法科考试的主要内容是律令。唐高宗时期，朝廷在唐太宗《贞观律》的基础上进一步完善了唐朝律令制度，编纂《唐律疏议》并颁行天下，不仅为断狱提供了标准，亦为科举考试提供了标准化教材。明法考试的具体方式包括帖经和试策两种，前者重在基础知识，后者重在理解应用。书学科是唐代常科考试的六科之一，考试内容主要为《说文》《字林》等文字"小学"，形式包括帖经、口义、试策。算学科以数学等自然科学知识为主要考查内容。唐高宗时，命太史令李淳风、国子监算学博士梁述等整理、注解了《五曹》《孙子》等十部算经。算学科的考试方式主要包括试帖经和问大义，前者考查算学基础知识，后者考查算学能力。

唐代的制举考试较多地保留了察举制度的选人模式，考试方式主要是试策，一般试三道题。唐代的制举科目，主要有德行、政事、文学三类。策问的内容，往往是针对具体情况的现实问题。但是无论问题多么具有针对性，对策者往往堆砌历史典故、引用儒家经典以敷衍成文，选人效果并不佳。

宋代科举考试的内容有了许多变化，科目不同，内容也不同。与唐朝相比，宋代科举考试的内容范围更加狭窄。唐朝科举考试的科目多，范围很广，在文化与学术上呈现出开放状态，除儒家经典外，佛道思想都在科举考试范围之内。到了宋代，科举考试的科目减少，考试内容的范围缩小，主要考少量儒家经典著作，儒家意识形态化程度大大提高。

宋代进士科解试、省试的内容基本相同，殿试则与解试和省试有较大区别。对于解试和省试而言，考试内容一般是试诗、赋各一首，帖经十帖，策五道，墨义十条。至宋神宗时，根据王安石等人的建议，进士科解试、省试又有较大改革，改为考四场，第一场为经义十道，第二场为大义十道，第三场为论一首，第四场为时务策（解试三道、省试五道）。这一改革在中国科举史上具有重要意义，它变诗赋取士为经义和策论取士，有利于选拔经世致用的人才。罢帖经和墨义而改为以大义试经术，也是重大进步，引导考生放弃死记硬背的做法，而追求对经义的融会贯通。宋代进士殿试的主要内容，最初只有诗、赋二题，太平兴国三年（978年），宋太宗规定加试策论一篇，自此殿试常以诗、赋、论三题为准。至宋神宗时，又有较大改变，由诗、赋、论三题改为策一道。

宋代明经、诸科的解试、省试考试内容异于进士科。宋代九经科（指儒家九部经书：《周易》《尚书》《毛诗》《礼记》《周记》《仪礼》《春秋左传》《公羊传》《毂梁传》）考查帖书一百二十帖，对墨义六十条。五经科（指《周易》《尚书》《毛诗》《礼记》《左氏春秋》）考帖书八十帖，对墨义五十条。此外，还有三礼科、三传科、三史科、开元礼科、学究科、明法科等诸科，考试内容一般是墨义五道、本经义三道。宋代明经科与唐朝明经科名同实不同，属于新设的贡举科目，考试内容主要包括三个方面：一是从九经中取三经，每经试墨义、大义各十道；二是取《论语》《孝经》各试帖十道；三是试时务策三道。

元皇庆二年（1313年），元仁宗颁布了考试程式，明确规定了乡试、会试及殿试的具体内容。科举选官不是元朝主流选官制度，但元朝科举考试内容改革是中国科举制度发展史上的重要里程碑，其标志就是将儒家经典作为科举考试的基本内容，答题标准以程朱理学的解释为主，从而最终确立了理学在中国封建社会后期思想政治领域的统治地位。元代科举将程朱理学定为一尊的做法，为明代和清代所承袭。

明朝科举考试范围与内容进一步收窄：一是考试书目范围进一步缩小；二是沿袭元朝将理学定为一尊的做法，更加重视经书版本。清代科举考试的内容及形式皆承袭明代，关于这方面的内容，《明史·选举志》有明确记载：

初设科举时，初场试经义二道，《四书》义一道；二场，论一道；三场，策一道。中式后十日，复以骑、射、书、算、律五事试之。后颁科举定式，初场试《四书》义三道，经义四道。《四书》主朱子《集注》，《易》主程《传》、朱子《本义》，《书》主蔡氏《传》及古注疏，《诗》主朱子《集传》，《春秋》主左氏、公羊、穀梁三传及胡安国、张洽《传》，《礼记》主古注疏。永乐间，颁《四书五经大全》，废注疏不用。其后，《春秋》亦不用张洽《传》，《礼记》止用陈澔《集说》。二场试论一道，判五道，诏、诰、表、内科一道。三场试经史时务策五道。

2. 从重视策论到诗赋取士

唐初，科举考试重视人才的时务能力。所谓时务，顾名思义就是涉及国家和社会的时政要务。进士科考试要考“时务策”五条，要求考生以策论的形式回答。这种考试方式的设计出发点是好的，但在实践的过程中常常流于形式，因为参加科举考试的考生大都缺乏实际的治国理政经验，往往对着题目空发一套议论，内容千篇一律，考官也只能选取那些文辞富艳者。如，初唐开创“上官体”诗风的名相上官仪写的两条对策，被收入《文苑英华》中，但其实除了文采斐然，并无多少实质性内容。因此，科举考试名为时务能力之试，但最终演变成文学才能之试。

唐代科举制度客观上造成对文学的偏重，人们不需要研究社会问题，甚至也无需钻研经书要义，只是搜集历年策题以及科举及第者的对策文章，反复揣摩，考场之上窜易首尾，临时拼凑，居然比那些以真才实学认真答题者更容易胜出。据《新唐书·选举志》记载，唐永隆二年（681年），考功员外郎刘思立明确指出了这种选人制度的弊端：“进士唯诵旧策，皆亡实才，而有司以人数充第。”

刘思立还提出了改革考试制度的方案，奏请在试策之外，加试杂文两篇。所谓杂文，包括诗、赋、箴、铭、表、赞等多种文体，可以在一定程度上考查应试者的创造才能。在改革实践中，创造才能亦偏向文学创作能力，特别是到了唐玄宗开元年间，杂文被确定为诗、赋各一首。

《通典·选举典》载，时人赵匡说“主司褒贬，实在诗赋”。由此可见，唐朝科举“以诗赋取士”的现象并非后人的总结，当时的人们对此就有了清醒的认识。唐开元十二年（724年），祖咏赴京应试，考官出的题目是《终南望余雪》，按规定应作五言六韵十二句，祖咏只作了四句就交卷，考官问他为何只有四句，他答曰：“意尽。”（祖咏这四句诗是：“终南阴岭秀，积雪浮云端。林表明霁色，城中增暮寒。”）最后，祖咏就凭着这半截诗篇，居然高中进士。唐天宝十载（751年），进士及第的钱起，其应试诗《省试湘灵鼓瑟》也广为传颂，诗句“曲终人不见，江上数峰青”成为千古佳句。据说，他在夜宿旅店之时闻空中有人吟哦此句，便默记于心，等他走进考场展卷之时，这两句诗便浮现于脑海，于是将其作为落笔之句。考官李暐评阅此诗时，独爱末两句，“击节吟味久之”，以为“必有神助”，于是评为高第。

祖咏、钱起之流仅凭偶然得到的佳句就在科举中胜出的例子，说明科举考试重诗赋才能的事是客观存在的。以答卷为基本依据的科举考试选任制度与以文学才能作为标准的选官依据一开始就是一对孪生兄弟。诗赋取士的科举导向极大地刺激了唐代文学的繁荣，尤其对诗歌的发展和兴盛发挥了重要作用。南宋诗人严羽在《沧浪诗话》中写道：“或问：‘唐诗何以胜我朝？’唐以诗取士，故多专门之学，我朝之诗所以不及也。”[①]学术界认为宋诗不及唐诗，与

① 严羽：《沧浪诗话校释》，郭绍虞校释，人民文学出版社，1983，第147页。

唐朝科举制度以诗取士有关。清代康熙皇帝在御制《全唐诗序》中也总结了这一现象："盖唐当开国之初，即用声律取士，聚天下才智英杰之彦，悉从事于六艺之学，以为进身之阶，则习之者固已专且勤矣。"[①]康熙皇帝"盖唐当开国之初，即用声律取士"的说法比较笼统，但是康熙皇帝所强调的以声律取士的科举制度促进了唐诗繁荣的说法是客观公正的。

除了科举考试本身对唐代诗歌的繁荣起到直接推动作用之外，唐代的"行卷"之风也间接地促进了唐诗的繁荣。行卷之风的形成与"通榜"的做法息息相关。所谓通榜，就是主考官在科举考试之前调查贡士们在社会上的才德声望，制成"榜贴"，以供录取时参考。通榜的做法借鉴了察举制度，是为了弥补考试主要考察才能而不能考察品德的缺憾而实行的措施，但这也为达官贵人和社会名流提供了机遇，行卷之风大行。程千帆在《唐代进士行卷与文学》中对行卷有通俗明白的解释："所谓行卷，就是应试的举子将自己的文学创作加以编辑，写成卷轴，在考试前送呈当时在社会上、政治上和文坛上有地位的人，请求他们向主司即主持考试的礼部侍郎推荐，从而增加自己及第的几率的一种手段。"[②]投献一次，可能让人印象不深，那就投献两次、三次，谓之"温卷"。也有的考生直接向礼部投卷，谓之"省卷"。

《唐摭言》卷六《公荐》详细记载了吴武陵为杜牧行卷的故事：侍郎崔郾受命做主考官，在东都洛阳开试。三署公卿都忙于为之饯行，当然饯行的同时会有请托之举。太学博士吴武陵也屈驾光临，让崔郾略感惊讶。吴武陵来的目的是为杜牧通榜，他把杜牧的《阿房宫赋》朗读了一遍，崔郾大为惊奇。吴武陵趁机提出此次科考当

① 陈伯海主编：《唐诗学文献集粹》（下），上海古籍出版社，2016，第1064页。

② 程千帆：《唐代进士行卷与文学》，中西书局，2019，第13页。

以杜牧为状元，但崔郾表示状元已经内定他人了，而且状元及以下的前四名皆已经有人选了。吴武陵虽感遗憾，但也通晓官场规矩，就说："实在不行，就第五名吧。"后来，杜牧果然名列第五。

行卷的过程本身就是诗赋繁荣的过程，白居易的《赋得古原草送别》就是他当年向顾况行卷的第一首诗。据《南部新书》记载：长安举子，自六月以后，落第者不出京，直到当年七月再献上新作，谓之过夏。举子多借静坊庙院及闲宅居住，作新文章，谓之夏课。亦有人请题目于知己朝达，谓之私试。七月后，投献新课，并于诸州府拔解。当时有"槐花黄，举子忙"的谚语。整个夏季，举子们都在蛰伏创作新的诗文，或者十人一群或者五人一伙地举行"模拟考试"。等夏去秋来，就该去行卷了。唐贞元六年（790年），三次参加省试皆落第的韩愈向时任滑州刺史的贾耽行卷。他并非携带自己的诗文贸然前往，而是先派家童送上一封请求信和自己的名帖，谓之"请见"。韩愈在信中极力赞美对方，"伏惟阁下昭融古之典义，含和发英，作唐德元"云云，并且表达了自己的诚恳态度，"与之进，敢不勉；与之退，敢不从：进退之际，实惟阁下裁之"。[①]与察举制度之下以发现德行卓越者为荣一样，在科举制度下，许多士大夫也以发现文学才华出众者并为之行卷为荣。韩愈在成名之后十分乐意"引接后学"，李翊曾投谒韩愈，韩愈作《答李翊书》《重答翊书》等，并向礼部主考官推荐李翊，是年李翊果然进士及第。经韩愈引接、荐拔的，称为"韩门弟子"，当代学者考证，仅有姓名可考者，就有二十二人进士及第。[②]

当然，更多的是行卷无门的普通举子，或者即便行卷，也如同

① 韩愈：《韩昌黎文集校注》（下），马其昶校注，马茂元整理，上海古籍出版社，2018，第774～775页。

② 刘海峰：《"韩门弟子"与中唐科举》，载《中国古代社会研究》编委会编《中国古代史社会研究——庆祝韩国磐先生八十华诞纪念论文集》，厦门大学出版社，1998，第312页。

泥牛入海，杳无消息。才华横溢如杜甫，为了能够得到名公巨卿的荐举，也不得不经常行卷。有些行卷之作至今还保存在其诗集中，《奉寄河南韦尹丈人》《赠韦左丞丈》《奉赠韦左丞丈二十二韵》等，是投寄给尚书左丞韦济的，《投赠哥舒开府二十韵》是献给西平郡王哥舒翰的，《奉赠鲜于京兆二十韵》是投寄给京兆尹鲜于仲通的。然而，杜甫没有韩愈那么幸运，多次参加考试都未成功。

3. 宋代的诗赋与经义之争

北宋初年基本继承了唐代以诗赋取士的传统，大量的文献表明，至少在北宋前期，诗赋在进士考试中起着决定性的作用。例如北宋著名的哲学家李觏在《上叶学士书》中回忆年少时“乡先生教以速化之术”，也就是为应付科举的速成之策，说“则谓当今取人，一出于辞赋，曰策若论，姑以备数”。[①]说明当时诗赋在科举考试中起着决定性的作用，科举虽然也考策论，但是形同虚设，只是充数而已。

科举制度的目的是选官，而不是评选文学家，仅依据文学才能选择官吏显然是偏颇的。策论考试尽管有其局限性，但毕竟其内容与治国理政是直接相关的。因此，对于科举考试过于重视诗赋的做法，批评之风日起。针对这种情况，宋仁宗不得不于天圣五年（1027年）下诏矫正：“贡院将来考试进士，不得只于诗赋进退等第，今后参考策论，以定优劣。”[②]宋仁宗虽然对考试内容进行了改革，但是很不彻底，其诏书并没有否定过去以诗赋确定等次优劣、是否及第的做法，只是要求参考策论成绩来确定最终的名次。

关于诗赋与策论的关系，人们也有不同意见，有人认为以诗赋取人优于以策论取人。宋太宗淳化三年（992年），状元孙何在其《词赋取士得人多》中充分肯定了诗赋取士的合理性，认为科举考

---

① 曾枣庄、刘琳主编：《全宋文》（第二十一册），巴蜀书社，1992，第308页。

② 徐松辑：《宋会要辑稿》，中华书局，1957，第4269页。

试的策论远不如诗赋更能考察举子们的才识。孙何认为策论的难度太小，策论的考查内容不过是有限的几个方面，可以充分准备、模拟，所以对策都是些放之四海而皆准的陈词滥调和老套话语，并不能显示考生的才华。孙何认为，诗赋与策论大不相同，更能考查一个人的才学。诗赋有破题、押韵、用典、引经、修辞、析理等学问根底，这是策论的题目可以备拟、内容可以敷衍所不能比拟的。正因为诗赋的创作有如此难度，诗赋的文理又如此美妙，所以这种文体最能够考查创作者的学识与格局。他说："观其命句，可以见学植之深浅；即其构思，可以觇器业之大小。穷体物之妙，极缘情之旨，识春秋之富艳，洞诗人之丽则，能从事于斯者，始可以言赋家流也。"[①]诗赋既能体物，又能抒情，还可以春秋笔法表现微言大义，明白这些，才可以讨论这类作品。孙何的议论，是针对长期以来人们认为诗赋是"小道"，不足以考查经世治国之才的观点而发的。

随着北宋政坛党争的兴起，科举考试内容成为党争的重要议题，"诗赋取士优越论"与"经义取士优越论"的论争越来越激烈。宋神宗时，任用王安石变法，罢诗赋及明经诸科，欲专以经义、论、策取士，诗赋取士与经义取士之争达到高潮。王安石在所上《乞改科条制札子》中说，"今欲追复古制以革其弊，则患于无渐。宜先除去声病对偶之文，使学者得以专意经义"[②]。宋熙宁二年（1069年），宋神宗召集群臣讨论，王安石的意见遭到苏轼等人反对。苏轼认为不可废诗赋而专考经义，他认为经义"无规矩准绳，故学之易成；无声病对偶，故考之难精"，以此种文体取代诗赋的后果更严重，"其弊有甚于诗赋者矣"。[③]双方争论的结果是主张

① 尹德新主编：《历代教育笔记资料：宋辽金元部分》，中国劳动出版社，1991，第296页。

② 张富祥、李玉诚注说：《王安石集》，河南大学出版社，2016，第115页。

③ 张春林编：《苏轼全集》（下），中国文史出版社，1999，第755页。

经义取士的一派占据了上风，宋哲宗于绍圣元年（1094年）五月下诏：进士罢试诗赋，专治经术，各专大经一、中经一。黄庭坚把“专大经一、中经一”的做法称作“举子事业”，在他看来，真正的读书人应当从事“君子事业”。黄庭坚的所谓“君子事业”就是以经义为基本准则的德行之学，“观古人书，每以忠信孝悌作服而读之”。

经义之学的弊端自唐朝就出现了，实践证明，经义取士与诗赋取士均有偏弊，南宋时一度实行诗赋与经义分立的办法。据《宋会要辑稿》记载，宋建炎元年（1127年），宋高宗敕令“讲元祐诗赋、经术兼收之制”。次年，中书省建言：“今欲习诗赋人止试诗赋，不兼经……今欲习经义人依见行止习一经……”宋高宗采纳了中书省的建议，结果，进士科名为一科，实为诗赋、经义并立的两科。这种做法看似兼顾了科举取士的两种意见，但并未终止二者之争，诗赋与经义分立的做法不断受到质疑和挑战。宋庆元四年（1198年），礼部侍郎胡纮上疏，强调诗赋优于经义。胡纮认为诗赋同时兼具语言文学的技术性与内容的丰富性，更利于选拔拥有真才实学之人，而经义一科则全是“套类”，极易被考生押中题目：“今之诗赋，虽未近古，然亦贯穿六艺，驰骋百家，有骈四俪六之巧。惟经义一科，全用套类，积日穷年，搜括殆尽；溢箧盈厢，无非本领。主司题目，鲜有出其揣拟之外。”①

两宋时期，诗赋与经义之争是长期而激烈的。到南宋后期，诗赋传统有所衰落，当时的文学家戴表元在其《陈晦父诗序》中忆及这一过程说：“近世汴梁、江浙诸公，既不以名取人，诗事几废，人不攻诗，不害为通儒。”②所谓“汴梁、江浙诸公”即指北宋和南宋士

① 王凯旋：《中国科举制度史》，万卷出版公司，2012，第104页。

② 戴表元：《戴表元集》，陈晓冬等点校，浙江古籍出版社，2014，第195页。

人。宋代，尽管诗赋在科举中遭到一定程度的贬抑，但其在科举取士中始终发挥着作用。宋代的考试内容之争再次证明，在以答卷成绩为判定标准的考试制度下，无论如何改革，都难以改变文学在取士中的核心地位。

4. 明清的八股取士

八股取士的出现不是偶然的，其中既有对唐宋诗赋取士传统的承袭，也是明太祖朱元璋在实施各种选人制度改革实践后的选择。明初，朱元璋并没有马上举行科举考试，他认为："朕以实心求贤，而天下以虚文应朕，非朕责实求贤之意也。"[①]因此，他一度停止了科举考试。他尝试恢复汉代的荐举制度。朱元璋诏令天下，命各级官府推举贤能之士，但是徇私舞弊现象大量出现，所荐非其人的情况大量存在。朱元璋抱怨说："今朕屡敕百司访求贤才，然至者往往名实不副，岂非举者之滥乎？"[②]荐举与科举各有利弊，经过反复权衡，朱元璋最后还是不得不回到科举取士的老路上。朱元璋对科举考试进行了一些改革，其中一项重要措施就是实行八股文制度。

实行八股文的初衷是建立一个答卷的客观标准，《明史·选举志》说："科目者，沿唐、宋之旧，而稍变其试士之法，专取四子书及《易》《书》《诗》《春秋》《礼记》五经命题试士。盖太祖与刘基所定。其文略仿宋经义，然代古人语气为之，体用排偶，谓之八股，通谓之制义。"八股取士不可避免地有其弊端，但也有其明显的优点：第一，这种方式适用于经义阐释，有利于向参加科举考试的士人灌输正统儒家思想。第二，八股文体类似于戴着镣铐跳舞，虽然并不自由，但是也可以培养一定的思维能力，特别是程式化的思维或者逻辑思维，避免了仅凭卓越文学才能就可胜出的单一能力考核评价模式。第三，整齐划一的答卷格式更利于提高评判标

---

① 张德信、毛佩琦主编：《洪武御制全书》，黄山书社，1995，第663页。
② 张德信、毛佩琦主编：《洪武御制全书》，黄山书社，1995，第540页。

准的客观性。

在科举制度下，科举考试内容是影响士风与文风最重要的指挥棒和风向标。八股文取代诗赋后，直接影响了明朝文学发展形态，最显著的一个结果是制约了诗歌的发展。明代的茅元仪对此有细致和深刻的论述："自有科举以来，未有不兼词赋而取士者也，断弃之则自本朝始。"茅元仪认为唐宋以诗赋取士，所以"致身华要者皆词赋人也，其有以词赋名家者必华要人也"，而明代的做法则使华要之外别有词客，而词客吟诗作赋则要附青云之士，不利于抒发性灵，从而降低文学性。他说："诗言性情耳，无问华要人之诗格高下而屈我迎人，则优孟之衣冠必不工也。以此论词客之诗，则免者无数人焉。"①

茅元仪所论是仅就诗歌这一文学体裁而言的，但这并不意味着八股文是对文学的否定。当时士人中流传着这样一首创作歌诀：

> 破为一章之主，承接破意而彰。起要一针见血，犹如擒贼擒王。虚虚笼起题意，最忌说尽中藏。领题务清来脉，入手方有主张。提比贵发议论，题情逼起为良。虚比流连取致，娇花美女可方。通篇不宜直露，出题尤贵悠扬。六比实发题面，字字抽取宜祥。后发题意未尽，掉转顾盼如环。八比到此结束，前边照应勿忘。文成人归翰苑，数峰余韵春江。②

总体而言，八股文不仅注重结构的严谨，也重视语言的典雅、修辞的优美、气韵的流畅，其对文学性的追求也是不言而喻的。

---

①《四库禁毁书丛刊》编纂委员会编：《四库禁毁书丛刊·集部》第109册，北京出版社，1997，第146页。

②龚笃清：《中国八股文史·明代卷》，岳麓书社，2017，第92页。

三、科举制下的铨选机制

科举制度之下选士与选官是分离的：礼部主持科举考试，负责选士；吏部主持关试，并负责授官。隋唐以后，官学教育体系进一步完善，中央政府兴办的太学、国子监是国家最高层级的士人培养机构和教育学府，生徒学成之后直接被推荐参加科举考试。绝大多数士人没有进入太学和国子监学习的机会，只能以“投牒自举”的方式参加科举考试。科举考试分为乡贡和省试两个层级，在省试中获得优异成绩者仅获得入仕资格，还得参加吏部主持的关试，合格后才获得授官资格，由吏部授予官职。科举制度下的铨选机制十分完备，从制度和程序上保障了人才选拔的公平公正。同时，侧重选“才”的科举制度不仅没有忽视“德”，反而将道德标准前置于铨选制度，嵌入到教育过程中。

1. 铨选环节

科举制下的铨选主要包括乡贡与省试两个环节。

唐代被贡举的士子要先参加州县的考试，通过选拔的，称乡贡举人。县试一般由县尉主持；县试之上是府试，初由刺史主持，后来由功曹参军、司空参军等操持具体考务。县令、县尉等有时也出任本州府的考试官，如唐宪宗元和二年（807年），白居易为周至县县尉时，就出任了京兆府的考试官，并作了《进士策问五道·第五道》一文。

宋代实行“解试”制度，就是取得解送礼部参加省试资格的考试。解试一般在秋天举行，故名“秋闱”“秋试”等。一般而言，士子在“大比之岁”要先参加诸路州府军监解试。士子赴解试又称“请举”，须先投纳家状、保状及试纸等，家状要写明姓名、年甲、治经、举数以及三代的姓名及任官状况等。除了诸路州府军监之外，作为最高学府的国子监也是组织解试的重要机构，其考试程序、考试内容与诸路州府军监基本相同。

与前代不同的是，明代时举人成为终身功名，不仅可以连续参加更高层次的会试，而且可以获得选官的资格。明代乡试的时间在子、卯、午、酉之年，乡试地点分别在两京府和十三布政司的治所，这种做法为清代所继承。清代进一步健全了适应科举考试的官学体系，全面实行“科举必由学校”的政策，应乡试者以生员为主（也有贡监生等）。应试者须先参加资格考试（科试、录科等），通过者方得入场。科试是在乡试之前由各省学政主持的对生员的考试。在科试中列一、二等者，均可参加乡试，也允许科试三等的前列者参加乡试。录科主要是针对贡监生等的资格考试。

获得乡贡资格的士子须参加礼部的省试，才能确定能否取得科名。省试是科举考试制度中起着决定作用的一环，也是竞争最为激烈的考试。

唐代初期，省试由吏部负责，后来转移至礼部，由礼部侍郎专职贡举。因此，科举考试的省试也称“礼闱”或“礼部试”。各地通过州县考试的“贡士”要“随物入贡”，也就是在州刺史或府都督晋京汇报并进贡地方特产之时一并入京，具体时间是十月二十五日至京，十一月一日经户部引见参加朝见。《南部新书　茅亭客话》卷丙中记载了当时朝见的一些情况，皇帝要在殿前宣旨慰藉考生：“卿等学富雄词，远随乡荐，跋涉山川，当甚劳止。有司至公，必无遗逸，仰各取有司处分。”[①]诸位接受召见的举子“再拜舞蹈讫退”。当然，受时局的影响，朝见礼并非不可或缺，有时朝见礼无法举行，举子们可径往尚书省参加考试。《新唐书·选举志上》载：“既至省，皆疏名列到，结款通保及所居，始由户部集阅，而关于考功员外郎试之。”疏名列到，就是签名报到。签名报到时要交纳有关的文状，如家状、文解等。结款通保，就是要求举

① 钱易、黄休复：《南部新书　茅亭客话》，上海古籍出版社，2012，第25页。

子们相互担保对方的人品德行，一般是五人合保，衣冠士族可以根据姻亲关系相互结保，寒门田畯可以依据地缘关系相互结保。如果被人举报，合保的人也要受到处罚，三年内不得赴举。户部集阅，主要是查看是否有无籍者，无籍者不得参加考试，审核的结果要张榜公布，称为“驳榜”。驳榜又有“粗驳”和“细驳”之分：粗驳是关于文状是否完备的审核结果，细驳是关于品行是否合格的审核结果，合格者参加考试，不合格者将被驳回，丧失考试资格。

资格审查结束，就到了年底。第二年的春天（一般是正月）参加正式考试，所以又称“春闱”。春闱由贡院派专人引导举子们前往考场，考试场面严肃而庄重。杜佑在《通典·选举三》中描述了考试场面：“阅试之日，皆严设兵卫，荐棘围之，搜索衣服，讥诃出入，以防假滥焉。”考试的过程对举子而言是比较艰难的，唐代官员舒元舆在所作的《上论贡士书》中对这个过程进行了生动细致的描述：

> 试之日，见八百人尽手携脂烛水炭，洎朝晡餐器，或荷于肩，或提于席，为吏胥纵慢声大呼其名氏。试者突入，棘围重重，乃分坐庑下，寒余雪飞，单席在地。呜呼！唐虞辟门，三代贡士，未有此慢易者也。[①]

礼部主持的考试虽曰春闱，但那时气温很低，有时还会大雪纷飞。在完全敞开的贡院中，只有单席在地，坐于其上寒冷似冰，虽有自备的取暖木炭，也难以驱散严寒，更何况还有“吏胥”呼喝。舒元舆虽然后来高中进士，回想起来仍有无限感慨：“有司坐举子于寒庑冷地，是比仆隶已下，非所以见征贤之意也；施棘围以截遮，是疑之以贼奸徒党，非所以示忠直之节也；试甲赋律诗，是待之以雕虫微艺，非所以观人文化成之道也。有司之不知其为弊若

---

① 周绍良主编：《全唐文新编》（第3部第4册），吉林文史出版社，2000，第8413页。

此，臣恐贤人君子远去，不肖污辱，为陛下用。”[1]因此，舒元舆后来在上疏中建议改善考试环境，善待参试的举子等。

考试期间的物质生活困难容易克服，精神煎熬更让人痛苦。唐懿宗咸通八年（867年），进士及第的韦承贻在考试当晚作了一首《策试夜潜纪长句于都堂南隅》，诗中充满了对求学考试艰难过程的喟叹以及对金榜题名的渴望，其诗曰："褒衣博带满尘埃，独自都堂纳卷回。蓬巷几时闻吉语，棘篱何日免重来。三条烛尽钟初动，九转丹成鼎未开。残月渐低人扰扰，不知谁是谪仙才？　　白莲千朵照廊明，一片升平雅颂声。才唱第三条烛尽，南宫风月画难成。"[2]

为了减轻考生的压力，有的主考官采取了一些人性化的改革措施。《旧唐书·李揆传》记载，李揆于开元末年进士及第，乾元初年兼任礼部侍郎，主管考试。他认为主管部门在录取时大多不考察实际才能，只是在考试过程中严加防范，搜索举子们携带的书籍，这种做法并无用处，那些学艺不精的人即使身处书林也作不出好文章，所以李揆不仅不搜身，反而命人在庭中放置五经、诸史以及《切韵》等书籍以备考试者参阅。这项改革在唐代的考试制度中是一次重大的突破，也深得考试举子们的拥护和爱戴，"由是数月之间，美声上闻"。

考试的结果要张榜公布，因榜纸颜色为黄色，俗称"金榜"，及第曰"金榜题名"。唐朝初年，贡举归吏部掌管，发榜地点在吏部考功员外郎院厅附近；后来贡举归礼部掌管之后，发榜地点改在"南院"，也就是礼部贡院。《唐摭言》载，"南院放榜，张榜墙乃南院东墙也。别筑起一堵，高丈余，外有壖垣"[3]。可见这堵"东

---

① 周绍良主编：《全唐文新编》（第3部第4册），吉林文史出版社，2000，第8413页。

② 中华书局编辑部点校：《全唐诗》，中华书局，1999，第6991～6992页。

③ 王定保：《唐摭言》，中华书局，1959，第159页。

墙”并非院墙或者屋墙，而是单独修筑的一堵墙，有一丈多高，并且还修筑了用于隔离的外墙（壖垣），因为有些落第的举子精神深受刺激，有时会有破坏榜单的激烈行为。发榜之日京城极为热闹，唐乾宁元年（894年）的进士徐夤亲历放榜，其诗《放榜日》生动描绘了放榜时的盛况：“喧喧车马欲朝天，人探东堂榜已悬。万里便随金鸑鷟，三台仍借玉连钱。花浮酒影彤霞烂，日照衫光瑞色鲜。十二街前楼阁上，卷帘谁不看神仙。”[1]无独有偶，晚唐诗人、词人韦庄在其词《喜迁莺》中也描述了放榜日的景象：“街鼓动，禁城开，天上探人回。凤衔金榜出云来，平地一声雷。　莺已迁，龙已化，一夜满城车马。家家楼上簇神仙，争看鹤冲天。”[2]当然，那些科举中的落第者又是一番别样感受了，更多的是失望和忧伤。唐景福二年（893年），孙定应举不第，醉中赋诗遣怀，其《寄孙储》诗曰：“行行血泪洒尘襟，事逐东流渭水深。秋跨蹇驴风尚紧，静投孤店日初沈。一枝犹挂东堂梦，千里空驰北巷心。明月悲歌又前去，满城烟树噪春禽。”[3]

唐代以后，省试制度大体一致，但也有一些区别。宋代自开宝六年（973年）宋太祖将殿试制度化后，省试就成为三级考试（解试、省试、殿试）中的第二级。由于从宋仁宗嘉祐二年（1057年）起，殿试不再实行淘汰制，省试及第即获得任官资格，所以真正具有选拔意义的考试仍然是省试，或者说省试仍然是最重要的一级考试。南宋时，除了照例由礼部主持的省试之外，还曾设置由诸路转运司或四川制置司（四川地区）主持的类似于礼部的省试，叫作“类省试”，也称“类试”。

明清时省试被称为“会试”，因考试时各省举人及举人出身的

① 中华书局编辑部点校：《全唐诗》，中华书局，1999，第8241～8242页。
② 中华书局编辑部点校：《全唐诗》，中华书局，1999，第10147页。
③ 中华书局编辑部点校：《全唐诗》，中华书局，1999，第8301页。

杂项人员会集京师而得名。明清时期的会试仍由礼部主持，逢丑、辰、未、戌之年举行。明朝的会试最初设在南京，明成祖永乐十三年（1415年）之后移至北京。明朝主考官的级别也有所提升，由皇帝钦命的内阁大学士和翰林官充任，从而保证了会试的权威性。明朝的会试设有三场，录取与否要综合三场的成绩来决定。明朝还于会试之后编纂《会试录》。所谓《会试录》就是科举及第者的优秀答卷集，《会试录》作为重要档案保存于朝廷，并作为范文供举子们学习参考。清代的会试亦由礼部主持，考试时间及程序大体沿袭明代。所不同的是，清代创立了分省取士的制度，这一制度从康熙时期开始实行。所谓分省取士，即按照各省参加会试的实际人数确定录取名额，然后再按照各省的名额分别凭文取中。分省取士制度对于选拔和笼络人才，特别是平衡各省利益起到了重要作用，比明朝的南北榜制度更加精细。

2. 授官

在取士与选官程序上，科举制度与察举制度存在根本区别。汉代察举制度下，取士与选官是合一的。魏晋九品中正制度尽管更多地承继了察举制度，但取士与选官逐渐分离。在科举制度下，取士与选官进一步分离，科举体系是独立的取士系统：士人科举进士及第之后，只是取得了做官的资格，要想真正获得官职，还需经过吏部主持的考试，叫作“关试”。关试才是真正的选官考试，关试合格者才可以脱去平民的粗布衣服（褐），身穿官服，步入仕途，所以关试又被称为“释褐”试或“解褐”试。

明代文学家胡震亨《唐音癸签》中说明“进士科故实”时，对关试解释得较详细，曰：“关试，吏部试也。进士放榜敕下后，礼部始关吏部。吏部试判两节，授春关，谓之关试。始属吏部守选。”可见，新科进士要经过吏部的“试判两节”，合格后给春关牒。新科进士在此关试之前皆为“新及第进士”，之后，要称“前进士”。例如，晚唐诗人韩仪《记知闻近过关试》诗曰：“短行轴了付三铨，休把新衔恼必先。今日便称前进士，好留春色与明年。”[①]此诗所咏的考试即吏部关试，“短行轴了”是指通过了吏部的“试判两节”。《新唐书·选举志下》载，唐代铨选标准有四：曰身（体貌丰伟）、曰言（言辞辩正）、曰书（楷法遒美）、曰判（文理优长）。吏部铨选，重在书、判两项。轴，入毂中也。付，交授。付三铨是指关系转到了吏部，可参加吏部的铨选。必先，时人对进士的敬称，言其登第必在同辈之先。韩仪既然“短行轴了”，过了吏部关试，那就可以把这个既让人爱又让人恼的“必先”甩掉，所以韩仪不无得意地说：“今日便称前进士。”过了关试，就可以称“前进士”了，仕途的大门已经敞开。

关试不合格怎么办呢？那也不要紧，仍然保持进士身份，可等待吏部的下一次铨试。事实上，进士及第后屡次关试不过者有之。例如唐代著名散文家韩愈在其《上宰相书》中就回顾了自己不堪的经历，说：“四举于礼部乃一得，三选于吏部卒无成。”[②]就是说，自己参加了四次礼部主持的科举考试，终于考中了进士，但是，在接下来的吏部关试中，却一败再败而三败。不得已，韩愈希望通过上书宰相获得垂青，然后得个一官半职。但是，遗憾的是三次上书均无果，只好悻悻然离开长安，到宣武节度使董晋的帐下做了个小小幕僚。后来经过董晋的推荐，得到了秘书省校书郎的微职。但无论如何，也是“释褐”了，脱去平民的粗布衣，韩愈踏上了仕途。

关试通过之后，就可以授官，无论是散官还是职事官，毕竟脱离了平民身份。所以前进士们要举行庆祝活动。其中最著名的是“闻喜宴”。闻喜宴多设于长安曲江之滨，又称“曲江宴”。此时，早春的杏花或已绽放，新科进士们要在同榜中选出最年轻的

---

① 中华书局编辑部点校：《全唐诗》，中华书局，1999，第7704页。

② 逸凡点校：《唐宋八大家全集·第一卷·韩愈》，新世纪出版社，1997，第185页。

人，名为“探花使”或“探花郎”，骑马遍游长安，采摘各种早绽的鲜花。后世广为流传的孟郊《登科后》生动形象地描述了这一激动人心的时刻：“昔日龌龊不足夸，今朝放荡思无涯。春风得意马蹄疾，一日看尽长安花。”[①]除此之外，还有“雁塔题名”，即将新科进士之名镌于大雁塔石上。大雁塔又名慈恩寺塔，白居易诗云：“慈恩塔下题名处，十七人中最年少。”学者傅璇琮先生推断：“慈恩寺本是游人繁杂之地，举子中可能有人偶然题名于雁塔，后来遂逐渐演变为登第者游宴题名的场所。”[②]雁塔题名或许不是官方正式活动，但曲江宴却是记录在史册上的。因为曲江宴会之后进士们就要各奔东西，所以又称“离会”。

离会之后前进士们的新岗位如何呢？《新唐书·选举志下》将“秀才”“明经”“进士”以及“明法书算”等专科情况都做了清晰的记载：“凡秀才，上上第，正八品上；上中第，正八品下；上下第，从八品上；中上第，从八品下。明经，上上第，从八品下；上中第，正九品上；上下第，正九品下；中上第，从九品下。进士、明法，甲第，从九品上；乙第，从九品下。弘文、崇文馆生及第，亦如之。应入五品者，以闻。书、算学生，从九品下叙。”可见，释褐之后初授的品阶是很低的。至于具体职位，有的留在中央担任校书郎。《旧唐书·于敖传》记载，于敖进士及第后，释褐为秘书省校书郎。多数委任县级属官。《旧唐书·程异传》记载，程异明经及第释褐后，被任命为扬州海陵县主簿。《旧唐书·郑权传》记载，郑权进士及第，释褐为泾原从事。《新唐书·许景先传》记载，许景先进士及第，释褐为夏阳尉。

宋代，新科进士在授官之前要参加系列集会，名曰“期集”。期集活动丰富多彩，有朝谢、谒谢先圣、赐闻喜宴、叙同年、立题

① 中华书局编辑部点校：《全唐诗》，中华书局，1999，第4219页。
② 傅璇琮：《唐代科举与文学》，陕西人民出版社，1986，第317页。

名碑等。宋初承袭唐制，除进士及第、进士出身、同进士出身者可免试注官，其他授文官者仍需吏部铨选，合格后才被授予官职。宋太宗太平兴国二年（977年），省试所取五百人不经关试皆释褐授官。太平兴国七年（982年），宋太宗再次下诏明确取消释褐考试，“亦既策名即令解褐，不限选调，皆授以官”①，此后遂成定制。在闻喜宴之后，新及第进士们在未授官前先释褐，由朝廷赐予绿袍、靴、笏等，以示荣耀。

王安石变法以后，铨授政策来了个大反转，逐渐形成新的铨试法，所有初次授官的人都要经过铨试，文武略有不同。根据《宋会要辑稿·选举》记载，文官的考试称“铨试”，武官的考试称“呈试”，只有通过考试才能授官。铨试宗旨为“取能文晓法之人出仕”，在科举制度下这一规定对官吏选任具有特殊意义。“能文”本为科举考试的基本内容，在铨试中意义不大，而“晓法”则意义重大。铨试内容根据不同对象而定，对已任官者和进士出身者主要考律令和断案，对初次入官者兼考程文和刑法，对武官兼考武艺及兵书谋略。铨试在一定程度上弥补了科举考试重经义与文学的偏弊，对提高官员的治国理政能力发挥了一定作用。

宋代最具特色的任官制度是官、职、差遣分离制度。“官”仅仅指秩禄品位，又称“寄禄官”，除特殊情形外官员一般不担任与官称一致的实际职务；“职”是一种加官制度，特指官员在三馆、密阁中所担任的职务，称为“馆职”，是文官的一种荣誉头衔；“差遣”顾名思义，原为临时设置之官，因事而设，事后即撤，北宋将之固化为官吏实际授职制度，具体名目包括判、指、监、勾、权等。宋神宗元丰改制后，实行品阶制度，中央文官的官职与职务相符，但差遣制度并未被废止，在两宋时一直存在。

---

① 顾明远编：《中国教育大系：历代教育制度考》（一），湖北教育出版社，2004，第758页。

明朝进士及第者可以直接被授予低级官职。明太祖洪武三年（1370年），科举诏规定：一甲进士第一名授从六品官，第二、三名授正七品官；二甲进士授正七品官；三甲进士授正八品官。为了解决新科进士缺乏行政经验的问题，洪武十八年（1385年），明太祖创立了进士观政制度。进士在正式担任实职之前要先至六部及诸司观政，待其谙熟政事后再擢任。进入六部及诸司观政者仍称进士，进入近侍衙门观政者称庶吉士。对于观政时间，并无具体要求，多数在半年以上，长者甚至五六年，如明成祖永乐十六年（1418年），进士焦起良观政于刑部，至永乐二十二年（1424年）始拜吏科给事中。

清代与明代不同的是创立了“朝考”制度，也就是在殿试之后由皇帝亲自命题对新科进士进行再次考试，通过考试者入庶常馆，因此也称“馆选”。明初即有从新科进士中选拔庶吉士的馆选先例，但选拔方式并不固定，或内阁自选，或礼部选送，或会同吏部同选等。明孝宗弘治以后，以考试的方式选拔庶吉士成为定制，一般由阁臣挑选年轻英俊者进行考试，派官阅卷，择优进呈，皇帝审定。清初馆选，与明代基本相同。雍正时期开创了朝考制度，成为清朝科举异于前代之处。此前选拔庶吉士，是先选后考，并非人人都能参加考试，而自雍正始，则是先考后选，新科进士都可以参加庶吉士的选拔考试。选拔庶吉士的目的是为国储才，这种方式尽可能杜绝了请托之弊，有利于选拔人才。朝考制度创立之后，新科进士都十分重视，且皆以馆选为荣。

3. 铨选的道德前置

中国传统政治文化历来强调德才兼备、以德为先的原则，以乡里声望作为选任基本依据的察举制度固然以德为首，强调公平和公正的科举制度亦不例外。

《汉书·高帝纪》记载，汉高祖十一年（公元前196年）刘邦下诏：“贤士大夫有肯从我游者，吾能尊显之。布告天下，使明知朕意。……其有意称明德者，必身劝，为之驾，遣诣相国府，署行、义、年。有而弗言，觉，免。”这一诏书明确地显示了以德为先的选士标准，汉代的一些具体做法实际上就是后世科举制度中“乡贡”的最初形态。汉代的察举以德为重，并不是不考查学识和能力。汉高祖刘邦下诏察举时，有“对策”和“射策”的程序，最后根据对策与射策的成绩，决定名次等第。我们可以把这些程序看作后世科举制度的雏形，但在当时它们并不是最重要的，在当时起决定性作用的还是荐举制度。荐举的大权掌握在官僚权贵手中。权门请托、贵戚操纵也就在所难免。东汉思想家王符在其《潜夫论》中就已经指出了察举制度的弊端：“既不能昭练贤鄙，然又却于贵人之风指，胁以权势之属托，请谒阒门，礼贽辐辏……”[①]东汉时汝南许劭、许靖兄弟的“月旦评”在当时及历史上都有很大的影响。这种评价自然有其不失公允之处，但总体上荐举之权仍被乡土社会的豪绅把持。另外，既然察举以德为重，那么许多士子就因此矫饰言行、故作清高，以博“德”名，东汉后期甚至演化成为一种虚伪的风气。

魏晋时期的九品中正制度是在两汉察举制度的基础上演变而来的，“乡曲之誉”仍是评定人才品级的主要依据，不同的只是评价组织体系及程序。当然，在实际操作中，九品中正制度很快演变为世家大族垄断政治权力的工具，名义上是以道德为重，实际操作中则是以门第为上。西晋时期，人们已经不断指斥九品中正制度的弊端。《晋书·段灼传》记载，段灼曾经上书晋武帝，直言其弊端曰：“今台阁选举，涂塞耳目，九品访人，唯问中正。故据上品者，非公侯之子孙，则当涂之昆弟也。二者苟然，则荜门蓬户之俊，安得不有陆沈者哉！”甚至有人将这一选任制度的败坏视为西晋南迁和少数民族南下

① 郭超主编：《四库全书精华·子部》（第二卷），中国文史出版社，1998，第1193页。

的根本原因。《晋书·陈頵传》记载，陈頵在给王导的信中说："中华所以倾弊，四海所以土崩者，正以取才失所，先白望而后实事，浮竞驱驰，互相贡荐，言重者先显，言轻者后叙，遂相波扇，乃至陵迟。"

九品中正制度改革的历史实践证明，对士人德行的评价权无论是交与地方乡里，还是交与政府官员，都很难保证人才选拔的真实性，那就穷则思变，科举制度就是变的结果。科举制度强调程序公平公正，以客观量化的考试成绩代替主观定性的社会评价，但科举制度并没有弱化尊崇德行的官吏选任原则，反而以更加制度化的方式推动了儒家伦理道德的意识形态化，并将德行要求融入科举制度中。

隋代在废除九品中正制、探索新的官吏选拔制度过程中，从未放松对德行的要求。科举制度创立伊始，隋文帝就将察举制度中的德行要求乃至察举名目都移植到科举制度中。《隋书·高祖纪》记载，开皇十八年（598年），隋文帝诏令诸州按"志行修谨"和"清平干济"两科荐举人才参加考试。大业三年（607年），隋炀帝诏令分十科荐举人才：孝悌有闻、德行敦厚、节义可称、操履清洁、强毅正直、执宪不挠、学业优敏、文才美秀、才堪将略、膂力骁壮。在这十个科目中，至少前六个都属于德行标准，可见隋朝统治者对儒家伦理道德之重视。

科举考试制度与察举制度的重大区别是士人可以投牒自荐，不再需要经过地方官吏对士人进行道德把关环节，乡曲之誉也不再是决定性因素。但这并不意味着就不重视道德品行。白居易在《得州府贡士或市井之子孙为省司所诘申称群萃之秀出者不合限以常科》中说："拣金于砂砾，岂为类贱而不收？度木于涧松，宁以地卑而见弃？但恐所举失德，不可以贱废人。"[①]白居易所谓"但恐所举

① 白居易：《白居易全集》，丁如明、聂世美校点，上海古籍出版社，1999，第932页。

失德，不可以贱废人”，正是强调了科举制度讲公平与重德行的特征。对应试者德行的重视，并非只停留在观念上，而是纳入科举制度设计之中。《唐六典》卷三十《三府督护州县官吏》记载，凡贡举人……其人正直清修，名行孝义，旌表门闾，堪理时务，亦随宾贡为孝弟力田。《登科记》记载，张楚金与族兄张越石一起参加乡贡，州里打算只取一名，想罢退张越石而推荐张楚金。张楚金却辞谢，认为论长幼则越石为兄，论才华自己也不如他。当时李勣为都督，认为兄弟二人互相推让，品德可嘉，最后将二人都留了下来。

科举制度以考试成绩论成败，如何将德行因素纳入科举制度呢？针对此问题，北宋时期逐渐形成一套成熟的制度，具体措施主要包括两个方面。一是严格限制考试内容，将考试范围限制在理学范畴下的儒家主要经典内，以此强化意识形态的导向性。北宋在考试内容上强化了儒家经典的地位，理学的兴起、发展与科举制度相互影响，进一步推动了儒家思想的意识形态化。二是严格限制考试资格，通过各种制度将道德品行纳入应试资格的门槛条件，从考试资格方面对应试者的道德品行做出种种限制。宋太宗规定，凡受杖刑及以上刑罚者，都不能参加科举考试。在北宋统治者眼中，受过杖刑就算是有过比较严重的罪行了，其道德品行就该“一票否决”。这一制度得到贯彻执行。宋真宗大中祥符五年（1012年），有人举报进士萧立之曾因为赌博受杖刑，后来改了名字参加了科举考试。宋真宗诏令有司问讯，萧立之如实交代。宋真宗命令革除萧立之的功名，罚其缴纳铜四十斤，并处以流刑。宋仁宗庆历四年（1044年），在新定贡举条制中对应试者的道德品行提出了更严格的要求，不仅规定“曾犯刑责”之人不得应举，还规定有“不孝不悌”等不端品行者也不得应举，若有违反，保举人也要承担相应责任。

宋代还从出身、职业经历等方面设置了科举资格的道德门槛，从事某些职业者被认定为道德品行不足以满足科举考试的道德门槛，也就没有参加科举考试的资格，僧、道、胥吏等皆被归入此列。《续资治通鉴长编》中记载，太平兴国八年（983年），宋太宗曾对宰相说："迩来场屋混淆，颇闻有僧道还俗赴举者。此辈不能专一科教，可验操履，他日在官，必非廉洁之士。"[①]《宋会要辑稿》载，宋太宗下诏取消曾为僧道者的科举资格："朝廷比较，设贡举，以待贤材，如闻缁褐之流，多弃释老之业，反袭褒博，来窃科名。自今贡举人内有曾为僧道者，并须禁断。"[②]此后，进一步扩大了这种限制，规定"小吏"和"工商杂类"皆不得应举。端拱二年（989年），宋太宗在崇政殿亲试举人，中书门下的守当官陈贻庆应举，以《周易》学究及第，但当宋太宗得知陈贻庆的小吏身份之后，便下令追夺所授敕牒，免其罪，勒归本局。除小吏不得应举外，宋代还承袭了唐代不许工商业者应举的政策。咸平元年（998年），宋真宗曾重申工商杂类不得入科场，因为他们不是儒家推崇的社会主流，即使有真才实学，也不符合儒家的德行要求。马端临《文献通考·选举四》一语道出其中的真谛："盖惟恐杂流取名第以玷选举也。"

明代科举对德行要求更加严格，在考试内容上，将科举与五经四书等儒家经典更加紧密地捆绑在一起。在官吏选任上，将科举出身作为最重要的仕进渠道，目的就是强化儒家思想特别是程朱理学的意识形态属性。明太祖洪武十四年（1381年），明朝政府"颁五经四书于北方学校"。据《明太祖实录》记载，明太祖对大臣们说："道之不明，由教之不行也。夫五经载圣人之道者也，譬之菽粟布帛家不可无，人非菽粟布帛则无以为衣食，非五经四书则无由知道理。……今以五经四书颁赐之，使其讲习。夫君子而知学则道兴，小人而知学则俗美。他日收效，亦必本于此也。"洪武十七年（1384年），明政府颁布的《科举定式》中明确规定了应试者的资

① 李焘：《续资治通鉴长编》，中华书局，1995，第560页。
② 徐松辑：《宋会要辑稿》，中华书局，1957，第4263页。

格，其中特别强调了那些没有品级的下层吏员参加考试必须“无钱粮等项黏带”。在明太祖看来，与钱粮打交道的吏员没有品级，地位较低，很难保持德操。为了保证官员队伍的纯洁性，要求“无钱粮等项黏带”方可参加考试，这显然是一种“莫须有”的道德标准。

科举选人制度在明朝后期弊端已十分明显，清王朝建立后并没有对科举制度进行实质性改革，不仅沿袭明朝旧制，还进一步强调了科举制度下的德行优先原则。在清政府看来，“为士者乃四民之首，一方之望。凡属编氓，皆尊之奉之，以为读圣贤之书，列胶庠之选，其所言所行俱可以为乡人法则也”[①]。清政府甚至还从教育资格上设定德行门槛，如对童生做了严格规定，“必敦品励学，谨言慎行”者方可入学。

4. 铨选的程序保障

科举制度最重要的特征之一是程序严密。为了保证公平和公正，历代科举的每一级考试都有严密的程序。作为科举最高一级的考试——殿试由皇帝亲自主持，其严密程度自不待言。在其他层级考试中，最重要的是省试（明清称会试）。

建立严密的考试制度，确保考试公平公正，是科举制度与察举制度的最大区别之一。科举制度创立之初，就围绕考试环节健全了各项技术操作程序。唐代规定，考生必须先通过州县的考试，才能到京城参加尚书省的考试。在到京城参加尚书省的考试之前，还要接受资格审查。资格审查之后要举行朝见仪式，之后前往国子监拜谒先师，并请祭酒开讲经义等。经过这一系列活动之后，举人们才能进入礼部贡院参加考试。

这里以仪式性的拜谒先师为例，说明自唐代起科举考试就有遵程序的特征。开元五年（717年），唐玄宗《优礼诸州乡贡明经进

---

① 王炜编校：《〈清实录〉科举史料汇编》，武汉大学出版社，2009，第165～166页。

士诏》云："其诸州乡贡明经进士，见讫宜令引就国子监谒先师，学官为之开讲，质问疑义，仍令所司优厚设食。"[1]《旧唐书·礼仪志》也有类似记载，开元二十六年（738年），唐玄宗敕令："诸州乡贡见讫，令引就国子监谒先师，学官为之开讲，质问疑义，有司设食。"也就是说，各州参加科考的举人们，不论是明经科还是进士科，在参加完朝见仪式之后，都要到国子监去行拜谒先师的礼仪。拜谒仪式结束之后，国子监的学官要为举子们开讲，答疑解惑。这一程序结束之后，要给举人们准备丰厚的膳食，以示尊重。这样做的目的，唐代李奕在其《登科记序》中有明确记述："谒先师，备牲牢，奏金石，尊儒教也。"[2]可见，在考试之前，唐朝科举制度有一套复杂的程序。

在考试过程中，为了确保公平公正选拔人才，围绕考试及阅卷等环节设置了一系列程序：在考试过程中有"锁院制度"，有"别头试"制度；在考试之后有中书门下的复核与复试制度等。宋代科举考试的程序更加严密。与唐代不同的是，自宋太祖开宝六年（973年）后，殿试成为常制，省试不再是最高级别的考试。尽管如此，省试仍然是最重要的考试，也是组织程序最严密的考试。

宋代应试的举人们要在开科之年的秋天开始行动。一般情况下，解试在九月放榜，举人们要在十月底之前到省里投状报名。对于边远地区的应试者，在时间上可以给予宽限，只要在省试引试之日前赶到即可。参加省试的举人们会集之后，还要结保，宋初为十人一保，后来改为五人一保。《宋会要辑稿》中就曾提及结保之事：诸处取解进士、诸科举人，每三人以上为一保，国子监、开封府每五人以上为一保。结保的目的，就是让举人们相互监督，保证

---

① 李希泌主编：《唐大诏令集补编》（下），上海古籍出版社，2003，第1203页。

② 周绍良主编：《全唐文新编》（第3部第1册），吉林文史出版社，2000，第6223页。

遵守纪律。若有一人犯错，则同保诸人都受牵连。礼部贡院要对应试的举人们进行资格审查，举人们必须交纳家保状、文卷等。宋代沿袭了唐朝的朝见制度，举人们在投状纳卷之后，还要举行觐见皇帝的仪式，又称“群见”。群见之后，还要行拜谒先师之礼。

北宋的科举考试，组织更加严密，程序更加完备，这从参与省试的有关官员的名称即可窥出一二。参与省试的官员有“帘内”和“帘外”之分。所谓帘内官，指直接参与试卷考校工作的官员，如权知贡举、权同知贡举、监试官、参详官等；所谓帘外官，指不直接参与试卷考校而从事相关事务性工作的官员，如封弥官、誊录官、巡铺官、监门官等。在组织考试的过程中，帘内官与帘外官不得相互交通，最大限度地杜绝了官吏在考试及阅卷环节的舞弊行为。这种考试组织原则依然被现代社会所沿用。宋代的锁院制度比唐朝更加严格，在整个考试流程中，主考官员一直被锁于贡院之中，不与外人交通，以保证不泄露消息。宋仁宗嘉祐二年（1057年）的省试中欧阳修任主考官，被锁院达五十天之久。欧阳修在其《礼部唱和诗序》一文中专门记述了当时被锁院的情境：“嘉祐二年春，予幸得从五人者于尚书礼部，考天下所贡士，凡六千五百人。盖绝不通人者五十日……”①

从明代起，省试改为会试，考试组织程序的严密程度达到历史最高峰。明代会试在乡试（子卯午酉）的第二年（丑辰未戌）举行，相关官员亦如宋代，有帘内、帘外之分。帘内官包括主考官和同考官，负责出题、阅卷、录取等工作；帘外官包括弥封官、誊录官、对读官、监门官、供给官等执事官员，负责考务及物质保障工作。所有参与会试考试的官员选任都非常严格，职责也非常明确。明代的主考官们还要举行“戒誓”仪式，即在入院之后、开考之前焚香，集体对天盟誓。通过这种仪式进一步增强了考试的神圣性和

① 欧阳修：《欧阳修集》，中国戏剧出版社，2002，第247页。

严肃性。不仅如此，还进一步严格了帘内、帘外官员的入场、锁院制度，会试考官需要早入试院；入试院前，皇帝在礼部赐宴以示隆重，甚至在宴后还要赐予“汤饭”。明代也实行锁院制度，在主考官员入试院之后，封锁门户。需要供给物资之时，必须由提调官、监察御史等共同开门，然后马上封锁。

为了避免遗漏人才，明代还实行考官会同搜检重校落榜卷制度。在阅卷工作完成之后、揭榜之前，主考官与房考官齐集内堂，重新搜检各房落榜卷。搜检的时候，采取互送分阅的方式，如果碰到好的答卷，就呈送主考官共同评骘。考官在确定取中朱卷之后，要会同执事官一起对比朱卷和墨卷。号码相同，则拆开弥封的试卷，当场填榜。

清代的会试承袭明代，并且在具体程序上，诸如会试资格的确定、起送的程序、考官的选派、分省取士等，都有诸多更加严格的规定。

清代对应试举子的会试资格有明确限定。例如，清圣祖康熙五年（1666年）规定：凡举人有欠粮、过犯、黜革、罚科、丁忧、患病等项，地方官查实后，不得起送。并且规定：直隶举人由应天府、顺天府起送，各省举人由布政使司起送。对于起送的时间，也按照路程的远近做出不同的规定：山东、山西、河南等较近区域，限十一月起送；江西、浙江、湖南、湖北等地，限十月起送；广东、广西、四川等距离京师远的省份，限九月起送。为了笼络读书人，清代还创设了发放会试银的制度，其具体数额依据路途远近以及赋役征收等具体情况各有差别。

在考官选派、考试组织程序等方面，清代沿袭了明代的缜密措施。在此基础上，清代还进一步健全了回避制度，包括士子回避和考官回避。所谓士子回避，即限定正副考官及董理重员的子弟不得入场考试。这里的回避只涉及主要考官的同一宗族之人，而同姓无干之人则无须回避，相关具体规定极其复杂严密。所谓考官回避，即规定了考官在整个科举考试中须回避的一些情形，如考官入场前回避、考试期间回避、考官阅卷回避等。考官回避在整个科举回避制度中占据重要地位。

历代不仅重视科举考试程序，还以严刑重法惩处各种违规与舞弊行为。唐穆宗长庆元年（821年），礼部侍郎钱徽任进士科考试主考官，在选录进士时以权谋私，被人告发。唐穆宗下诏彻查此事，命令中书舍人王起与主客郎中知制诰白居易为主考官主持重考，纠正了钱徽徇私舞弊所造成的严重失误，并将钱徽贬为江州刺史。宋高宗绍兴二十三年（1153年）的进士考试中，秦桧利用职权为自己的孙子秦埙争取到了第二名，殿试时宋高宗将之降为第三。在秦桧死后，宋高宗剥夺了秦埙的进士身份。

唐宋时期对官吏的处罚相对较轻，明清时期处罚比较严厉。在明太祖洪武三十年（1397年）的科举考试南北榜事件中，主考官白信蹈被处死，刘三吾被革职充军。明世宗嘉靖二十三年（1544年），副主考官江汝璧在主持会试过程中与首席大学士翟銮等徇私舞弊，嘉靖帝大怒，将参与作弊的官员或削职为民，或发配充军。江汝璧虽无受贿情节，但仍被杖责六十后革职。负责会试纠察的监察御史因失职而被降级调任地方官。清朝对科场舞弊行为处罚更加严厉。在清圣祖康熙五十年（1711年）的江南辛卯乡试案中，副主考官赵晋被处斩，主考官左必蕃被革职，其他相关大小官员也都受到了轻重不同的各种处罚。在科举制度走向消亡之际，清文宗咸丰八年（1858年）发生了戊午科场案。该案中涉案官员九十余人皆受到处罚，其中五人被处斩，三人被充军，素以“持正”“勤慎”著称的主考官柏葰被处以死刑。

科举制度具有显著的开放性特征，对广大士人而言实现了机会平等，在选拔过程中体现了公平公正。正是由于对程序的尊崇，科举制度在存在明显弊端的前提下仍能维系千年之久。科举制度公平公正的程序、开放式选人理念以及科举考试组织实施的部分措施对现代社会考试仍有借鉴意义。孙中山先生高度评价中国古代科举考试制度，在《五权宪法》等演说中多次谈及科举考试问题，他认为欧美诸国考试制度源于英国，而英国的考试制度最初就是以学习中国科举考试制度开始的。辛亥革命胜利后颁布的《五权宪法》将考试权列入“五权”之一，也是对古代科举制度的一种借鉴。

中国古代科举制度对西方现代文官制度的建立产生过重大影响，十八世纪以前欧洲各国文官选任主要通过贵族世袭制、君主任命制等传统方式实现，最具现代性的制度不过是政党分肥制。这些文官选任办法都存在重大问题，难以适应建立现代政府的需要。西方各国认为中国科举制度值得学习借鉴，纷纷效仿，在十九世纪前后纷纷建立了现代文官考试制度，其中英国是最早完成现代文官制度体系建设的国家。在近代中国向西方学习的历史进程中，在“西学东渐”的洪流中，西方反而借鉴、移植当时被中国人普遍诟病的科举制度，这是十分有趣也是特别值得深思的历史现象。

第六章 传统选任制度得失

中国古代官吏选任制度是中国古代政治体系的有机组成部分，官吏选任的影响远远超出政治范围，产生了极为广泛的社会影响。中国古代官吏选任制度是世界历史上最具连续性、完整性和系统性的制度，是中国古代政治文化的集中体现。回溯夏商周到明清选任制度的变化，中国古代官吏选任制度尽管存在时代和阶级局限性，但无论在思想文化传统还是在制度措施方面，仍有一些超越时代的普遍意义。

中国传统选任文化形成了治国理政德为先的政治文化，形成了以文化为中轴的德治传统和尊崇道德的价值取向，深刻嵌入于治国理念与官僚队伍建设实践中。在官吏选任与政治实践中，民本思想得以强化和落实。此外，传统官吏选任秉持学而优则仕的原则和崇尚知识、尊重人才的传统，贯彻了政治精英治国的理念。中国传统官吏选任文化具有诸多合理性因素，是中华优秀传统文化的重要组成部分，对现代政治制度建设及选人用人策略仍具有启示意义和可供参考借鉴之处。

另外，在封建君主专制体制下，中国传统官吏选任制度也存在一些难以克服的弊症，其时代局限性和阶级局限性是十分明显的。

在价值观念上，存在重德轻才和学而优则仕的价值偏弊；在官吏选任实践中，既存在思想逻辑上的悖论，也时常表现出理念与实践的背离。

一、治国理政德为先

中国传统政治文化重心性、重修身、重伦理、重道德，是一种典型的“文化中轴的政治文化”，与西方“制度中轴的政治文化”存在重大差别。所谓“文化中轴的政治文化”，指文化因素在政治生活中居于中心地位。换言之，中国传统政治领域与其他社会领域之间没有明确的界限：一方面，文化形态和文化机制深刻影响政治；另一方面，政治活动及政治文化广泛弥散于日常社会生活中。西方“制度中轴的政治文化”与此相反，政治领域和其他社会领域之间界限分明，政治领域独立性强，与其他社会领域关联度低。中国传统政治文化最突出的特点是政治领域与伦理道德融为一体，形成以德治国的政治传统。

1. 崇尚德治精神

道德是由一系列道德范畴、原则和规范构成的具有相对稳定性的思想价值观念及行为方式。在人类社会生活中，道德是维系社会正常生活最基本的手段。在中国传统政治文化中，政治领域总是与社会领域联系在一起，政治问题与道德问题密不可分。在整个中国古代社会政治制度演进过程中，伦理道德问题始终是政治文化的核心内容，这是中国古代政治文化的重要特征。从这个意义上说，中国传统政治文化又是一种典型的“德治主义”政治文化，在具体政治实践中形成了以德治国的政治传统。德治的出发点是对人的尊重和信任，统治者与被治者之间的关系主要通过道德进行调节，而非赤裸裸的强制关系。在德治主义政治思想的影响下，统治者要通过生发内心之德去实现社会和谐，通过自己的“内圣”使被统治者自觉服从自己的统治。

德治主义思想在中国起源很早，自传说中的历史时期就形成了“以德治世”的传统。中国现存最早的专门记载典章制度的《尚书》开篇就赞扬帝尧：“克明俊德，以亲九族。九族既睦，平章百姓。百姓昭明，协和万邦。黎民于变时雍。”西周时期形成了较为明确的德治思想，建立了一套以德治为特征的礼乐制度。西周初年周公就提出了“明德慎罚”的主张，西周官方文献《尚书》明确提出了“民为邦本”的思想。早期的德治主义思想被儒家所继承，孔子明确提出了“德政”思想。

在社会生活中，儒家将伦理道德视为人的行为准则和终极价值追求。在政治生活中，儒家把伦理道德视为治国理政的根基和出发点，视为一切政治活动的基本依据和根本原则，强调政治目标的实现首先要从日常社会生活中的个人修身养性做起。孟子认为美德为人性所固有，只要加以教育熏陶，人就会自觉按照道德准则行事。在德治主义思想之下，政治的首要问题是教育问题，“建国君民，教学为先”。儒家认为，与德治主义治国模式相比，以政、刑为核心的依靠外部强制力量进行统治的政治模式只能治标，无助于人性改造，难以达到社会和谐的目的。在阶级社会，国家政权是阶级矛盾不可调和的产物，仅仅依靠人的道德自觉显然是不可能建立稳定社会秩序的。

为了调和这两种统治模式，儒家建构了一套以德治主义“内圣”为内核、以行为规范“礼”为外核的社会规范。礼是德的外在表现，礼依道德原则制定，但与德通过内在自觉来维系的手段不同，礼具有外在约束性，是一种外在社会行为规范。儒家认为，通过教育教化，人们会自觉按照礼的规范要求做事。然而，这只是一种理想主义状态，人们的行为经常超越礼的规范或违背礼的要求，对其必须有更加严厉的约束，那就需要通过政治强制手段乃至刑罚手段解决。德、礼、政、刑被视为中国传统政治统治的四种手段或模式，儒家将德治置于首要位置。

作为一种思想观念和政治原则，儒家德治思想将个人的道德修养拓展为处理国家事务的政治思想，为各家各派和历代统治者所认同。在中国两千余年的封建社会历史发展进程中，德治思想格外受到统治阶级的推崇，被置于至高无上的地位。中国传统社会虽然也有法治思想的存在，但从总体上说，实行德主刑辅的施政方针，为政以德、以德治国是中国古代政治文化最重要的特征之一。

中国古代德治传统建立在封建君主专制基础之上，但绝不仅限于君主层面，而是弥散于广泛的政治理念和施政原则中。在身份认同上，官员始终坚守士人身份，拥有强烈的文化使命感，坚守士道。在古代社会，君主在任命官员方面拥有绝对的权力，但在确定士人身份上经常力不从心。各级官吏同时扮演着士人与官员的双重角色，与君主共同行使行政权力，同时还与未能入仕的士人保持密切联系，构成上通下达的社会文化网络，维系着社会结构的稳定和文化传统的连续性。

实现德治的前提是官员能先尽其德，在具体行为活动中，德治传统也对官僚队伍自身修养与施政理念提出具体要求。在官吏个人修养方面，德治主义明确了官员施政时应具备的“德行”。《尚书・虞书・皋陶谟》中有“九德”之说，即宽而栗，柔而立，愿而恭，乱而敬，扰而毅，直而温，简而廉，刚而塞，强而义。《逸周书・宝典解》中也有“九德”之说，即孝、悌、慈惠、忠恕、中正、恭逊、宽宏、温直、兼武。《国语・周语》中有文治“七德”之说，即尊贵、明贤、庸勋、长老、爱亲、礼新、亲旧。与文治“七德”相对应，《左传・宣公十二年》中规定了武功“七德”，即禁暴、戢兵、保大、定功、安民、和众、丰财。

在具体施政实践中，要求官僚队伍体恤民瘼、爱惜民力、关切民利、使民以时、节用惠民等。概括而言，传统德治事实上涉及两大目标：一是民生方面，通过“厚生”“利用”提高民众生活水平，实现“富民”目标；二是整饬伦纪方面，用“三纲五常”等伦理道德教育教化百姓，实现敦亲睦邻。

中国传统德治文化是建立在小农经济与以宗法制为基础的社会结构之上的，适应中国封建时代的政治、经济、文化现实和社会发展需要，并长期推动社会发展。在长期政治实践中，德治思想经过不断发展完善，积淀升华为政治文化，对稳定中国古代社会的政治秩序起到了十分重要的作用，为政以德的政治文化对于我们今天的政治文明建设仍具有积极借鉴意义。当然，由于古代的德治思想是建立在农业文明基础之上的，这种思想势必打上时代和阶级的烙印，其动机和根本目的是维护地主阶级的统治地位，加强对民众的思想控制。所以，对于中国古代政治文化的德治思想与传统要以辩证唯物主义和历史唯物主义作为指导，辩证地分析，取其精华，去其糟粕。

2. 推崇循吏文化

循吏是儒家德治思想和仁政原则的忠实践行者，同时符合儒家政治思想和封建国家经世治国需要，是封建国家主流统治思想的典范代表，司马迁在《史记》中将循吏单独列传，充分肯定循吏治绩，褒扬循吏德行。《史记》的这一编写体例被后世正史所沿袭，褒扬循吏不仅成为历代史官与史家的文化自觉，也是中国传统政治文化中的宝贵遗产。循吏通过“身正”化民成俗，实现政通人和，正如《隋书·循吏列传》中所说：“善为水者，引之使平，善化人者，抚之使静。水平则无损于堤防，人静则不犯于宪章。然则易俗移风，服教从义，不资于明察，必藉于循良者也。”《新唐书·循吏列传》亦持类似观点：“治者，君也；求所以治者，民也；推君之治而济之民，吏也。故吏良，则法平政成；不良，则王道弛而败矣。”

循吏以教化治民。中国古代历来重视教育教化，坚信“有无能之吏，无不可化之人”[①]。循吏在治国理政实践中，普遍重视文化教育，同时扮演着“官”和“师”的双重角色。《汉书·文翁传》

① 魏徵、令狐德棻：《隋书》，中华书局，1973，第1673页。

记载，蜀郡守文翁“仁爱好教化”，是封建社会早期的循吏典范。《隋书·公孙景茂传》记载，公孙景茂“法令清静，德化大行”，“修身洁己，耆宿不亏，作牧化人，声绩显著”。《隋书·刘旷传》记载，刘旷任平乡县令期间，教化大行，狱中无系囚，争讼绝息，以致监狱中长满荒草，后来草满囹圄成为一个成语典故。刘旷的治绩得到官民高度认可，离任时送别的吏民号泣于路，送行者数百里之内不绝。《明史·陈灌传》记载，陈灌建设学舍，延请名师，选拔优秀子弟入学学习。《清史稿·骆钟麟传》记载，骆钟麟任陕西盩厔知县期间，大力推行教化，每年春秋两季在明伦堂大会诸生，宣教仁义忠信之道。骆钟麟不仅在上层社会推行教化，还将教化延伸至基层社会，“朔望诣里社讲演，访耆年有德、孝悌著闻者，见与钧礼，岁时劳以粟肉。立学社，择民间子弟授以小学、孝经。饬保伍，修社仓”。循吏重视教化的行为与儒家建立礼治或德治社会秩序的追求高度一致，他们是儒家政治道德理想的忠实践行者。

循吏为民兴利。循吏不仅要做好对百姓的教育教化，还要以父母之心关心爱护百姓，造福一方百姓，“如父母之爱子，如兄之爱弟，闻其饥寒为之哀，见其劳苦为之悲，故人敬而悦之，爱而亲之”[①]。《汉书·召信臣传》记载，西汉时期的召信臣担任南阳太守期间，“为人勤力有方略，好为民兴利，务在富之。躬劝耕农，出入阡陌，止舍离乡亭，稀有安居时……民得其利”，号之曰“召父”。《明史·陈灌传》记载，陈灌任宁国知府期间，“访问疾苦，禁豪右兼并。创户帖以便稽民。帝取为式，颁行天下。伐石筑堤，作水门蓄洩，护濒江田，百姓咸赖”。《明史·万观传》记载，万观任严州知府期间，“乃励学校，劝农桑，奏减织造，以银代丝税，民皆便之。九年考绩，治行为海内第一。既以忧去，将除服，严州民豫上章愿复得观为守，金、衢民亦上章乞之”。

① 魏徵、令狐德棻：《隋书》，中华书局，1973，第1673页。

循吏为民请命。与一般官员相比，循吏往往表现出更强烈的“士道”观念，关键时刻能够不畏强暴，为民请命。《宋史·鲁有开传》记载，鲁有开担任卫州知州期间，当地遭遇水灾，鲁有开将官府中的钱粮赊贷与灾民，并奏请朝廷免除利息。《明史·李信圭传》记载，明朝中期李信圭任清河知县期间，多次上疏陈情该县百姓长期遭受杂徭之害，最终朝廷听从李信圭的建议革除了杂徭弊政，不仅清河县受益，其他一些府县也因此享受到这些优惠政策。《清史稿·姚文燮传》记载，康熙年间，姚文燮任雄县知县，当时正值满人圈地，雄县地处京畿之地，百姓受圈地之害尤甚。姚文燮为捍卫当地百姓利益挺身而出。圈地的满洲旗人请户部官员到雄县亲自牵绳量地，绳子所及之处皆被圈占。姚文燮坚决抵制这一荒唐行为，“拔刀断绳”。姚文燮为民请命的气节与勇气得到清政府认可和褒扬，朝廷下旨“退地还民”。

循吏惩恶扬善。秉公执法是对古代官吏的基本要求，公平公正是循吏的执法原则。官员秉公执法，难免会触犯权贵利益，清官循吏面对权贵刚正不阿，在与权贵及各种恶势力的斗争中，表现出刚毅品格和可贵勇气。《汉书·黄霸传》记载，黄霸“为人明察内敏，又习文法，然温良有让，足知，善御众……以外宽内明得吏民心”。《后汉书·蔡茂传》记载，蔡茂任广汉太守期间，以不畏权贵而显名。他在广汉为官数年，不仅敢于与当地豪强搏击，甚至还冒着生命危险，与光武帝宠幸的皇后阴丽华的宾客的不法行为做斗争。当时阴家的宾客在郡界多犯法禁，蔡茂依法纠办，无所回避。《旧唐书·贾敦颐传》记载，唐朝贾敦颐任洛州刺史期间，洛州的豪富地主大量违规占有土地，许多农民失去了土地，或沦为官僚权贵和地主豪强的佃户，或变为无地可依附的流民。面对这种情况，贾敦颐敢于同当地恶势力做斗争，彻底清查官僚权贵和地主豪强的土地，清查追没土地三千余顷，将其全部分给无地和少地的农民。《清史稿·任辰旦传》记载，康熙初年，任辰旦任上海知县期间，“清苦自励，敏于听断，数决疑狱，豪猾敛迹”。

在大一统国家形态下，“事在四方，要在中央”。国家是由地方各个区域组成的，地方治理的好坏关系到国家和政权的兴衰，地方有效治理是国家长治久安的基础。在郡县制下，地方郡县守令集行政、司法、执法乃至军事诸权于一身，国家政令最终要依靠各级官吏在地方实施。尽管中国古代行政区划制度多次变革，但“郡县治，天下安”的理念始终未变，直到清代循吏徐栋仍在论述这一问题，据《清史稿·循吏列传》记载：“天下事莫不起于州县，州县理，则天下无不理。”地方治理非常重要，地方官吏守土有责。无论是在个人德行，还是在治国理政能力方面，优秀循吏都可以称为封建时代王道政治的脊梁和士大夫阶层的优秀代表。培养选用优秀循吏是历代封建王朝吏治建设的重要目标。《新唐书·循吏列传》载：“唐兴，承隋乱离，剗祓荒荼，始择用州刺史、县令。……开元中，又锢废酷吏，惩无良，群臣化之，革苛娆之风，争以惠利显。”《宋史·循吏列传》记载，宋太祖在位期间，极为重视地方行政长官选任，“躬自召见，问以政事，然后遣行”。明太祖一方面以严刑峻法惩处贪官，一方面高度重视地方官吏选任与教育。《明史·循吏列传》记载，每当府州县吏朝见，明太祖都常亲自教谕：“天下新定，百姓财力俱困，如鸟初飞，木初植，勿拔其羽，勿撼其根。然惟廉者能约己而爱人，贪者必朘人以肥己，尔等戒之。”康熙帝平定三籓之后着力加强吏治建设。《清史稿·循吏列传》记载，康熙年间，经济上与民休息，政治上注重选拔清官廉吏，出现了于成龙、彭鹏、陈瑸、郭琇、赵申乔、陈鹏年等一批优秀循吏，为康熙盛世奠定了基础。

3. 传承优秀官德

在中国传统政治演进过程中，官僚具有士与官员的双重身份。对官员的约束不仅有来自外部的法律制度，在士大夫政治模式下，还形成了官员自我管理、自我约束的内在机制与动力。在政治实践中，形成以官德为表现形式的官吏价值体系。

公忠爱国。与世界其他绝大多数国家和地区一样，中国古代社会是在私有制基础上形成的以等级结构为主要特征的社会。然而，与欧陆文明不同，在中国传统文化中，“公”“私”之间是对立统一的，一方面“五帝”以后一直是家天下的格局，对于君主而言，“家”与“国”是一致的，最大的“私”同时也是最大的“公”，“家天下”亦是“公天下”。中国传统文化中“天下为公”的思想根深蒂固，《礼记·礼运》即有“大道之行也，天下为公”之说。在政治领域，传统官德“贵公”。这里所讲的“公”，有两个层面的意思：一是在利益上，强调“天下为公”，社会公共利益高于个人私利，整体利益大于局部利益。《吕氏春秋》中专门有《贵公》一篇，强调，“天下，非一人之天下也，天下之天下也”。在私有制社会里，“天下为公”难以最终实现，但“公天下”思想对中国文化影响依然巨大。对掌握并实施公共权力的官吏而言，“公”还有公平公正之意。“公生明，廉生威”，公平公正是官吏施政的基本准则，“昔先圣王之治天下也，必先公。公则天下平矣。平得于公”。作为传统官德的重要内容，“天下为公”的施政理念和公平公正的施政原则虽然带有理想主义色彩，但它们表达了中国传统社会的价值观念，也是历代官德的最高标准和人们的终极追求。

中国古代社会官吏施政之“公”与忠君爱国是联系在一起的。从现代文明观念看，忠君爱国具有极大的历史局限性，但“忠”作为官德，强调以身报国、忠于国家，它的精神价值是弥足珍贵的，经过现代转化后仍具时代价值。孙中山先生曾在其演讲中提出了这种思想转化：“我们到现在说忠于君，固然是不可以，说忠于民是可不可呢？忠于事又是可不可呢？我们做一件事，总要始终不渝，做到成功。如果做不成功，就是把性命去牺牲，亦所不惜，这便是忠。”[①]古代循

① 崔秦睿等主编：《声振神州：孙中山在中山大学及前身院校的演讲》，中山大学出版社，2016，第63页。

吏的“公忠爱国”思想对今天党的建设和干部队伍建设仍有重要精神价值，我们仍然要坚持立党为公、执政为民，只是“忠”的对象不再是封建君主，而是国家和人民。

执政为民。循吏把人民看作国家的根本，这是传统官德的精华。早在先秦时期，有识之士已经认识到人民对于国家的重要性。《尚书》曰：“民惟邦本，本固邦宁。”《左传》记载，周公采取崇德、尚礼、利民为本的治国思想，实行“经国家，定社稷，序民人”的治国策略。以民为本还体现在为政者要懂得顺从民意。《管子·牧民》曰：“政之所兴，在顺民心；政之所废，在逆民心。”孔子效法周公，也提出“足食、足兵、民信”等安民利民的政治主张。孟子总结出“得民心者得天下，失民心者失天下”的道理。荀子进而以舟和水相比喻，认为“君者舟也，庶人者水也。水则载舟，水则覆舟”。

中国古代民本思想始终难以超越阶级和时代的局限性，那时的人民之“本”是工具性而非目的性的，“为民请命”“爱民如子”等观念并不是建立在平等基础上的，更不是把人民作为国家的主人，与现代民主政治不可同日而语。尽管如此，在当时的历史条件下，建立在民本思想上的一系列政治主张和施政原则，对现代政治建设仍具有重要参考意义。

立身惟正。立身惟正、由己及人是中国传统文化中对士人的基本道德要求和行为准则，儒家的仁学就是建立在这种逻辑基础之上的。孔子在《论语·颜渊》中说：“克己复礼为仁。一日克己复礼，天下归仁焉。为仁由己，而由人乎哉？”在政治领域亦是如此。早在先秦时期，中国就形成了贤人政治传统，无论是至高无上的君主，还是治国理政的各级官吏，为政者都要先从自身做起。孔子对这一传统进行了概括总结，在《论语·颜渊》中，孔子将“政”直接解释为“正”：“政者，正也。子帅以正，孰敢不正？”官德与民德本来就是不平衡的，在孔子看来，与民德相比，官德是主导性的，《论语·颜渊》中说“君子之德风，小人之德草。草上之风，必偃”。《礼记·缁衣》中亦有类似思想，“上好是物，下必有甚焉者矣”。以孔子为代表的儒家把贤人政治思想推向了一个新的高潮，使之成为中国政治文化的基本理论架构。己身不正，焉能正人？为了确保官吏自身之“正”，一方面，建立了自上而下的官吏教育和监督约束体制机制；另一方面，强化了官吏的自我教育和自我修养。南宋学者吕本中将清、慎、勤作为为官“三事”，在士大夫中产生了很大影响，许多官员将其作为为官箴言。明代清官薛瑄在其《从政录》中总结了为官之道的“七要”：正以处心，廉以律己，忠以事君，恭以事长，信以接物，宽以待下，敬以处事。“三事”和“七要”都是对“立身惟正”的具体要求，这些官德直到今天仍然具有重要价值。在君主专制体制下，古代官德难免带有明哲保身的功利色彩，但立身惟正也成为士大夫的精神、行为自觉。这种坚持立身惟正、以德为先的思想和原则，在现代政治制度建设和公务员队伍建设中依然适用。

廉以奉公。从狭义上说，廉指廉洁，与贪相对，指官吏不贪财物，这是廉在现代汉语中最常见的用法。在古代文化中，“廉”和“洁”是有所区别的。洁只是一种个人欲洁其身的追求，是一种生活态度。廉的意思要丰富得多，常与耻相对。段玉裁《说文解字注》说“廉之言敛也”，就是收敛之意。廉常用来形容人的高贵品德，既有廉洁不贪财物之意，还常被引申为清廉、廉平等意义。在传统政治文化中，廉不仅仅指个人不贪腐的行为，还指一种以廉洁为本的修身之要和行为规范，是一套完整的道德节操。“廉者不受嗟来之食”的“廉”就是一种广义的廉德。在中国文化传统中，无论是出仕的士大夫，还是归隐民间的贤士，都要做到廉。廉德不仅是一种个人品德，也是国家层面的道德规范，《管子·牧民》将之视为“国之四维”的重要组成部分，是维系国家安全稳定的道德基石：“国有四维，一维绝则倾，二维绝则危，三维绝则覆，四维绝则灭……何谓四维？一曰礼，二曰义，三曰廉，四曰耻。”

作为对官吏的一种品德要求，“廉”字最早出现于《周礼》中。《周礼·天官冢宰·小宰》中有对官吏“六廉”的要求：“以听官府之六计，弊群吏之治。一曰廉善，二曰廉能，三曰廉敬，四曰廉正，五曰廉法，六曰廉辨。”这里明明说的是官吏的六种品德和能力，为什么都加上一个“廉”字呢？郑玄在为《周礼》作注时专门对此进行了解释：“既断以六事，又以廉为本。”郑玄的解释得到了普遍认可，廉德被认为是士大夫修身的普遍美德，也是对官吏的基本品德要求，后世形成了“廉为德本”的说法。北宋时期的包拯说：“廉者，民之表也；贪者，民之贼也。”明代学者顾炎武说：“礼义，治人之大法；廉耻，立人之大节。”“廉为德本”的思想不仅是官员士大夫自省自励的修身之道，也是国家政治的要求，《清史稿·圣祖本纪》记载，康熙帝将清廉作为官吏最基本的要求。

二、设官置吏以为民

自阶级和国家产生以来，官民关系就始终存在。官民关系是贯穿政治始终的基本现象，也是关系人类社会政治思想、组织形态及治国理政的基本问题。在阶级社会中，“官”和“民”是对立统一的两个基本政治和社会范畴。“官”指从事国家和社会事务管理服务的少数特殊人群，他们掌握并直接行使国家权力。官民关系是一切政治关系产生并依存的母体，是分析政治现象和政治文化的重要观测点。

1. 为民设官思想的产生与发展

在中国传统官僚政治秩序中，官民关系在政治关系、社会关系中处于枢纽和核心位置。在传统政治体制下，官吏角色具有双重性：一方面，官吏是君主治国理政的助手和直接管理对象，君臣关系直接影响着王朝的盛衰存亡，圣君贤相被视为君臣关系的理想模式，也是实现国泰民安的基础和前提。另一方面，官吏又是政治权力的实际执行者，代表国家行使权力，官吏与民众之间是统治与被统治的关系，国泰民安是官民关系的理想效果，良好的官民关系是政治安定与社会和谐的必要条件。官民关系是民心向背的标志，不仅是影响政权稳定与国家长治久安的重要问题，还是关系到政权合法性的根本性问题，一直是历代统治者关注的焦点。中国传统政治体制，一方面立足于大一统思想，强化了君主专制体制；另一方面立足于民本思想，形成了“为民设官”的官吏选任理念和官僚制度原则。

中国“为民设官”思想产生得很早，在阶级社会早期发展阶段就形成了“代天牧民”思想。商朝重视鬼神，形成了上帝、鬼神设官的观念；春秋战国时期，这种思想观念依然存在，墨家是其中最突出的代表。《墨子·尚同》认为，官吏是人类历史发展到一定阶段的产物，人类历史早期没有“正长”“君臣上下长幼之节，父子兄弟之礼”，以致天下大乱，因此“上帝鬼神之建设国都，立正长也”。所谓“正长”就是行政管理者，相当于后世的官吏，其目的是“将以为万民兴利除害”。西周建立以后，在承袭殷人“敬天”思想的同时提出“保民”思想，将上天意志与政治现实融为一体，建立了从上天爱民到为民设官分职的“代天牧民”逻辑关联。尽管西周实行以世卿世禄为基本特征的贵族政治制度，但在官吏选任上并未脱离“为民设官”的原则。《尚书》曰：“民惟邦本，本固邦宁。”“民惟邦本”的思想体现在西周官吏选任制度中，《周礼》天、地、春、夏、秋、冬六官开篇都有“设官分职，以为民极”之类的话语。

春秋战国时期是中国古代社会从宗法贵族制向官僚制过渡的大变革时期，也是中国历史上民本思想发展的重要历史时期。这一时期，在民本思想指导下，人们建立了一套“为民设官”的理论体系。在先秦民本思想体系中，“设官为民”与“立君为民”是完全一致的。《管子》承袭了“代天牧民”的官吏设置思想，其第一篇就是《牧民》，强调“民心”的重要性，“政之所兴，在顺民心；政之所废，在逆民心”。战国以后，君主专制的封建官僚体制是中国传统社会的基本政治制度，“设官为民”思想亦随之不断发展，始终都是官吏选任的要求，也是治国理政的原则。儒家和墨家都从“助天治民”的角度出发论证君主和官吏的设置，认为上天爱民，君主与官僚都承担着代天牧民的职责。法家从确立社会秩序的角度出发，按照立法定制、设官置吏、立君为民的逻辑论证官吏设置原则。尽管各家哲学基础不同，政治主张更是差异巨大甚至对立，但在官吏设置目的上是一致的，他们普遍认同“设官为民”的原则。孟子发扬了民本精神，提出“民为贵，社稷次之，君为轻”的主张，在选任制度上也提出“以民为本”的思想。孟子将民本思想与任用贤才理论结合在一起，在《孟子·梁惠王下》中提出以“人民性”作为人才选拔的标准，要求君主在举贤用贤、选任官吏时广泛听取人民的意见：

> 国君进贤，如不得已，将使卑逾尊，疏逾戚，可不慎与？左右皆曰贤，未可也。诸大夫皆曰贤，未可也。国人皆曰贤，然后察之；见贤焉，然后用之。左右皆曰不可，勿听。诸大夫皆曰不可，勿听。国人皆曰不可，然后察之；见不可焉，然后去之。左右皆曰可杀，勿听。诸大夫皆曰可杀，勿听。国人皆曰可杀，然后察之；见可杀焉，然后杀之。故曰国人杀之也。如此，然后可以为民父母。

孟子的思想尽管有超越时代、不切实际的一面，但站在了民本思想的制高点上。荀子在孟子民本思想的基础上提出了“为民立君”的观念，《荀子·大略》曰：“天之生民，非为君也；天之立君，以为民也。”在秦朝统一前夕，长期担任相国的吕不韦也尊崇民本思想，《吕氏春秋·恃君》曰：“置君非以阿君也，置天子非以阿天子也，置官长非以阿官长也。”

在两千余年的封建官僚制度发展过程中，“设官为民”思想不断发展，相关论述比比皆是。汉代官方文献《白虎通义·封分侯》反复论述王者设置三公九卿是为了“顺天成其道”、封建诸侯是为了“子养百姓”的理论，强调“故列土为疆非为诸侯，张官设府非为卿大夫，皆为民也”的宗旨和原则。[①]作为官吏选任的宗旨和基本原则，“为民设官”思想不仅得到最高统治者的认可，在士大夫群体中也形成共识。东汉思想家王符认为，君主和官吏都是为民而设的，“圣王之建百官也，皆以承天治地，牧养万民者也”[②]。王符还从君臣关系层面论述了“设官为民”思想：“帝王之所尊敬，天之所甚爱者，民也。今人臣受君之重位，牧天之所甚爱，焉可以不安而利之，养而济之哉？”[③]王符将官吏“代君牧民”与君主“代天牧民”结合在一起，把对君主的“牧民”要求扩大到官僚士大夫阶层，超越了君主“代天牧民”的范畴。

柳宗元在为其好友薛存义饯行时写的《送薛存义之任序》中，针对官吏职责及官民关系表达了自己的思想：“凡吏于土者，若知其职乎？盖民之役，非以役民而已也。凡民之食于土者，出其什一，佣乎吏，使司平于我也。”[④]柳宗元强调，官吏并不是来奴役百姓的，而是为民众所雇佣的，官吏的俸禄都是民众给予的。柳宗元认为，对于不认真给百姓办事的官吏，百姓有权罢免、处罚他们。柳宗元又打了一个比方论证官民关系：你雇佣的人接受了你的

① 陈立：《白虎通疏证》，吴则虞点校，中华书局，1994，第141页。

② 王符：《潜夫论笺校正》，汪继培笺，彭铎校正，中华书局，1985，第65页。

③ 王符：《潜夫论笺校正》，汪继培笺，彭铎校正，中华书局，1985，第108页。

④ 李敖主编：《淮南子·论衡·柳宗元集》，天津古籍出版社，2016，第409页。

报酬，不但不替你认真干活，反而偷走你家的钱财器物，那么你必然很恼怒，要撵走他、处罚他。柳宗元将雇主比为百姓，将被雇佣者比为官吏，认为如果官吏不尽职尽责为百姓服务，反而还盘剥百姓，老百姓应该像主人一样，有权利罢免、赶走官吏。柳宗元的“官为民役”思想，冲破了“官为民主”的官民思想逻辑和“代天牧民”思维模式，将被颠倒的主仆位置正了过来，在中国古代政治思想史上堪称石破天惊之论，达到了传统民本思想的最高峰。当然，柳宗元“官为民役”之说并不是严肃的政论，只是一位士大夫的自勉与文学表白，其旨向是“吏治”而非“民主”，我们对之不可无限拔高，更不能与我们以人民为中心的社会主义民主政治相提并论。

在君主、官吏和百姓三者之间的关系中，官吏处于君主和百姓之间的位置，是联系君主和百姓的桥梁枢纽。官员与百姓的关系，与官吏和君主的关系有共生的一面。官吏是君主的辅助者和君主意志的执行者，官吏的权力来自君主，官吏按照君主意志和国家律令行事，官吏的品行要满足“设官为民”的宗旨和原则。《墨子·尚贤》论述了二者的一致性：好的官吏对君主有利，“故得士则谋不困，体不劳，名立而功成，美章而恶不生”。好的官吏同时也对百姓有利，可以让百姓丰衣足食，“菽粟多而民足乎食”。同时，君主与官吏之间也有不和谐、不一致乃至对立的一面，官吏掌握并直接行使公共权力，常利用公权力为个人谋私利，或损公肥私、中饱私囊，或假公济私、贪贿横行。腐败是传统社会的政治顽疾，历朝历代概莫能外。官吏的贪腐行为既对以君主为代表的国家整体利益与长远利益造成损害，也对百姓的现实利益造成侵害，从根本上违背了“设官为民”的宗旨和原则。

2. 设官为民的政治实践

在中国古代政治文化中，“设官为民”的宗旨和原则并非仅限于空洞理论，而是治国理政的现实需要，在政治实践中要真正贯彻落实。历代统治者都十分重视吏治建设，官吏清正廉洁、为国为民是历代王朝官僚队伍建设一以贯之的目标。早在分封制时期，就产生了“为民设官”的理念和“为民服务”的思想，对官吏行为严加约束。商汤汲取夏朝灭亡的教训，专门针对官吏制定了“官刑”，打击当时官吏队伍中存在的“三风十愆”的歪风邪气。官吏犯“三风十愆”中的任何一项，不论其职位高低，均要处以墨刑，并被送到专司教化的官吏（蒙士）那里去接受训诫。《尚书·周书·召诰》中记载，周公鉴于夏、商亡于政治腐败的历史教训，反复强调“我不可不监（鉴）于有夏，亦不可不监（鉴）于有殷”。周公在政治思想上完成了从“敬天”到“敬天保民”的转变，在吏治上也采取了切实措施，对贪腐进行有效防治，对仗势为恶、行贿受贿、接受他人财物并为他人谋取不正当利益者都要“阅实其罪”。

在君主专制体制下，封建皇帝更是将吏治作为治国理政的重大事项。早在先秦时期，韩非就提出了“明主治吏不治民”的治国策略，韩非的思想被秦朝统治者所采纳。据考古发现，在已出土的睡虎地秦墓竹简的相关律书中，关于官吏管理或考核的内容占了很大的比重，而且竹简中还有《为吏之道》这样专门指导教育官吏的手册。总体来说，凡有所作为的君主，在整顿吏治、整治贪污腐败方面都有所作为。后唐明宗非常痛恨贪官污吏，反腐态度极其坚决，严刑治贪，规定贪污者必死。《日知录》中记载，有人向他请求赦免贪官时，他回答说：“食我厚禄，盗我仓储，苏秦复生，说我不得！”宋真宗在位时期，大力整顿吏治，设立御史台专门负责督查官吏，颁布《文武七条》，要求官员们清心、奉公、修德、务实、明察、革弊、勤课，对发现的贪污腐败者进行严厉惩处。贫苦农民出身的明太祖朱元璋治理官吏贪腐的手段之严厉、用刑之残酷堪称历史之最。《大明律》规定，官吏贪污八十贯者判绞刑，监守自盗四十贯者判斩刑。按照当时物价换算，一贯相当于一两银子。为了震慑官吏，明太祖还以骇人听闻的手段惩处贪官，对于贪官的处置除了砍头、绞刑等常见的死刑方式，还发明了挑筋、断手、剥皮等一系列酷刑。与朱元璋运用非理性的极端手段治理贪官污吏相比，雍正试图从制度上根治官吏贪腐问题。雍正时期，库存钱粮亏空、挪用公款的情况十分严重，雍正从整治贪官污吏着手挽救钱粮危机。除对贪官本人进行惩处外，还实行连坐制度。对于贪官污吏，只要证据确凿，先革职再抄家，甚至他的亲戚也有可能会被连累抄家，家眷还会被流放为奴。为了从根本上解决官吏贪腐问题，雍正创立了“养廉银”制度。所谓养廉银，就是在官吏正常俸禄之外发放各种补贴，通过提高收入的方式换取官员的清廉。养廉银制度在雍正王朝时期发挥了一定作用，但不可能从根本上解决官吏贪腐问题，乾隆继位后贪腐之风又卷土重来。

与整顿吏治、严惩贪腐相对应，历代统治者大力表彰清官循吏，通过增秩、升迁和死后追赠追谥等各种方式为官僚队伍树立榜样，建设官风政风，抵制官场歪风邪气，彰显“为民设官”宗旨。西汉时蜀郡太守文党勤政为民，政声显著，被称为“文翁”。为了旌表文翁，汉哀帝时下诏为文翁立祠，同时命郡二千石官员奉祀另一位著名循吏召信臣的坟冢。宋代以前，清官廉吏的褒扬主要在政府层面；宋代以后，清官文化在民间影响力不断扩大，官方政治与民间文化互动，进一步丰富发展了中国传统政治文化中的清官文化。

由于阶级和时代的关系，“设官为民”的宗旨和原则有其局限性，但我们不能因此否定其积极意义。在封建专制官僚政治体制下，官与民的关系是最难处理的关系之一，每个王朝中后期，官民关系通常都会严重恶化，最终导致旧王朝的覆灭。历代王朝都十分重视官民关系问题，“设官为民”并不是停留在口头上的理论，而是在历代王朝政治实践中不得不面对的现实问题。尽管官吏的权力来自君主授予，但君主和国家意志的实现又不得不依赖各级官吏的具体施政行为，管理约束官吏、惩治贪腐官吏、维系正常的官民关系不仅是君主的个人意愿，也是封建国家政权建设的必然要求。

历代王朝都重视对官僚队伍的管理约束，建立起涵盖官吏选任、考核、监督、惩处各方面的体制机制。

第一，在官吏选拔中进行德行把关，从源头上防范贪腐。为了实现“为民设官”的宗旨和原则，中国古代采取了一套从源头抓起的制度，建立起一套严格的官僚准入制度，严把官僚队伍的入口关。中国传统选官制度经历了各种变化，德才兼备、以德为先的选人用人原则从未动摇。在各项道德标准中，廉洁奉公是基本要求。为了选拔品行高尚的高素质官员，先秦时期就确立了“尚贤与能”的选举原则，实行了乡举里选制度。在乡举里选模式下，由于缺乏对人的才能的规范化、标准化考核，德行因素往往发挥更大的作用，因此，这是一种天然偏向德行的官吏选任制度。秦朝以法家思想为指导，尽管法家对人的道德品行的作用持怀疑否定态度，主张通过严刑峻法规范官吏行为，但秦朝对官员的道德品行还是有明确要求的，睡虎地秦简《为吏之道》记载，秦律规定官吏必须具备的德行要求可概括为“五善”：忠信敬上、清廉毋谤、举事审当、喜为善行、恭敬多让。“五善”中既有对“上”的道德规范，也包括对“下”的品行要求，其中“清廉”显然是对官民关系而言的。两汉时期，承袭了西周时期乡举里选传统，尤其突出道德因素在察举中的重要性，进一步强化了以德为先原则。东汉末年曹操曾实施“唯才是举”的人才政策，主要是为了应对战争需要和解决东汉后期“伪道德大行于世”的问题，并没有否定以德选人原则和尚贤传统。曹魏时期创立的九品中正制度主要是对察举程序进行的改革，官吏选任基本原则没有根本改变。隋唐时期开始实施的科举制度是中国古代选官制度的重大转折，科举制度对汉魏时期过度依赖道德品行评价人才的倾向有所纠正，提高了才能在官吏选拔中的重要性，并最大限度地引入了公平公开竞争原则。科举制度强化了以才取人因素，但并没有否定德行。宋代以后，作为官方主流意识形态的儒学理学化，明代以后走向心学。随着理学的兴起发展，在科举及官吏管理评判中的德行因素不仅没有被削弱，反而被进一步强化了。

第二，重视官吏德行与政绩考核，在管理过程中贯彻设官宗旨。如何衡量各级官吏在执政过程中是否真正体现了设官宗旨、履行了为民职责？体现这一宗旨和原则的具体标准是什么？这些问题是历代封建王朝都极为重视的问题，也是封建国家政权建设的重要内容。检验这些问题最重要的措施就是建全官吏考核制度，将“为民执政”的效果作为官吏考核内容。值得关注的是，中国古代历来重视对官吏道德品行的考核，虽然历代王朝考核措施变化很大，但无一例外都遵循德行与政绩并重的原则。在德行考核中，最重要的一项就是清廉，这是检验官吏为民执政还是谋取个人私利的最重要的指标。汉代官吏考核内容分为德行和政绩两大方面，后世历代封建王朝考核官吏都按照这种原则进行。唐朝实行科举制度后，对官吏的考核仍然坚持德行与政绩并重的原则。唐宋时期对官员的德行考核标准为“四善”：德义有闻、清慎明著、公平可称、恪勤匪懈，简称“德、慎、公、勤”。明朝对官吏考核制度进行了较大调整，以“京察”和“大计”为主要考核方式。“京察”结果一般分为八个等级，即一贪、二酷、三浮躁、四不及、五老、六病、七疲、八不谨。从京察等级评定看，仍重视对官吏德行的考察评定，其中对官员清廉、公正的德行评价仍是考核的重点内容。清代官员考核分为操守、政绩、才能和年龄四个方面，操守被置于头等位置，评定结论分为廉、平、贪三个等级。

第三，建立专职监察机构，加强对官吏权力的约束。在君主专制体制下，如何约束官吏权力、规范官吏行为，确保官吏按照君主意志和政府律令施政，是封建国家在政权建设和政府组织运行中必须解决的问题。在官僚制度产生之初，封建国家就建立了对官吏的监察制度。秦朝建立了专门针对各级官吏的监察机构，在中央设御史大夫，位列三公，以副宰相身份兼领监察。秦朝御史大夫之下有一支专职监察队伍，中央设侍御史，郡设监御史，形成独立的监察系统。汉代在中央政府设置御史台，御史台常被认为是中国历史上最早的专门监察机构。后来，汉武帝认为郡监察御史难以发挥作用，于是废除了监察御史制度，把全国分为十三州（部），由中央派出十三名刺史作为监察官，以“六条问事”，专门巡察地方郡守、诸侯及地方豪强的奉公守法情况。刺史虽然俸秩仅为六百石，但职责重大，对于整肃吏治曾一度发挥了很大作用。唐代进一步加强了监察制度，在中央设置御史台作为最高监察机关，专司监察之职，并依对象不同在监察机关内部进行了分工。宋代基本沿袭了唐朝的监察机构设置，但与唐代不同，宋代监察“重法治民，宽典待吏”，对官吏的监督相对宽松，削弱了监察制度的效能。宋代监察机构的职能削弱并不意味着对官吏权力约束的放松，宋代强化了官、职、差遣分离制度，制衡了官吏的权力，在一定程度上弥补了监察制度的不足。元朝在中央设立御史台，与中书省、枢密院并列，同为中央最高机关，三者互不统属，御史大夫有权直接选任台官，大大提高了监察官员的地位。明朝监察巡视制度进一步完善，朝廷派遣御史代天子巡狩，御史虽位卑却权重。明代还创设了六科给事中，对口监察六部。所有政令，甚至皇帝御令，都必须经给事中审核后方能转诸部司奉行，以防止官员权力过度膨胀。

第四，严刑峻法惩腐，打造反腐高压态势。从量刑上看，历代对官吏犯罪的惩罚都坚持从严从重原则，对贪赃受贿的惩罚甚至重于盗窃。秦朝对于经济犯罪的官员惩治很严厉，有“通一钱，黥城旦罪”之说，就是行贿一钱，就要被判罚在脸上刺字，还要去修城墙。汉代惩治贪官污吏的刑罚也很严苛：贪赃二百五十钱以上者，免职；贪赃十万金以上者，处以死刑。唐律则规定：监临主司（主管官员）受贿相当于一尺绢的，判处杖刑一百，一匹加罪一等，十五匹判处绞刑。按照唐律规定，普通百姓盗窃五十匹绢也只是判处流放而已。宋代对官吏较为宽仁，但对贪腐标准的规定却极严苛，《宋刑统》规定官吏贪腐与盗窃罪一样，“赃满三匹以上者，并集众决杀”，“赃满五贯文者处死”。对贪腐官吏的惩处不仅体现在量刑上，还体现在将贪腐罪列入不赦重罪上。唐朝是历史上下诏大赦最频繁的朝代之一，但大赦时往往专门规定贪官污吏不予赦免。宋代亦规定官吏贪赃为不赦之罪，还将贪官定为与“十恶杀人者”同罪。

历代对贪腐官吏除依照法律进行惩处外，还常在“法外加刑”。《宋史·刑法志》记载，英州太守王元吉受赃七十余万，按律应流放岭南。宋太祖下诏严惩，“特诏弃市”。历代皇帝凭个人意志在法外加刑的例子比比皆是，不胜枚举。为了加强对贪腐官吏的威慑，不仅惩处贪腐官吏本人，还实行连坐，上对下、下对上均须承担连带责任。汉武帝时期实行了“见知故纵、监临部主”之法，规定：看见或知道别人犯法而不举报，就犯了“故纵”法，与犯法者同罪；犯法者所在地方或部门的领导因监督不力，要承担连带责任。东汉建和元年（147年），汉桓帝诏书规定，“长吏赃满三十万而不纠举者，刺史、二千石以纵避为罪”。连坐不限于在职责上有关联的人，甚至还会累及与贪腐无关的亲属，汉代就有“赃吏子孙不得察举”的规定。《金史·刑志》记载，金大定十二年（1172年），咸平尹石抹阿没剌因贪赃而死于狱中，金世宗认为贪官所犯的罪要比平民盗窃罪重，“贫穷而为盗贼，盖不得已。三品职官以赃至死，愚亦甚矣”。因此，金世宗下令，因贪污被除名的官吏，后代不予录用。这种连坐子孙的制度各代规定不尽相同，但从一个侧面反映了封建国家对官吏贪腐行为的认知和态度。

在私有观念存在的社会里，每个人都有自己的私人欲求，与一般百姓相比，掌握并直接行使政治权力的官吏拥有大量谋取个人私利的渠道和资源，官吏的权力若得不到有效约束，就很容易滋生腐败。历代统治者为了维护统治阶级集体利益和政权大局，建立了涵盖从官吏选任到监督考核、从制度防腐到重刑惩腐的诸种体制机制。这些体制机制，都属于外部约束范畴。除了外部约束，还需要官僚队伍将清正廉洁的理念内化于心，只有扎好心灵篱笆，树立正确的价值观和从政观，掌握公共权力的官吏才能真正做到廉洁奉公、勤政为民。中国古代建立了外部强制与内在修养相结合的官吏管理约束制度，在士大夫阶层中培育和形成了相当程度的内在文化自觉。

早在西周时期，就形成了颂扬“为民服务”官吏、抨击贪腐官吏的政治文化，《诗经》中《国风·召南·甘棠》表达了对召公德政的怀念，与《国风·魏风·硕鼠》对那些贪官的挞伐形成鲜明对比。先秦儒家主张官吏要正身修己、仁民爱物，创立了一套以修身为起点，以齐家治国为现实主题，以平天下为理想的精神追求和道德行为规范。对“治国理民”的官吏，儒家强调要先从自身做起，《论语·子路》中说“其身正，不令而行；其身不正，虽令不从”。孔子认为，作为一个当权者，行为处事的根本原则是以身作则、以上率先，依靠个人“内圣”手段达成“外王”目标。进入封建官僚制时代后，先秦儒家提出和倡导的思想原则不仅为历代统治者所认可和接受，也逐渐内化为封建士大夫的价值追求和行为自觉。司马迁在《史记》中专设了《循吏列传》，以后历代正史大多设有《循吏列传》《循吏传》《良吏传》。宋代费枢专门撰写了《廉吏传》，让大批清官廉吏彪炳史册。

中国古代思想家、政治家们提出了许多廉政为民的思想和政治主张，中国历史上出现了一大批为民请命、廉洁奉公的循吏清官，上古时期“三过家门而不入”的大禹，春秋时期“以不贪为宝”的宋大夫子罕和“嗜鱼而拒鱼”的鲁相公仪休，西汉躬行教化的蜀郡太守文翁和为民兴利的南阳太守召信臣，东汉时期的“一钱太守”刘宠和“悬鱼太守”羊续，历仕五朝的“五代清郎”袁聿修，北宋“先天下之忧而忧”的范仲淹和遗训子孙的包拯，明朝“二不尚书”范景文和“模范官僚”海瑞，清代“三汤道台”汤斌和“天下第一清官”于成龙等，都是其中的杰出代表。这些人不仅是古代践行“设官为民”理念的政治楷模，也是中华民族优秀政治文化传统的集中体现。

中国古代历来重视吏治，在落实“设官为民”原则方面采取了积极有为的措施，重视对官吏权力的监督制约，建设了较为完备的反腐机制，形成了较为完备的防腐治贪法律体系，但历代王朝始终没有走出从王朝初年狠抓吏治，到王朝中叶吏治败坏，再到王朝末年完全失控的周期性历史轮回。从根本上说，这是由社会性质决定的。封建君主与官吏有对立的一面，但本质上是一体的，其根本利益是一致的，君主和官吏的利益是整体利益与局部利益、长远利益与短期利益的关系，而非对立关系。官吏贪腐造成了对人民和国家整体利益的危害，但君主整顿吏治的根本目标并不是要完全杜绝这种危害，而是将这种危害控制在一定程度即可。君主痛恨假公济私的腐败分子和祸国殃民的恶吏，主要是因为这些官吏侵蚀了自己的国库、影响了政权的稳定，并非完全为了人民百姓。历史上也不断涌现出具有高度自律精神的士大夫和为民请命的清官廉吏，但在庞大的封建官僚队伍中他们永远是少数。在中国古代清官循吏中，明朝的海瑞是最为瞩目的一员，是中国古代官吏中的道义标杆和士大夫楷模，但海瑞与官僚队伍群体如此格格不入，以至于被称为“古怪的模范官僚”。中国古代“模范官僚”的个人道德自觉和政治品格使他们彪炳史册，也为我们留下珍贵的精神财富和文化遗产，但对他们所处的时代而言，他们对整个体制的影响是十分有限的。

三、为政之要在得人

人才是指具有一定的专业知识或专门技能，进行创造性劳动并对社会做出贡献的人，是人力资源中能力和素质较高的劳动者。在传统农业社会，由于生产力发展水平有限，人类创造的专业知识范围很狭窄。按照今天的知识分类标准，中国传统社会的知识门类主要集中在人文社会科学层面，人才发挥的作用主要集中在政治及社会领域。中国有尊重知识、重视人才的悠久文化传统，尽管知识领域及内容不同，但中国古代对知识的追求、对人才的重视与现代社会并无二致。得人才者得天下、治国理政以得人为先等思想被视为政权建设必须遵循的基本原则，培养人才、重用人才是跨越阶级、超越时代的普遍共识。

从人类思想发展历程上看，人类理性自觉与主体意识觉醒普遍经历了一个由神到人的过程，中国古代亦是如此。夏商时期，受生产力发展和认识水平的限制，中国人的思想观念还主要依天命而从之，天命神权观念不仅是维系政治统治的主流意识形态，同时也是社会生活中居于主流的思想观念。周人虽然无法完全摆脱天命神权观念，但与夏商“先鬼而后礼”的思想观念已有极大不同，天命神权观念开始有所松动，周人认识到“天命靡常”，在“重天命”的同时强调了“尽人事”的重要性，正如《礼记·表记》所言，“周人尊礼尚施，事鬼敬神而远之，近人而忠焉”。中国古代官吏选任制度集中体现了“尽人事”的文化传统，在人才选拔上坚持德才兼备、以德为先的原则。

官吏选任标准集中体现在“尚贤”思想中。商朝人尽管“敬鬼”，但也有“尚贤”之风，商代尚贤思想在《尚书》中有明确记载。《尚书·商书·咸有一德》记载，商初伊尹还政太甲时，告诫太甲要“任官惟贤才，左右惟其人”。意思是官吏必须由有德有才的人担任。《尚书·商书·说命》记载，傅说劝诫武丁要重视人才的任用，“惟治乱在庶官。官不及私昵，惟其能；爵罔及恶德，惟其贤”。意思是选拔任命官吏不可专凭个人好恶，要以“能”和“贤”作为标准。周代一直尊崇尚贤思想。《尚书·周书·武成》记载，武王灭商之后在谈及施政方针时，提出“建官惟贤，位事惟能”的原则。《史记·鲁周公世家》记载，鲁公伯禽受封鲁国之前，其父周公郑重告诫伯禽要谦逊对待贤人：“我文王之子，武王之弟，成王之叔父，我于天下亦不贱矣。然我一沐三捉发，一饭三吐哺，起以待士，犹恐失天下之贤人。子之鲁，慎无以国骄人。”

春秋战国时期，尽管各家思想差异巨大，但在对待知识和人才的态度方面是高度一致的。他们都认为，人才与国家盛衰、政权存亡密切相关，人才是国家治理的基础和前提。墨子认为尚贤是为政之本，《墨子·尚贤上》明确提出“夫尚贤者，政之本也”的口号。墨子认为，贤者是“国家之珍”“社稷之佐”，要亲近和任用贤良之人，才能成就霸业，治理好国家。《墨子·亲士》曰：“入国而不存其士，则亡国矣。见贤而不急，则缓其君矣。非贤无急，非士无与虑国。缓贤忘士，而能以国存者，未曾有也。”墨子认为，君主不仅要以贤能作为选人用人标准，还要最大限度地扩大人才数量，即所谓“众贤”。墨子认为，一个国家贤能之士的数量决定着国家兴衰，想要国家强盛，必需“众贤”，正如《墨子·尚贤上》所说，“是故国有贤良之士众，则国家之治厚；贤良之士寡，则国家之治薄”。《论语·宪问》记载，孔子在评价齐桓公霸业时，认为关键在于人才，尤其是管仲发挥了关键性作用：“桓公九合诸侯，不以兵车，管仲之力也。”《荀子·成相》中引用当时流行的“世之灾，妒贤能”谚语，从另一方面说明了贤人的重要性已成为社会普遍共识。法家学派的韩非特别重视对管理人才的选拔和使用，《韩非子·八说》曰“任人以事，存亡治乱之机也”。韩非子认为，只要“治吏”的问题解决好了，“治民”进而“治国”的目的就不难实现。糅合道家与法家学说的黄老学派认为，重视人才是“王天下”的根本。《黄帝四经·经法·六分》曰：“王天下者，轻县国而重士，故国重而身安；贱财而贵有知（智），故功得而财生；贱身而贵有道，故身贵而令行。”

《吕氏春秋》认为，选任贤才是国家长治久安的前提条件。《吕氏春秋·慎行论·求人》曰：“身定、国安、天下治，必贤人。古之有天下也者七十一圣，观于《春秋》，自鲁隐公以至哀公十有二世，其所以得之，所以失之，其术一也：得贤人，国无不安，名无不荣；失贤人，国无不危，名无不辱。”《吕氏春秋》讲了一系列选任贤人的故事，其中有一个关于齐桓公访贤的故事。齐桓公听说有一个名叫稷的小臣是个贤人，于是亲自登门拜访，一天之内连访三次都没见到稷。齐桓公的随从认为，万乘之主见一个小官，一日三至而不得见，可以到此为止了。齐桓公却不以为然，说："士骜禄爵者，固轻其主；其主骜霸王者，亦轻其士。纵夫子骜禄爵，吾庸敢骜霸王乎？"齐桓公坚持拜访，直到第五次才终于见到了这位稷。这则故事的真实性无法考证，但齐桓公重视选贤用贤的行为是可信的。《管子·小匡》记载，齐桓公不仅重用管仲，还专门选拔了游士八十人，"使出周游于四方，以号召收求天下之贤士"。

1. 重视人才

人才难得有两个原因：一是人才本来就很少，可遇不可求；二是即使有人才，发现人才、鉴别人才也很难。《吕氏春秋·先识览·观世》曰："天下虽有有道之士，国犹少。千里而有一士，比肩也；累世而有一圣人，继踵也。士与圣人之所自来，若此其难也，而治必待之，治奚由至？虽幸而有，未必知也，不知则与无贤同。此治世之所以短，而乱世之所以长也。"既然人才如此难得，有了人才就要尊重人才、关心人才、爱护人才。儒家强调尊重人才，孔子认为"尊贤为大"，荀子主张给予人才以优越的物质待遇，提出"富士"主张。《吕氏春秋》有若干富贤、尊贤的记载。《吕氏春秋·慎大览·报更》曰："国虽小，其食足以食天下之贤者，其车足以乘天下之贤者，其财足以礼天下之贤者。与天下之贤者为徒，此文王之所以文王也。"《吕氏春秋·有始览·谨听》认为，对人才必须尊崇、关心和爱护，"必礼必知，然后其智能可尽"。

在选贤用贤原则上，坚持以德才取人、反对以亲疏贵贱用人的思想得到普遍认可。墨家强调不以亲疏贫富取人，《墨子·尚贤中》曰："不党父兄，不偏贵富，不嬖颜色。贤者举而上之，富而贵之，以为官长；不肖者抑而废之，贫而贱之，以为徒役。"墨家主张不以身份高低贵贱取人，《墨子·尚贤上》曰："故古者圣王之为政，列德而尚贤，虽在农与工肆之人，有能则举之，高予之爵，重予之禄，任之以事，断予之令。”墨家把举贤用贤的范围扩大到整个庶民阶层，要求彻底打破世卿世禄制度的束缚，把才能作为选人用人的标准，《墨子·尚贤上》曰“故官无常贵，而民无终贱，有能则举之，无能则下之”。这与法家思想较为接近。与墨家“兼爱”不同，儒家强调以血缘为基础的等差之爱，但在选人用人的原则上，儒家与墨家是完全一致的。《礼记·儒行》中所说的“儒有内称不避亲，外举不避怨”，与墨子提出的“举义不避疏”的基本精神是完全一致的。在选人用人原则上，法家与儒家、墨家是一致的，而且法家更加坚决彻底，韩非在《韩非子·外储说左下》中提出“外举不避仇，内举不避子”的主张。任人唯贤原则不仅得到思想家和政治家的认可，还得到广大民众的认可，《荀子·成相》记录了当时社会流行的谚语：“舜授禹，以天下，尚得推贤不失序。外不避仇，内不阿亲贤者予。”

2. 尚贤使能

在中国两千余年政治制度演进过程中，尚贤思想没有停留在思想文化层面，积累了丰富的尚贤实践经验，统治者能否“任人唯贤”是判断政治清明与否的重要标准。春秋时期，尽管以传统世卿世禄制度为核心的人才选任制度仍占主流地位，但是各国在选人用人方面，都接受了以才能为标准的“有能则举”思想。齐国大夫鲍叔牙认为管仲是个奇才，向齐桓公举荐管仲为相而自己甘居其下，充分体现了“能者为上”的思想。管仲是春秋早期政治家，辅佐齐桓公成为春秋首霸，其思想在春秋时期有一定代表性。《管子》一书尽管非管仲本人所作，但书中的基本立场和核心观念出自管仲，充盈着“尚贤使能”思想。《史记·高祖本纪》记载，刘邦在总结自己取得政权的经验时，将人才列为第一要素：

> 夫运筹策帷帐之中，决胜于千里之外，吾不如子房。

镇国家，抚百姓，给馈饷，不绝粮道，吾不如萧何。连百万之军，战必胜，攻必取，吾不如韩信。此三者，皆人杰也，吾能用之，此吾所以取天下也。项羽有一范增而不能用，此其所以为我擒也。

人才的作用不限于“马上得天下”的政治军事斗争中，在经世治国中，人才也是最宝贵的资源。历代统治者都重视对人才的培养，把人才的培养提到事关国家盛衰的战略高度，“马不伏历，不可以趋道；士不素养，不可以重国”①。纵观中国历史，封建社会历代盛世的形成都离不开“圣君”和“贤臣”两个基本要素，政治清明是盛世的基本标志。文景之治、贞观之治、康乾盛世等封建盛世，在相当程度上甚至可以说是任人唯贤的结果。在中国封建官僚体制演进过程中，任人唯亲的现象从未消失，但在国家政治制度设计中，“任人唯贤”“唯才是用”的思想从未被否定过，在君主和官僚队伍中得到普遍认可。不论选任制度如何演变，制度设计原则及初衷都是以选拔人才为中心的。唐太宗的“任人唯贤”思想颇具代表性。《贞观政要·崇儒学》记载，唐太宗多次发出感叹，“为政之要，惟在得人，用非其才，必难致治”。唐太宗的用人思想不是虚伪的口头说辞，而是对用人实践的经验总结。在具体选人用人实践中，唐太宗也被后世视为典范，他能抛弃个人好恶恩怨，在创造“圣君贤相”模式的同时，坚持唯才是举，笼络了大批人才，建立起了一个德才兼备的庞大人才集团，对开创“贞观之治”发挥了重要作用。

德才兼备是选人用人的理想状态，然而德、才原本就是两个不同领域的范畴，现实中二者错位也是常见现象。在中国古代文化传统中，当德、才两项标准不一致时，存在以德为先和以才为上两种

---

① 班固：《汉书》，中华书局，1962，第3190页。

不同倾向。在楚汉战争中，刘邦用人以才为上。刘邦引兵过陈留，儒生郦食其欲拜见刘邦，使者向刘邦通报说有个儒生来求见。刘邦说："我正在干争夺天下的大事，没有时间见儒生。"郦食其十分生气，让使者再去通报，就说他是高阳的酒徒，不是儒生，这才得以与刘邦相见。儒生叔孙通投靠刘邦的时候，跟随他前来的弟子有一百多人，但是叔孙通一个也没有向刘邦推荐，而是专门给刘邦推荐了那些曾经做过土匪强盗的人。叔孙通的弟子埋怨叔孙通，讥讽叔孙通不能举贤，叔孙通给他们讲了其中的道理："汉王现在正冒着枪林箭雨打天下，你们能去打仗吗？所以我现在只有先给他推荐那些能够冲锋陷阵、斩将拔旗的勇士。"刘邦在"马上得天下"的过程中，除重用能够运筹帷幄的少数谋臣外，主要重用能够在战场上"战必胜，攻必取"的军事人才。东汉末年，曹操认为选任人才的时机不同，原则也应不同，战乱时期用人应以才能为主。曹操公开打出"以才为上"的旗号，在建安十五年（210年）、建安十九年（214年）和建安二十二年（217年），连续三次发布"唯才是举"求贤令，特别申明选拔人才不受德行名声限制，不拘一格选拔各类才能之士。在汉末群雄角逐的年代，曹操的"求贤令"发挥了积极作用，吸纳了一批才学之士。

刘邦和曹操的选人用人标准虽然在战乱时期发挥了积极作用，但这种标准是在特殊时期针对特殊问题设定的，具有临时性和权宜性的特点。在常态化"治平"时期，品德占据首要地位，以才为上和唯才是举的原则并不被认可。同一时期的诸葛亮在用人原则上与曹操有很大不同，诸葛亮在坚持德才兼备的标准之下偏重于德。北宋时期的司马光坚持以德为本，认为"德"是"才"之帅。司马光分析总结了曹操的用人观念，他认为，用人应选取"德才全尽"的人，但"德才全尽"的"圣人"在现实中是非常难得的，在选人时宁肯选用能力并不出众、"德胜才"的"君子"，也决不能重用"才胜德"的"小人"。他认为，这些"才胜德"的"小人"往往是乱国败家之源。在《资治通鉴·周纪》中，司马光对“才胜德”导致的政治乱局感慨不已：“自古昔以来，国之乱臣，家之败子，才有余而德不足，以至于颠覆者多矣，岂特智伯哉！”

统治者看到了人才在政权兴衰中的作用，甚至将之视为决定性因素。荀子认为，君主对贤者的态度决定政治的高度，《荀子·君子》曰：“故尊圣者王，贵贤者霸，敬贤者存，慢贤者亡，古今一也。”统治者对人才的尊重固然有利用人才的功利性一面，但又不仅限于功利层面，还是一种文化仪式。在精神上尊重人才是中国传统礼义的重要组成部分，也是一种文化传统，这就要求统治者对人才要给予必要尊重，应以宽厚之心对待贤人。孔子就曾批评统治者“居上不宽”的行为，认为君主居于统治地位应该以宽厚之心对待贤人。孟子则更加重视士人的人格尊严与人格独立，主张“君臣有义”，以互动视角来看待君主与人才之间的关系，甚至将君和臣置于对等的地位，认为士人有根据君主态度选择自己对君主态度的权利。荀子也要求君主对人才以礼相待，《荀子·致士》曰，“礼义备而君子归之”。

3. 学优而仕

重视道德伦理是中国传统社会最重要的特征之一，但中国传统选任制度并没有因此忽视对官吏才能的要求，而是秉持“学而优则仕”的原则，坚持将最优秀的人才纳入官僚队伍。从这一点上说，中国古代官僚群体是政治精英与文化精英的复合体。“学而优则仕”原则历来存在很大争议，曾备受责难，有人将之等同于“读书做官论”，甚至将之视为摧残知识分子的工具。

“学而优则仕”出自《论语·子张》，是子夏首次提出来的，也代表了儒家学派的思想。仅讨论“学而优则仕”一句话是断章取义，子夏的原话是“仕而优则学，学而优则仕”。这话有两层意思：前一句说的是做官后，意思是要想官做得好，就要不断学习，以便更好地做官；后一句说的是做官前，意思是学习成绩优异者才可以做官。“仕而优则学”强调做官后的持续学习，不断提高自身素质和水平，被认为是古今之通义，很少有争议，争议主要集中在“学而优则仕”上。“学而优”尽管与“禄在其中”密切相关，但儒家“学而优则仕”并不是功利主义的。儒家不排斥仕宦，但并不是将仕宦视为单纯的谋生工具，而是将之视为基于仁政思想、尚贤主张和人生抱负的理性选择。在儒家看来，办好国家的事情、实现儒家政治理想是第一位的。因此，儒家对仕宦是十分慎重的。《论语·先进》记载的子路与子羔的故事证明了这一点。子路推荐子羔做官，但子羔的学识不够，孔子认为子路是在误人子弟。子路解释说：“那里有百姓，有土神、谷神，为什么一定要读书呢？”孔子认为子路纯属狡辩。孔子所处的时代是世官制走向解体的“礼崩乐坏”时期，“学而优则仕”原则是对世官制的根本否定，也是取代世官制的官吏选举制度设计，其积极意义是毋庸置疑的。

封建官僚制度建立后，“学而优则仕”成为历代王朝始终秉持的官吏选任原则，“学而优”成为评判官吏才能的基本标准，意义重大。一方面，“学而优则仕”原则打破了官吏选拔的身份限制，最大限度地面向全社会选拔人才。尽管真正通过“学而优”进入官僚队伍的人数少之又少，但毕竟仍保留了一条相对开放、平等的社会阶层流动的狭窄通道，为平民百姓“朝为田舍郎，暮登天子堂”的理想留下一丝希望，对打破社会结构的僵化仍发挥了一定作用。另一方面，“学而优则仕”的原则能确保将最优秀的人才选拔到统治集团中，对提高官僚队伍素质和行政管理效能发挥了重要作用。这与现代文官制度的人才选拔原则是一致的。“学而优则仕”并不仅适用于官僚组织体系内部，也是乡村社会治理体系建设的基本原则。中国古代基层社会的领导者是由掌握文化知识的士人或一般乡村知识分子担任的，他们后来发展为乡绅阶层。乡绅阶层在基层社会治理中扮演着重要角色，可谓国家与基层社会关系的有效“调节器”。在一定意义上，可以说中国传统社会实行的是“精英治国”模式，但与中世纪西欧各国存在显著差异。中国传统社会组织体系体现着“文化本位”主义，文化是可以靠后天努力获得的，也是社会流动的最好润滑剂，使社会结构具有较大弹性。西欧政治制度建立在贵族制、分封制与领主制三大制度基础上，社会组织单元和治理主体是各级贵族，社会结构与政治结构是完全僵化的。

“学而优则仕”的官吏选任原则与中国文化传统的内在秉性密切相关。汉代以后，构建起一套以儒家学说为主体的官方意识形态，并形成中国传统社会的主流文化观念，文化在中国古代社会的演进中扮演着极为重要的角色。“学而优则仕”的选任原则将官方意识形态作为“学”的标准，使文化与政治高度整合，甚至融为一体。同时，通过官吏选任制度，官方意识形态向社会领域弥散，由政治精英阶层走向民间社会，由形而上的意识形态走向日常生活，由集体观念走向个人理念。中国政治生命长盛不衰、中华文明从未中断，有很多方面的原因，其中“学而优则仕”的影响恐怕也是不应低估的。

此外，“学而优则仕”原则也是对官僚队伍“德”与“才”两大标准的有机整合。历代封建统治者所说的“学”并非泛指一般性知识，核心是以儒家思想为主干的意识形态与道德伦理之“学”，重点强调的是“格物、致知、诚意、正心、修身”的内圣之学，追求的是个体道德品行养成和儒家君子人格，希望通过知识分子的治理达到治国平天下的目的。在这一点上，儒家思想与古希腊苏格拉底的道德哲学是不谋而合的。“美德即知识”是苏格拉底的一个基本命题。苏格拉底认为道德和知识是统一的，他把人类的道德行为全部归纳为理性的知识，主张在价值层面建立可靠的“善”的知识。苏格拉底的思想与儒家的性善论哲学是一致的，认为人性具有追求善的本能，人的美德就是人之为人的本性。儒家与苏格拉底一样，都将人类理性知识的本质定性为“美德”，确立了人的理智本性和道德本性的同一性。当然，中国儒家之“学”与苏格拉底之“学”还是有很大区别的，儒家之“学”是建立在血缘基础之上的社会伦理之学，认为人的主观情感与客观社会伦理是一致的，社会伦理及社会关系是建立在人的主观情感之上的。苏格拉底之“学”的伦理不基于人的内在情感体验，强调的是外在社会伦理，即柏拉图所谓的“哲学”。儒家之“学”的目的与苏格拉底和柏拉图之“学”也有所不同，儒家“学而优”并非单纯以做官为目的，也是对知识分子乃至普通民众的普遍要求，而苏格拉底和柏拉图之“学”，以实现理想国中的“哲学王”为目的。因此，无论是从“学”的基础，还是从“学”的目的上看，儒家思想与苏格拉底和柏拉图的思想都有很大区别。

四、传统选任制度痼疾

纵观中国古代选任制度沿革，大抵沿着因袭—改革—纠弊—改革的逻辑演进。当旧法积弊深重，则不得不别立新法；随着新法的执行，又会出现其他弊端。没有任何一种选任制度是完美的。从具体历史发展进程看，中国古代选任制度大抵经过察举制度、九品中正制度、科举制度几个阶段。汉代吸取秦的教训，汲取周代荐举和贡士制度的经验，创立了察举制度。曹魏针对汉代察举漏弊，实行九品中正制，其本质是对察举制的改良。这两种选举制度的核心都是荐举。荐举是一种个人主观性很强的行为，个人因素对荐举人才的质量和效果影响很大。荐举制度的执行主要依赖举主们识人善任的个人德行与素质，本质上是一种以人选人的制度。制度执行因人而变化，这本身就是制度程序发展不完善的表现，也决定了这些制度具有自身不能克服的弊病。科举制度主要是针对荐举制度的弊病而设计的，它坚持程序上的“至公”，最大程度地保证了官吏选拔的公平、客观，但科举选人的准确程度是有限的，科举制选拔人才效果不好的问题始终没有得到解决，其弊端也是很明显的。在官吏管理方面，中国古代建立了涵盖考核、监察、奖惩等各种制度的管理体系，积累了丰富的政治经验。官吏管理也与官吏选任一样，没有一种方法是完美的，在政治实践中，钻营请托、结党营私、弄虚作假等官场之弊层出不穷，吏治腐败问题从未得到根本解决。

1. 重德轻才的选拔机制偏弊

“德才兼备，以德为先”是一种理性而成熟的选任原则，这与儒家“内圣外王”的理论学说是完全一致的。儒家认为，“外王”实现的前提和基础是“内圣”，没有“内圣”的“外王”是不存在的。体现在人才选拔标准上，“内圣”与“外王”之辩成为德才之辩。在德才关系上，中国古代有以德为先、以德帅才的传统。历代统治者，为了显示和维持政权合法性，尤其重视以明人伦为核心的伦理纲常和道德教育，并使之与选官制度相结合。宋代以后理学兴起，将“内圣”之学发挥到极致，片面夸大德行的作用，在很大程度上导致对“外王”之学的忽视，不可避免地进一步助推了“重德轻才”的偏弊。宋代儒家已经突破先秦儒家的君子人格学说，在德才之辩中打破二者的平行结构，德才关系不再是先后关系，而是本末、上下关系，“德胜才”者可以称为“君子”，而“才胜德”者则称为“小人”。明朝以后，德才之辩不仅没有停止，反而在宋儒的基础上不断强化。

随着理学的发展，明代在官员选举中进一步强化了伦理纲常因素。明朝士大夫关于德才关系的辩论不仅影响了人们的思想，也影响了政治与士风。明代最典型的士大夫重德轻才案例当属明末大儒刘宗周与崇祯皇帝关于“功利”的争论。刘宗周极力反对“功利”主义，“学者最患是计功谋利之心，功利二字最害道”。他认为功利的弊病在于“事必欲求可，功必欲求成”，他主张，“事无求可，功无求成，惟义所在而已矣”。[①]在督抚选任问题上刘宗周与崇祯帝的看法存在严重分歧，围绕官员操守与才能关系问题进行

① 张履祥：《杨园先生全集》，陈祖武点校，中华书局，2002，第872、879页。

过争论，崇祯帝认为督抚选任必须坚持“才守兼全”，而刘宗周却认为应以“操守为主”。对刘宗周的观点，崇祯皇帝进行了批驳：“大将另是一段才干，非区区一操守便可胜任。”[①]无独有偶，明末另一位大儒也就德才问题与崇祯帝发生过激烈争论。明崇祯十一年（1638年），崇祯皇帝在召见大臣时，感慨朝廷腹心耳目之臣遇事不肯担当，而清操之士则如鸡肋，用之恐误事，弃之又可惜。时任詹事府少詹事的黄道周不以为然，就官德问题与崇祯帝展开激烈辩论，以至于崇祯帝恼羞成怒，公然否定德治传统：“三德九德，不过是臣不（下）强分节目，归美其君之词。若必九德而后为天子，自古至今无亡国之君矣！且孔子具有全德，当初如何不做皇帝？”[②]在理学支配下，明朝士大夫偏重“尊德性”的“内圣”精神，并将之推向极致，使其成为普遍共识和主流价值观念，同时对才能的轻忽日益严重。明代学者王云凤对此进行了调和，主张“体用”之学，但在论及“大节”（德）与“功业”（才）的矛盾问题时，仍坚持以德为本的观念。他认为，诸如富贵不能淫、威武不能屈，这是士君子立身之本的“大节”。若“大节”不立，就会“万事皆颓”，纵使“有功业为世倚赖，不过权谋术数，塞漏补罅于一时者耳”[③]。很明显，王云凤认为，无德之才仅能发挥一时作用，对“外王”没有实质性影响。清初学者邵廷采在论及明代士大夫时，认为：“明世士大夫矜负廉节，所绌者才。”[④]邵廷采的观点还是比较公允的，基本符合客观事实。

中国古代吏治建设思想深刻而丰富，廉政建设制度体系也相当

① 李清：《三垣笔记》，顾思点校，中华书局，1982，第205页。

② 杨嗣昌：《杨嗣昌集》，梁颂成辑校，岳麓书社，2005，第1047页。

③ 王云凤：《杜少陵集序》，载黄宗羲编《明文海》，中华书局，1987，第2543。

④ 邵廷采：《思复堂文集》，祝鸿杰校点，浙江古籍出版社，1987，第132页。

完备，反腐利剑时时高悬，但从整个历史看，历代封建王朝始终没有走出腐败—亡国—再腐败—再亡国的历史怪圈，吏治清明时期短且少，吏治败坏时期绵长且多，贪腐之官吏多而清官廉吏少，因吏治腐败而人亡政息的历史悲剧不断重演。中国传统政治文化重视官德，要求为政者以上率下，强调官吏修身自律，是一种自律本位的政治文化。道德伦理教育是官吏培养的重要内容，同时也是选任基本标准，无论是察举制度还是科举制度选拔出来的官吏，绝大部分官吏都是饱读诗书、满口仁义道德的圣贤之士。对那些入仕士人而言，从孩童时代即接受儒家的仁义礼智道德规范和仁政思想教育，把“天下为公”“光明正大”“清正廉洁”作为座右铭。然而，翻开历史，贪官污吏不计其数，能够严守为官规范的清官廉吏则是少数。

中国古代官德聚焦于个体自身，官德是以个人“私德”为逻辑起点的，片面强调和过度依赖官吏个人修身。从现代政治学看，政治本来就是社会公共领域的事务，官德的本质和主体是“公德”而非“私德”。在公德与私德的关系上，中国古代政治传统不乏公德方面的规范，但在现实中二者存在明显的偏差，过度偏向与依赖官员的私德，对公德的激励与约束机制不完善，且难以有效执行。中国古代这种以私德为主体、以自律为本位的政治文化一直存在于国民的政治价值评判之中，无论是作为最高统治者的封建君主，还是广大普通民众，都将政治改善和吏治清明寄托于官吏个人，期盼清官出现而不是期盼变革制度。

在私德领域，个体差异巨大，官德亦是如此。官德修养也因人而异，不可避免地出现官吏知行背离、行不由衷的问题，历史上满口仁义道德而行为污浊不堪的“两面人”比比皆是。中国古代历史上著名的贪官和珅，从小就接受很好的儒家教育，但后来贪得无厌，卖官、受贿、结党营私，成为中国古代历史上最大的贪官。贪官污吏大量滋生，甚至连拥有至高无上权力的帝王都感到无奈，经常不得不向贪腐现象妥协。《汉书·宣帝纪》记载，早在汉朝时期，汉宣帝曾说："今小吏皆勤事，而俸禄薄，欲其毋侵渔百姓，难矣。其益吏百石已下俸十五。"汉宣帝的话对贪官污吏充满了理解和同情，也是对官吏贪腐现象的无奈之说。汉宣帝解决官吏贪腐的方法是直接加俸，但加俸显然不是解决官吏贪腐问题的根本办法，历史事实反复证明，官吏不可能无限制加俸，加俸也不能解决贪腐问题。清朝雍正时期正式推出"养廉银"制度，其本质是皇帝与官员的一种妥协与利益交换，但最终也没有解决清朝官吏贪腐问题。雍正以后，清政府吏治迅速败坏，道光时期有"三年清知府，十万雪花银"的说法。

中国传统选任制度在尊崇尚贤思想的同时，将尚贤思想过分聚焦于做官一途，将"仕"作为"学而优"的独木桥，形成读书做官论的狭隘一元价值观，客观上将思想封闭在狭义的政治与伦理领域，将读书求知与读书做官几乎等同起来，由此造成畸形发展的读书与做官模式。中国历史上，把读书和做官相联结的思想出现很早，《尚书·周书·周官》中就有"学古入官，议事以制，政乃不迷"的思想。世官制以后的各种占主导地位的选官制度，基本都是按照这种理念设计的。毫无疑问，最后占主导地位的科举制度对这一思想的贯彻是最全面最彻底的。"学而优则仕"的逻辑超越政治系统内部，弥散于社会各阶层，泛化为社会生活模式，人们甚至认为这是社会阶层流动最重要乃至唯一的正途，北宋时就流行的"万般皆下品，惟有读书高"的谚语是对这一传统最生动的诠释。官位超越了政治阈限，成为社会生活的中心，有官便有一切，失官便失去一切的观念根深蒂固。随着科举制的发展，"学而优则仕"的逻辑与实践路径更加固化，与之同时而来的官本位思想也更加严重，这是中国古代政治史上沉重的历史教训。

2. 学优而仕的人才价值偏弊

先秦儒家提倡"学而优则仕"的最终目的是实现儒家"外王"的理想，"学而优"是达成"外王"目的的"内圣"手段，因此儒家的“学而优则仕”是社会性的而非个人功利性的。在社会现实中，“学而优则仕”常被庸俗化理解，以致被当成追求功利的个人之学，“学得文武艺，货与帝王家”成为知识分子的人生目标，无论是察举制度，还是科举制度，都遵循同样的逻辑。特别是科举制度的实施，为庶族平民步入仕途提供了更多机会，“学而优则仕”几乎成了号召读书人参加科举考试以实现个人抱负的不二法门。官吏选任制度对传统社会的影响远远超出了政治范畴，客观上对社会产生了消极影响。“学而优则仕”的官吏选任原则使教育观变得非常狭窄，将知识分子的关注点集中在读书做官上，使教育主要作为士人进入官场的阶梯和谋生手段而存在，这就决定了中国传统士人难以成为一个独立社会阶层或社会群体，而只能作为政治的附庸而存在。

在人才选拔形式上，科举制度堪称最为严格的选举制度，在程序上实现了公平公正，对改进官吏选任机制发挥了重要作用，但其弊端也十分明显。科举制度设定的公平公正的考试程式和以经义、文辞为主的考试内容，与以德才作为选任标准的人才选拔目的之间存在明显裂隙，科举选拔的人才素质与为官行政所需能力之间存在明显差距，大大降低了科举考试的效度。科举制度所承载的社会各群体的期望远远超出考试本身所能承载的使命，制度不得不沿着形式公平的道路演进，陷入与“选贤与能”的初衷愈来愈远的恶性循环。科举是一种选官制度，也兼有教育教化功能，教育培养人才的主要目标就是入仕为官。科举制度的先天不足不仅影响人才选拔，还对文化教育造成不良影响。科举制度将士人拘囿于以科举考试作为核心目标的教育体系，不仅不能有效培养人才，甚至还成为摧残人才的机器。在科举制度影响下，教育培养出来的人大多只会舞文弄墨，或有才而无识，或有才而无用，有才有识者如凤毛麟角。

关于科举制度的诸种缺陷与弊病一开始就是明显存在的。唐人贾至在《条议科举状》中敏锐地指出了当时科举制的弊端：

今试学者，以帖字为精通，而不纠旨意；校文者以声病为是非，而但择浮艳。上采其教，下承其流，依风波荡，不知底止。忠信陵替，耻尚失所，末学驰骋，儒道不举，凡此四者，皆由取士之失。①

科举制度选拔人才的依据是考卷成绩，最多不过是宽泛的文化水平，而善于治国理政的官员是实践性很强的专业人才，高超的文学水平并不必然能转化为治国理政的实际能力。这是科举制度固有的内在矛盾，也是书面考试制度的先天性不足。在科举制度实施与演进过程中，经历代王朝不断改进，制度愈来愈严密，但这些改革主要是针对考试程序的公平公正而进行的，科举选人手段与目的之间错位的深层次问题从未有实质性改变。北宋对科举制度进行了诸多改革，除强化考试公平性外，贾至指出的选任之弊依然存在，司马光对当时的科举之弊也进行过批判：

右，臣窃以取士之道，当以德行为先，其次经术，其次政事，其次艺能。近世以来，专尚文辞。夫文辞者，乃艺能之一端耳，未足以尽天下之士也。国家虽设贤良方正等科，其实皆取文辞而已。②

司马光与贾至对科举制度的批评指向的是同一个问题，都是针对科举选官重“文辞”不重道德的问题。科举重文辞之偏弊仅是表象性问题，更重要的是缺乏对实际才能的考核。宋代以后，科举制度愈来愈僵化，唐朝科举设立的书算等技术性科目也被取消了，考试内容的范围更加狭窄，以至于最后仅限于“四书五经”。

---

① 陈登原：《国史旧闻》（第二分册），中华书局，2000，第125页。

② 李之亮笺注：《司马温公集编年笺注》（三），巴蜀书社，2009，第87页。

唐宋时期科举片面重文辞的弊病十分明显，明太祖朱元璋清醒地认识到这一问题。明朝初年朱元璋曾开科取士，发现科举选官只重文辞，所选之人真正有实际能力的很少，根本无法选拔到真正的人才。洪武六年（1373年）朱元璋下诏，暂停科举制度，以荐举制度取而代之；洪武十五年（1382年）虽然恢复了科举制度，但荐举之法并行不废，这种情况一直延续到建文、永乐时期。明朝中期以后，科举考试更加严格，将人的思想囚于封建纲常伦理范围内，知行不一、学用脱节的问题被推向极致，科举考试的效度被降低到无以复加的程度。通过科举选拔的官员，经世治国能力愈来愈弱，以至于不得不依赖被排斥于科场之外或在科举考试中失败的胥吏处理行政事务。有学者说，中国古代没有“数目字”的管理，这种观点是非常偏颇的。众所周知，中国古代从来不缺乏“数目字”管理，只是这些具体技术性行政事务不是靠官员完成的。尤其是明清两代，科举制度选拔的官员行政技术能力严重退化，甚至没有进行“数目字”管理的能力，这一职责不得不依赖胥吏完成，因而很少在史书中留下记载。

明朝以后，对科举取士之弊的批评也越来越多。顾炎武认为，科举考试选任的人才，“十人之中，其八九皆为白徒”[①]。黄宗羲也持同样的看法，在《明夷待访录·取士》中，黄宗羲对科举制度失望至极，发出“取士之弊，至今日制科而极矣”[②]的感慨。在清代，科举选士之弊不仅为政治精英所洞悉，还成为社会较为普遍的共识。清人徐大椿在《道情·时文叹》中就记载了时人广为流传的对科举选人之弊的批判与形象描述：

> 读书人，最不济；烂时文，烂如泥。国家本为求才计，谁知道变作了欺人计。三句承题，两句破题，摆尾摇

① 顾炎武：《日知录集释》，黄汝成集释，秦克诚点校，岳麓书社，1994，第586页。

② 黄宗羲：《明夷待访录》，李伟译注，岳麓书社，2016，第67页。

> 头，便是圣门高第。可知道三通四史是何等文章，汉祖唐宗是那朝皇帝？案头放高头讲章，店里买新科利器。读得来肩高背低，口角嘘唏。甘蔗渣儿嚼了又嚼有何滋味？辜负光阴，白白昏迷一世。就教他骗得高官，也是百姓朝廷的晦气。①

清朝末年，梁启超在《公车上书请变通科举折》中，不仅批判了科举选人之弊，还将科举制作为扼杀全天下“秀民”的弊政：

> 二十行省童生数百，乃皆民之秀也，而试之以割裂、搭截、枯困、纤小、不通之题；学额极隘，百十不得一，则有穷老尽气终身从事于割裂、搭截、枯困、纤小、侮圣之文，而不暇他及者，是使数百万之秀民，皆为弃才也。②

学与仕的关系不仅体现在显性层面，还体现在更深层的文化层面，影响了当时的文化价值观念。在“学而优则仕”理念与原则支配下，中国人对知识的追求不再以认识客观世界和追求真理为目标，而是随着科举指挥棒转，拘泥于主观德行之学的狭窄范围内，至多不过经世致用之实学。宋代以后，知识分子的文化视野逐渐萎缩，创造力不断下降，明清时期尤甚，他们始终未能摆脱经义的局限，面对新生事物和外部世界的新变化常束手无策。

中国传统文化将知识划分为“道”“器”两大范畴，并以本末之法进行高低区分。早在汉代，《礼记·大学》就提出了针对外在客观世界的格物致知之学，并将其置于作为人的主观思想的“诚意、正心”之前。但这一传统并没有受到重视，而且儒家所重视的外在世界也不是客观事物，而是基于社会生活的主观德性世界；在

---

① 徐寒主编：《元曲鉴赏》，中国书店，2010，第695页。

② 梁启超：《梁启超全集》（第一册），北京出版社，1999，第162页。

儒家思想中，“道”是文化主流和社会根本，客观世界的知识则被划入“器”的范畴。在中国古代知识体系中，除与农业生产、财政税收等关系密切的天文历算等实用知识尚有一定发展空间，包括维系人类基本生命安全的医学在内的其余知识都被视为“末”流。人们认为这些“末”流知识不仅对社会无大裨益，甚至是破坏“道”的奇巧淫技。选官制度秉持的文化价值观念建立在“道”的基础上，客观上强化了“贵德贱艺”和“重道轻器”的文化价值取向，阻扼了古代科学技术的进步和发展，具有很大的时代局限性。在向现代社会转型过程中，中国文化缺乏从古代发明向现代科学转化的内在文化基因。

中国古代重“道”轻“器”、重视社会知识轻视自然科学知识的文化价值观念在人才观念中表现得也很明显。中国古代有重视知识、重视人才的优良传统，但这种重视带有很大偏向性，重政治人才轻科技人才的现象十分显著。翻开被称为“正史”的二十四史，帝王将相始终是历史的核心，梁启超先生在《中国史界革命案》一文中感慨，“二十四史非史也，二十四姓之家谱而已”。以帝王将相为中心的传统史学书写方式仅仅是一种文化表现，本质上反映的是传统社会本身的问题。中国古代科技人才往往命运多舛，要么因政治上的失败被排斥在主流社会之外，要么被主流士大夫阶层轻忽，许多科技人才往往贫困潦倒一生，即使有所发明创造，也得不到认可和重视。被誉为“天下之名巧”的发明家马钧终生未得朝廷重用，彪炳史册的医药学家李时珍、科学家宋应星都是科举考试的失败者（李时珍仅考中秀才，宋应星曾考取举人）。毕昇虽然发明了被称为中国古代四大发明之一的活字印刷术，但是若无沈括《梦溪笔谈》留下的记载，毕昇或许根本没有“进入历史”的资格与机会。明末清初杰出的科学家、机械制造家薄珏，晚年竟因穷困潦倒无钱看病而死。

3. 君主专制的政治体制痼疾

中国传统政权的合法性主要来自两个方面，一是来自上天的授予，二是来自民众的选择。这种政权合法性双源理论在先秦时期就已形成，西周“敬天保民”的思想即来源于此，在君主专制制度下，对君权进行约束的理论依据也无外乎此。先秦诸子普遍关注君主与统治者的自我约束，儒家学说在此方面尤为完备。儒家建构了一套“圣王”理论，要求统治者不断修身，自身首先完成“内圣”，在此基础上按照以上率下原则建立政治组织体系。西汉时期，董仲舒将政权合法性的双源结构进行了理论整合，完成了将神权与君权合一的哲学建构。董仲舒在君权之上设置了一个虚无缥缈的“天”，君主的行为必须符合“天”的意志；在世俗领域，董仲舒强调以德治国。董仲舒的“以天治君”理论与“以德治君”思想，为政权合法性披上了一层神秘外衣的同时，将儒家德治理论、民本思想与神学理论整合在一起。在君主专制政体下，无论是世俗的道德约束，还是神圣的精神要求，都是建立在君主自律基础上的，对君权是一种软约束，缺乏刚性约束力，效果十分有限。

中国古代有许多约束权力和监督权力运行的制度和律令，完备程度堪称古代世界之最，在某种意义上建立了以法治国、依法行政的体制。中国古代的以法治国不是绝对的。在君主专制体制下，以君权为核心的人治体系与以律令为准则的法治体系是平行运行的两套治理体系，二者存在一致的一面，但并不是完全融合在一起的。君主诏令本身就是律令，当诏令与律令产生冲突时，君主意志可以超越律令。汉文帝时期，一男子无意间惊扰了汉文帝的舆马，被交与廷尉张释之处理。张释之依法判决此人缴纳罚金，汉文帝认为处罚得太轻，责怪张释之。张释之解释说：“法是天下人公认的标准，我是依法定罪的。如果陛下要重判他，法律就成了摆设。国法变成陛下的私法，就不能取信于天下。陛下受惊时可将该男子以各种罪名直接处死，但作为执法部门的廷尉府，只能依法而判。”这则事例生动说明，在君主专制制度下，制度和律令对权力的约束力有限，尤其不能约束君主，其效力在君权之下，君主可以根据自己的意愿调整法律。《汉书·杜周传》记载，杜周在评论法律时说，“三尺安出哉？前主所是著为律，后主所是疏为令”，道出了封建法治的本质。

君主权力缺乏外在约束，并不是说君主就是制度的破坏者，更不意味着将所有破坏性因素都归因于君主。在现实政治实践中，君主专制是一把双刃剑，君主往往同时扮演着制度建设者与破坏者的双重角色：一方面，君主是家天下的主人，从维护家天下私产的角度，君主是制度建设的推动者、决策者与维护者。另一方面，君主又是公天下的代表，也会从中谋取私利，在现实中也常扮演制度与规则的破坏者角色。在封建君主专制制度下，君主制造成的制度性和结构性问题难以克服。任何制度和律令归根结底都是人治行为，政令执行最终都以君主意志为转移，往往因人因时而异，始终无法建立起可持续的稳定制度。

在官吏选任方面，历代君主一方面建立健全了选任体制机制，另一方面，在选人用人实践中又不断破坏选任制度，以任人唯亲代替任人唯贤。汉武帝就是这方面的典型代表。一方面，汉武帝完善了察举制度，选用了大批人才，被历史视为“汉之得人，于斯为盛”；另一方，汉武帝通过内外朝机构改革，将按照“任人唯贤”原则选拔的以宰相为首的外朝百官摒弃在权力核心之外，把最高权力转入以大司马、大将军等为首的内朝，而内朝首领往往由外戚担任，国家权力核心机构官员主要是按照“任人唯亲”原则选任的。在军事人才的选用方面亦是如此。汉武帝重用的大批将领都是以外戚身份上位的，尽管其中不乏霍去病之类的良将，但也有才不配位的李广利之类的庸才。在选人用人上，作为一代雄主的汉武帝尚且如此，何况那些庸碌的君主。在君主专制体制下，任人唯亲的历史不断重演，体现在权力核心层上尤其明显，权臣、佞臣层出不穷，并呈现出某种规律性。以皇权为中心，最高权力经常控制在外戚和宦官手中，外戚专政和宦官专权的情况反复出现，时而交错上演，时而同时上演。这种现象说明，在君主专制政治体制下，政治权力的核心都是围绕君主权力运行的，权力分配上的任人唯亲是封建君主专制难以避免的泥淖。

君主专制导致的选任局限不仅体现在官吏选拔环节上，还体现在官吏治理过程中。历代君主都重视吏治，秦汉以来建立了官吏考核制度，但考核权力全部归中央政府，理论上和形式上保证了君主对全国官员的掌控，但因为国家大、官员多，在现实中根本无法实现，考核结果的信度和效度严重降低，甚至流于具文。针对官吏贪腐，封建君主常以高压态势和严刑峻法治吏反腐，但官吏贪腐之弊从未从根本上得到解决。号为反贪最严厉的明太祖朱元璋也不得不承认，用重法治天下只是一时的权宜之计，非守成之君所用常法，要求其后继者“止守律与大诰”，并不许用黥、刺、剕、劓、阉割之刑，臣下敢有奏用此刑者，文武群臣即时劾奏，处以重刑。一些所谓宽仁之君主，则会法外施恩，对贪腐官吏从轻处罚乃至于免于处罚，无形中纵容了贪腐官吏。明宣宗宣德年间，都御史刘观受赃数千金，按大明律规定，应处以斩首之刑。明宣宗却说，刑不上大夫，刘观虽不善，也终不忍加刑。最后，刘观被从轻发落，仅被处以流放。尽管封建社会有一套完整的官吏治理制度，也从不缺乏相关律令，但在君主专制体制下，君主可以任性而为，左右法律，想加大反腐力度时就“法外加刑”高压反腐，想“宽厚仁慈”时就姑息纵容。

君主专制体制不仅影响君权本身，而且决定整个政治组织体系的运行。各级官吏由君主任命，其权力最终来自君主授予。统治者尽管高唱“设官为民”的宗旨和原则，但在现实社会中，一切管制与约束都来自权力上层，最终来源于君主，各级官吏只会唯皇帝马首是瞻，权臣、佞臣的出现是皇权专制的必然结果。在行政组织运行过程中，官吏只对上负责，不对下负责，只有来自上级的软性约束，制度的刚性约束效能发挥不够。“为民服务”的理念主要依靠官吏的道德自觉来实现，对官吏的监督约束主要来自以君权为核心的政治组织体系的内部。这是一种典型的内循环式政治体制，来自社会和民众的外部权力约束和监督机制缺失，权力在政治组织内封闭运行。从历史发展现实看，任何封建王朝都没能够也不可能走出行政效能逐渐退化与吏治最终走向腐败的怪圈，只有社会矛盾积累到不可调和的时候，外部机制才会发挥作用，政权或被外部新兴政治势力取代，或通过内部民众抗争而被推翻，吏治最终只能通过改朝换代获得改良，随政权更迭而周期性循环。

没有科学稳定的监督制约机制，没有牢固的约束权力的“笼子”，任何制度都难以发挥真正作用。尽管古代反贪治腐有较为完善的制度措施，但对官吏的监督主要靠人治，制度发挥的作用是有限的，“有治人，无治法”是封建君主专制政治体制运行的必然结果。在制度运行中，形形色色的官场潜规则层出不穷，法律和制度异化现象严重，上有政策、下有对策成为官场常态，反对腐败、约束权力的相关法律规定和制度的执行效率被消解得无影无踪，有时君主也无可奈何。汉代察举创立之初，上层官吏掌握了荐举权力，特别是丞相田蚡甚至“权移主上”，将皇帝的权力转移到自己这里，汉武帝终于忍无可忍，质问田蚡说：“你要任命的官吏已经任命完了吗？我还想任命几个官呢。”汉代察举强调以德举人，但在社会现实层面，察举孝廉竟然成为一些投机分子获得功名利禄的工具，出现了“举秀才，不知书；举孝廉，父别居”的尴尬局面。曹魏时期针对东汉以来察举制度的弊政，改革选举办法，创设了九品中正制度，坚持以德才举人。与察举制度相比，九品中正制度改革的重点是强化对察举资格的把关，这是从根本上把好官吏入口的改革。仅从制度文本看，九品中正制度算得上善制善政，算得上完备的“治法”，但在执行中缺乏“治人”。九品中正制度仅在制度创设之初运行效果显著，很快就走向了反面，负责选举人才的中正官选人唯亲、唯尊、唯名，不但没有革除东汉的察举弊病，反而进一步加深了那些弊端，进一步助推了中国历史上的门阀政治的发展，形成“上品无寒门，下品无世族”的局面。

科举考试的最终结果由考官、礼部、吏部、宰相等操控，皇帝最终裁定。在录取过程中，其标准常以权势门第为转移。一般知识分子如果没有靠山、门路，就很难被录取。在这种情况下，重门第、通关节、科场舞弊、私门谢恩等名利贪贿之风就难以避免。为了保证考试的公平公正，历代政府围绕考试环节不断改进考试制度及规程，意图杜绝考试环节中的舞弊行为，可以说效果显著。但这种杜绝不是绝对的，直到清朝，仍有科场舞弊案发生，但已属于偶然事件。科举制仅是针对人才选拔领域设计的制度，人才选拔是官吏选任的重要环节，但不是全部。科举考试的优胜者只是获得了做官的资格，科举及第仅是士人走向仕途的起点，他们还必须通过铨选才能被授予官职。与科举考试相比，铨选过程的人为因素更多，铨选制度的公平公正程度远非科举考试可比，营私舞弊现象更是层出不穷。在官吏选任及升迁过程中，买官卖官者数不胜数，贪贿媚上投机钻营是普遍存在的现象，这方面的事例不胜枚举，历代相沿成风，与封建官僚制度发展历史相始终。

结语

中国古代选任制度发展沿革跨越从夏商周三代到清末科举制度废除四千余年的历史。在这四千多年中，官吏选任方式与制度不断发展变化。中国古代官吏选任制度具有阶段性与连续性相统一的特点，根据制度演进的具体历史进程，中国古代选任制度大致可以划分为乡举里选制度、察举制度、九品中正制度和科举制度四个历史阶段或四种选任制度，其间又有春秋战国时期从贵族政治向官僚政治转变的过渡阶段。不同选举制度有很大差别，历史发展的阶段性是很明显的。

另外，中国古代选任制度的历史始终未曾断裂，具有连续性。汉代察举制度承袭了西周选官的基本精神乃至部分制度程序，也具有乡举里选特征，也以官员荐举为基本操作程序。九品中正制度本身就是察举制度的沿袭，可将其视为对察举制度的一种改良或微调。科举制度吸收了察举制度的考试考核环节，并将之不断拓展和完善，使考试考核成绩成为选士选官的基本依据乃至唯一依据。

由于文献所限，对夏商周时期的选举制度的认知主要基于西周时期的情况。分封制是西周的基本政治制度。在周天子之下，高级官员按照世卿世禄原则实行世官制度，本质上是一种宗法血缘与政治权力分配合一的官吏选任制度。西周中低级官吏选任实行乡举里选的荐举制度，这是一种带有显著原始民主色彩的政治制度。

春秋战国时期，基于宗法血缘与政治权力合一的社会结构被打破，围绕富国强兵主题，各诸侯国都将选贤任能纳入官吏选任制度改革的内容之中。官吏选任制度既是君主专制政治体制的有机组成部分，也反过来推动了君主专制体制的建立。战国时期各诸侯国都基本完成了从按照宗法血缘选任官吏到按照选贤举能原则选任官吏的改革，形成了封建官僚政治体制。在各诸侯国中，秦国采用了法家学说，政治制度改革最彻底，形成了高度法治化的官僚运行机制。

汉代是封建政治制度发展定型的重要时期，从官吏选任原则、官吏监督考核到官僚政治模式等诸多方面，都对后世封建王朝产生了重要影响。察举和征辟是两汉时期最重要的官吏选任形式。察举制度借鉴和承袭了西周时期的官吏选举模式，以乡举里选作为人才评价基础，以官员推荐作为选拔渠道。征辟制度包括君主征聘和官员辟召两种形式：征聘是对察举制度的重要补充，提高了官员选用的灵活性；辟召指各级官吏自主选拔任用属吏的制度。乡里基层评价是人才选拔的基本依据，汉代确立的德才兼备、以德为先的官吏选任原则为历代王朝所继承。汉代选举吏员与官员相通，在促进士道与吏道融合方面发挥了重要作用，形成了士大夫政治模式。

九品中正制度是察举制度的一个变种，其最突出的特点是建立了涵盖各级中正官的相对独立的人才评判与荐举体系，在人才评价标准、荐举程序上与两汉时期的察举并无二致。然而，九品中正制很快发生变异，沦为世家大族垄断政治权力的工具，对魏晋南北朝时期的政治、社会、文化产生了深刻影响。

科举制度与察举制度存在重大差异：在察举制度下，举士与选官是合一的；而在科举制度下，举士与选官是分离的，科举制发展初期就形成了礼部主考选、吏部主铨授的官吏选拔机制。在科举制度下，在仕进资格上，士人从他荐变为自荐；在选拔程序上，客观的考试成绩取代了主观的乡里评价；在选拔标准上，经义文学水平成为评价人才的主要依据。

“前事不忘，后事之师”，我们如何看待和评价中国古代传统选任文化，不仅是一个历史课题，也是一个我们无法回避的重要现实问题，本书尽可能从多个层面揭示选举制度及其中蕴含的文化要义。传统选任文化是中国传统文化的一个重要组成部分，我们要按照历史唯物主义和辩证唯物主义的观点、方法客观辩证地对待，既不能因其局限性而否认古代官吏选任制度中蕴含的优秀文化传统，陷入历史虚无主义的泥潭，也不能过分夸大和人为抬高其文化价值，更不能生搬硬套到现代社会。对中国传统官吏选任文化的评价，学术界存在很多歧义乃至争议，在思想和学术观点上，本书尽量避免先入为主、越俎代庖，尽可能从多个维度、多个侧面、多个层次呈现中国传统官吏选任文化，为广大读者提供自主思考和评判的思路与线索。

一方面，中国传统选任文化具有高度理性精神，有适应当时社会发展的一面。中国传统官吏选任制度秉持的德才兼备、以德为先的官吏选拔标准，学而优则仕的人才选拔机制，尊重知识和人才的文化传统，公平公正的人才选拔程序等，具有超越时代的价值，对现代干部管理使用、公务员队伍建设乃至整个政治文明建设仍有借鉴和启示意义。中国古代选任制度不仅在中国历史上发挥了良好作用，一些做法甚至对世界文明产生了积极影响，尤其是科举制度产生了超越时空的生命力，不仅成为东亚儒家文化圈诸国借鉴的蓝本，甚至在欧洲近代化过程中，对西方现代文官制度的建立也产生过重要影响。

另一方面，中国传统选任制度的局限性和弊端也很明显。无论官吏选任制度如何变革，都无法摆脱时代和阶级的局限性，造成官本位思想、官僚主义等封建主义糟粕和学用脱节、忽视自然科学等文化弊习。在制度运行中，中国传统官吏选任制度自身也始终存在无法调和的内在矛盾及无法克服的弊端，尤其突出的是，围绕德行与才能两大官吏选任标准，始终难以找准二者之间的平衡点，无论是察举制度还是科举制度，都没有也不可能找到一种足够客观公正准确的人才选拔标准和程序。

参考文献

白居易，1999. 白居易全集［M］. 上海：上海古籍出版社 .

班固，1962. 汉书［M］. 北京：中华书局 .

毕沅，1957. 续资治通鉴［M］. 北京：中华书局 .

卜宪群，2002. 秦汉官僚制度［M］. 北京：社会科学文献出版社 .

曾枣庄、刘琳，1992. 全宋文［M］. 成都：巴蜀书社 .

陈伯海，2016. 唐诗学文献集粹［M］. 上海：上海古籍出版社 .

陈登原，2000. 国史旧闻：第二分册［M］. 北京：中华书局 .

陈广忠，2012. 淮南子［M］. 北京：中华书局 .

陈立，1994. 白虎通疏证［M］. 北京：中华书局 .

陈寿，1959. 三国志［M］. 北京：中华书局 .

陈桐生，2013. 国语［M］. 北京：中华书局 .

陈伟，2014. 秦简牍合集［M］. 武汉：武汉大学出版社 .

陈曦，2011. 孙子兵法［M］. 北京：中华书局 .

陈晓芬，徐儒宗，2011. 论语；大学；中庸［M］. 北京：中华书局 .

程千帆，2019. 唐代进士行卷与文学［M］. 上海：中西书局 .

崔秦睿，等，2016. 声振神州：孙中山在中山大学及前身院校的演讲［M］. 广州：中山大学出版社 .

戴表元，2014. 戴表元集［M］. 杭州：浙江古籍出版社.
戴明扬，1962. 嵇康集校注［M］. 北京：人民文学出版社.
杜佑，1988. 通典［M］. 北京：中华书局.
范晔，1965. 后汉书［M］. 北京：中华书局.
方勇，2010. 孟子［M］. 北京：中华书局.
方勇，2011. 墨子［M］. 北京：中华书局.
方勇，李波，2011. 荀子［M］. 北京：中华书局.
房玄龄，等，1974. 晋书［M］. 北京：中华书局.
冯桂芬，2002. 校邠庐抗议［M］. 上海：上海书店出版社.
傅璇琮，1986. 唐代科举与文学［M］. 西安：陕西人民出版社.
高华平，王齐洲，张三夕，2010. 韩非子［M］. 北京：中华书局.
龚笃清，2017. 中国八股文史［M］. 长沙：岳麓书社.
龚自珍，1975. 龚自珍全集［M］. 上海：上海人民出版社.
顾明远，2004. 中国教育大系：历代教育制度考［M］. 武汉：湖北教育出版社.
郭超，1998. 四库全书精华・子部：第二卷［M］. 北京：中国文史出版社.
郭丹，程小青，李彬源，2012. 左传［M］. 北京：中华书局.
韩愈，2018. 韩昌黎文集校注［M］. 上海：上海古籍出版社.
洪迈，2014. 容斋随笔［M］. 上海：上海古籍出版社.
胡平生，张萌，2017. 礼记［M］. 北京：中华书局.
黄晖，1990. 论衡校释［M］. 北京：中华书局.
黄留珠，1984. 秦客卿制度简论［J］. 史学集刊（3）.
黄铭，曾亦，2016. 春秋公羊传［M］. 北京：中华书局.
黄宗羲，1987. 明文海［M］. 北京：中华书局.
黄宗羲，2016. 明夷待访录［M］. 长沙：岳麓书社.
金克木，2017. 八股新论［M］. 北京：生活・读书・新知三联书店.
李敖，2016. 淮南子・论衡・柳宗元集［M］. 天津：天津古籍出版社.

李百药，1972. 北齐书［M］. 北京：中华书局 .

李崇智，2001.《人物志》校笺［M］. 成都：巴蜀书社 .

李清，1982. 三垣笔记［M］. 北京：中华书局 .

李山，轩新丽，2019. 管子［M］. 北京：中华书局 .

李焘，1995. 续资治通鉴长编［M］. 北京：中华书局 .

李希泌，2003. 唐大诏令集补编［M］. 上海：上海古籍出版社 .

李延寿，1974. 北史［M］. 北京：中华书局 .

李延寿，1975. 南史［M］. 北京：中华书局 .

李之亮，2009. 司马温公集编年笺注［M］. 成都：巴蜀书社 .

梁启超，1999. 梁启超全集［M］. 北京：北京出版社 .

梁启超，2018. 先秦政治思想史［M］. 南昌：江西教育出版社 .

令狐德棻，等，1971. 周书［M］. 北京：中华书局 .

刘昫，等，1975. 旧唐书［M］. 北京：中华书局 .

刘毓庆，李蹊，2011. 诗经［M］. 北京：中华书局 .

陆玖，2011. 吕氏春秋［M］. 北京：中华书局 .

逯钦立，1983. 先秦汉魏晋南北朝诗［M］. 北京：中华书局 .

罗炳良，2012. 文史通义［M］. 北京：中华书局 .

马端临，1986. 文献通考［M］. 北京：中华书局 .

缪文远，缪伟，罗永莲，2012 . 战国策［M］. 北京：中华书局 .

欧阳修，宋祁，1975. 新唐书［M］. 北京：中华书局 .

欧阳修，2002. 欧阳修集［M］. 北京：中国戏剧出版社 .

皮锡瑞，2012. 皮锡瑞集［M］. 长沙：岳麓书社 .

钱易，黄休复，2012. 南部新书；茅亭客话［M］. 上海：上海古籍出版社 .

阮元，1980. 十三经注疏［M］. 北京：中华书局 .

邵廷采，1987. 思复堂文集［M］. 杭州：浙江古籍出版社 .

沈约，1974. 宋书［M］. 北京：中华书局 .

石磊，2011. 商君书［M］. 北京：中华书局 .

司马光，1956. 资治通鉴［M］. 北京：中华书局 .
司马迁，1959. 史记［M］. 北京：中华书局 .
檀作文，2011. 颜氏家训［M］. 北京：中华书局 .
汤漳平，王朝华，2014. 老子［M］. 北京：中华书局 .
唐长孺，2017. 魏晋南北朝史论丛［M］. 北京：商务印书馆 .
田余庆，1989. 东晋门阀政治［M］. 北京：北京大学出版社 .
脱脱，等，1977. 宋史［M］. 北京：中华书局 .
王定保，1959. 唐摭言［M］. 北京：中华书局 .
王符，1985. 潜夫论笺校正［M］. 北京：中华书局 .
王钧林，周海生，2009. 孔丛子［M］. 北京：中华书局 .
王凯旋，2012. 中国科举制度史［M］. 北京：万卷出版公司 .
王士禛，2007. 池北偶谈［M］. 济南：齐鲁书社 .
王世舜，王翠叶，2012. 尚书［M］. 北京：中华书局 .
王栻，1986. 严复集［M］. 北京：中华书局 .
王韬，2002. 弢园文录外编［M］. 上海：上海书店出版社 .
王天海，杨秀岚，2019. 说苑［M］. 北京：中华书局 .
王炜，2009.《清实录》科举史料汇编［M］. 武汉：武汉大学出版社 .
魏收，1974. 魏书［M］. 北京：中华书局 .
魏徵，令狐德棻，1973. 隋书［M］. 北京：中华书局 .
夏东元，1982. 郑观应集［M］. 上海：上海人民出版社 .
萧子显，1972. 南齐书［M］. 北京：中华书局 .
徐幹，1929. 中论［M］. 上海：泰东图书局 .
徐寒，2010. 元曲鉴赏［M］. 北京：中国书店 .
徐松辑，1957. 宋会要辑稿［M］. 北京：中华书局 .
徐正英，常佩雨，2014. 周礼［M］. 北京：中华书局 .
严修，高凌，严仁曾，1990. 严修年谱［M］. 济南：齐鲁书社 .
严羽，1983. 沧浪诗话校释［M］. 北京：人民文学出版社 .
阎步克，1988. 从任官及乡品看魏晋秀孝察举之地位［J］. 北京大学学报（哲学社会科学版）（2）.
阎步克，1991. 察举制度变迁史稿［M］. 沈阳：辽宁大学出版社.
杨晨，1956. 三国会要［M］. 北京：中华书局.
杨嗣昌，2005. 杨嗣昌集［M］. 长沙：岳麓书社.
杨筠如，1930. 九品中正与六朝门阀［M］. 北京：商务印书馆.
姚思廉，1972. 陈书［M］. 北京：中华书局.
姚思廉，1973. 梁书［M］. 北京：中华书局.
叶瑛，1985. 文史通义校注［M］. 北京：中华书局.
逸凡，1997. 唐宋八大家全集［M］. 广州：新世纪出版社.
尹德新，1991. 历代教育笔记资料：宋辽金元部分［M］. 北京：中国劳动出版社.
余音，2019. 近世师表孙家鼐［M］. 太原：山西人民出版社.
张春林，1999. 苏轼全集［M］. 北京：中国文史出版社.
张德信，毛佩琦，1995. 洪武御制全书［M］. 郑州：合肥书社.
张富祥、李玉诚，2016. 王安石集［M］. 郑州：河南大学出版社.
张履祥，2002. 杨园先生全集［M］. 北京：中华书局.
张廷玉，等，1974. 明史［M］. 北京：中华书局.
赵尔巽，等，1977. 清史稿［M］. 北京：中华书局.
赵翼，1987. 廿二史劄记［M］. 北京：中国书店.
中华书局编辑部，1999. 全唐诗［M］. 北京：中华书局.
周绍良，2000. 全唐文新编［M］. 长春：吉林文史出版社.
《中国古代社会研究》编委会，1998. 中国古代史社会研究——庆祝韩国磐先生八十华诞纪念论文集［G］. 厦门：厦门大学出版社.
朱碧莲，沈海波，2011. 世说新语［M］. 北京：中华书局.

后记

习近平总书记指出，中华优秀传统文化是中华民族的文化根脉，其蕴含的思想观念、人文精神、道德规范，不仅是我们中国人思想和精神的内核，对解决诸多全球性问题也有重要价值。要把优秀传统文化的精神标识提炼出来、展示出来，把优秀传统文化中具有当代价值、世界意义的文化精髓提炼出来、展示出来。

中国古代官吏文化是中国传统文化的重要组成部分，选任制度和选任文化具有诸多合理性，不仅适应了当时国家政治统治和治国理政需要，而且其中的一些精神和原则具有超越时代的价值，是中国古代优秀传统文化的重要组成部分。另外，中国古代选任制度及选任文化是中央集权政治制度和君主专制体制的重要组成部分，不可避免地带有阶级和历史局限性。传统选任制度是为封建统治阶级服务的，无论其标榜的原则如何高尚，制度设计如何严密，执行过程中仍是弊窦重重，这是由其阶级本质所决定的。我们在继承选任文化时，一方面要学习其优秀传统和合理性因素，剔除糟粕，另一方面要处理好优秀文化传统与现代化转换之间的关系。

中国古代官吏选任制度，时间跨度大，涉及范围广，内容极其庞杂，如何通过一本小册子将这一制度大体完整地呈现出来，并挖掘凝练出其中蕴含的文化元素，是一个颇为艰巨的任务，对作者而言是一个很大的考验和挑战。为了有效解决这一问题，必须避免传统制度史考据或叙事模式的书写方式，需要精准抓取中国古代选任制度的核心要素及文化要义，在内容上进行取舍，不求面面俱到，但求去粗取精，去伪存真。本书围绕选任制度变迁，将重点放在历史演进中主流选任制度兴替上，有些选任制度尽管长期存在，在某些时期甚至发挥着极为重要的作用，如以财产为依据的赀选制度、以血亲为依据的任子制度等，但这些制度的政治意义远大于文化意义，故略而不书。

在写作思路上，本书重点围绕两个维度展开：一是时间维度。通过叙述官吏选任制度的发展脉络，勾勒出中国古代主要选任制度的基本面貌，探究官吏选任制度演进的内在逻辑。二是内容维度。围绕制度核心内容，梳理分析不同选任制度的核心要义。官吏选任文化是中国传统文化的有机组成部分，选任制度本身就是一个复杂的体系，包括资格审核体系、推荐选拔体系、授官体系、考核体系、教育培养体系等，其最核心的内容包括选任对象、选任标准、选任程序，本书主要围绕以上三个方面的内容展开。

本书是泰山出版社“中国传统政治文化书系”中的一部。在写作过程中，从写作思路到内容框架，从写作风格到文本定稿，都得到齐涛先生的悉心指导和蒋海升教授的无私帮助。本书的出版得到了泰山出版社的慷慨支持与帮助，王艳艳等编辑老师付出了辛勤劳动。在本书付梓之际，谨表示敬意和真诚感谢。

关于中国传统官吏选任制度与选任文化，前人研究成果很多，作者参阅了大量公开出版的论著和论文，吸收借鉴了部分成果观点和内容，有些在引文及参考文献中已经列出，有些未一一注明，特此说明，在此一并致以谢意。

本书由赵光怀和刘硕伟合作完成，在具体写作分工上，第一章、第二章、第三章、第六章主要由赵光怀执笔，第四章、第五章主要由刘硕伟执笔。

由于水平所限，加之时间仓促，难免有乖舛讹误之处、挂一漏万之嫌，诚请学者同仁及广大读者指教。

作者

2022年4月18日